Research in Classics No.7

古典学研究

刘小枫◇主编

第七辑

《论语》中的
死生与教化

Death, Life and Teaching in the *Analects*

林志猛◇执行主编

华东师范大学出版社·上海

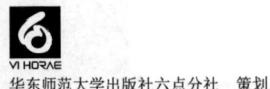

华东师范大学出版社六点分社　策划

本刊由中国比较文学学会古典学专业委员会主办

古典教育基金·"传德"资助项目

目　　录

Contents

Topic : Death, Life and Teaching in the *Analects*

Essays

Book Review

死生与教化

《论语》"未知生，焉知死"的解释史分析

张清江

（中山大学哲学系）

摘　要：通过分析不同时代儒者如何理解和运用孔子"未知生，焉知死"的教导可以发现，汉唐儒者着眼于政教秩序，认为孔子的回答表达着对死亡问题的排斥和回避，因为它会妨害现实中人伦责任的履行，对于道德教化没有好处。他们将儒家教化定位于"世教"，以此批评佛教对幽冥世界的过多关注。但到了宋代的理学家那里，生死、鬼神成为宇宙大化流行的基本组成部分，理学家将之纳入自身的思想系统之中，孔子的说法转而成为揭示生死的重要法语，包含着儒家对待生死的深层智慧，生死问题获得了与教化的内在关联。死生与教化之间这种不同的关联方式，彰显出儒学传统在历史发展中所遇到的挑战，以及不同时代儒者所作出的应对。

关键词：《论语》　死生　教化

《论语》中孔子"未知生，焉知死"（《论语·先进》）的说法，跟"未能事人，焉能事鬼"一起，通常被理解为儒家不愿讨论鬼神生死问题的重要证据，进而成为判定儒家世俗主义的基本表达。不过，这种统一的印象和看法未必符合历史上儒家学者对《论语》这一说法的理解方式，尤其没有看到不同时代儒者从教化角度对生死问题作出的不同分析，以及由此产生的对孔子教导的理解差异。要更加清楚地呈现《论语》此章的意义，需要在解释史的视域下对不同时代儒者关切重点及其解释方式的差异做出细致分疏，说明这些解释背后对生死与儒家教化关系的不同理解，由此才能更好看到，儒者如何经由经典解释回应不同时代的问题，进而推动儒家思想传统的发展。

本文以汉唐和宋代儒者如何理解和运用孔子"未知生，焉知死"的

教导为中心,呈现他们如何借由对这一问题的理解而构建死生与教化之间关联的儒家解释,以及由此带来的与佛道教等观念之间的碰撞和互动。

一 文本与问题

"未知生,焉知死"的说法出于《论语·先进》,其完整说法是:

> 季路问事鬼神。子曰:"未能事人,焉能事鬼?"曰:"敢问死?"曰:"未知生,焉知死?"

这则对话结构非常清楚,门人子路向孔子问询有关"鬼神"和"死"的问题,孔子以"人"和"生"作答。不过,孔子面对子路的提问并没有直接回答,而是以反问的形式表达态度,这种表达方式成为后世理解孔子用意时态度差异的重要原因。作为"孔门三杰"之一,子路在《论语》中的形象非常鲜明,他性情直爽、刚强、忠勇。《论语·先进》中紧接着"事鬼神"章的,即是对子路"行行如也"的描述,"行行"指"刚强之貌",①即使面对老师孔子,如果子路觉得言行不合原则,也会公开表达不满。《论语》中孔子对子路的教导,也基本围绕着对"勇"的理解。简单来说,孔子希望子路能够不仅"勇于行",更要通过"学"获得支撑"行"背后的"知"。② 因而,跟《论语》作为孔子"行教"记录的基本性质一致,这则对话本身就是对圣人施行教化的记载,它首先涉及对子路的直接教导,并在后世因着圣人言行的典范性而获得"教"的普遍意义。

对话的主题涉及"鬼神"和"生死",在当时的思想语境中,这两者之间有着紧密关联。因为"事鬼神"是践行祭祀之礼,而祭祀的主要对象,为家中去世的祖先。按照儒家的理解,祭祀的基本理据是"追养继孝",其基本原型是子女与父母之间的关系,是孝子事亲之道的其中之一:

---

① 参郑玄、朱熹等人的注解,程树德,《论语集释》,北京:中华书局,1990,页 763 - 767。

② 有关子路在《论语》及汉代的思想史形象,参陈少明,《孔门三杰的思想史形象》,收于《经典世界中的人、事、物》,上海:上海三联书店,2008,页 93 - 98。

是故孝子之事亲也有三道焉:生则养,没则丧,丧毕则祭。①

祭祀面向的是死后的祖先,它首先蕴含着生者与死者之间不可分离的关系,以及生者作为"孝子"的义务。因而,问"事鬼神",涉及到祭祀的具体礼仪实践,问"死",则是追问支撑祭祀之礼的知识基础,所以孔子用"知生""知死"的说法回应。对儒家来说,借由这种最基本的家庭人伦关系,祭祀的教化效果可以扩展得更大:通过礼仪实践中严格的德性要求与身体动作的规范,礼仪所能够担负起的最重要教化功能,是可以教民睦顺、尊上,而如果统治者能够让民众尊顺,则天下国家无不可以得而治之。在这个意义上,祭祀成为教化的重要途径,甚至是"教之本":

夫祭之为物大矣,其兴物备矣,顺以备者也,其教之本欤。是故君子之教也,外则教之以尊其君长,内则教之以孝于其亲。是故明君在上,则诸臣服从。崇事宗庙社稷,则子孙顺孝。尽其道端其义而教生焉。是故君子之事君也,必身行之。所不安于上,则不以使下;所恶于下,则不以事上。非诸人,行诸己,非教之道也。是故君子之教也,必由其本。顺之至也,祭其是与? 故曰:"祭者教之本也已。"②

君子所应当具有的尊君、孝亲等品德,归根到底都可以在祭祀中学习,孔颖达在注解《礼记》这段文字时解释说,"此一节明祭祀礼备具,内外俱兼修之于己,然后及物,是为政之本"。③ 可见,祭祀对儒家理想的政教秩序意义重大,祭祀礼仪自然也成为施行教化的重要方式。④因而,孔子当然不会轻视或忽略祭祀的重要性,《论语》中也随处可见其躬行祭礼时的谨严与谦恭。在这个意义上,如果单从作为支撑祭祀

① 郑玄注、孔颖达疏,《礼记正义》,龚抗云整理,王文锦审定,北京:北京大学出版社,1999,页 1346。
② 郑玄注、孔颖达疏,《礼记正义》,前揭,页 1353-1354。
③ 郑玄注、孔颖达疏,《礼记正义》,前揭,页 1354。
④ 具体分析,可参拙文《祭祀的"理"与"教":从朱熹晚年两封论学书信谈起》,载《安徽大学学报》2017 年第 4 期,页 29-36。

礼仪背后之"知"的角度来说,子路对"死"的提问并不突兀,而是包含着对祭祀教化问题的深层关注。

但不可否认的是,《论语》中的孔子似乎并不愿意过多谈论祭祀背后的鬼神和生死"知识","子不语怪力乱神"、"敬鬼神而远之"等说法,确实说明了《论语》所着力强调和塑造的孔子形象,在许多学者看来,这代表着春秋时期人文精神的兴起,是"轴心文明"的重要哲学突破。① 在《论语》成为儒家传统最重要的经典后,孔子的教导无疑是儒者必须认真考虑和面对的"典范",因而,对于孔子"未知生,焉知死"的回答,后世儒者至少要给出以下问题的解释:孔子为什么会做出这样的回答? 这一回答代表着怎样的态度? 它如何跟儒家对人伦社会秩序的整体设计相一致? 换言之,它如何可以从孔子对弟子的特定教导转化成为对社会整体的教化,进而塑造出儒家对于生死问题的价值立场,这是后世儒者在不断诠释中加以建构的。先来看汉唐儒者的努力。

二 "孔子不道无益之语"

汉唐是经学发达的时代,在经学家的眼中,孔子最大的功绩,在于为后世"立法",通过删削经典确立政治秩序的基本原则。在这种关注下,孔子"未知生,焉知死"的说法,首先被视为对子路所提问题的"抑止",是孔子不愿回答的表现。何晏(字平叔)和皇侃(488—545)在注释中都引用了陈群"鬼神及死事难明,语之无益,故不答"的说法,成为汉唐儒者理解孔子态度的基本基调。邢昺这样总结:

> 此章明孔子不道无益之语也。子路问事鬼神者,对则天曰神,人曰鬼,散则虽人亦曰神,故下文独以鬼答之。子路问承事神其理何如,"子曰未能事人,焉能事鬼"者,言生人尚未能事之,况死者之鬼神,安能事之乎。"曰:敢问死"者,子路又曰,"敢问人之若死,其事何如","曰未知生,焉知死"者,孔子言女尚未知生时之事,则安知死后乎? 皆所以抑止子路也,以鬼神及死事难明,又语之无益,故不答也。②

① 徐复观,《中国人性论史》,第二、三章,上海:华东师范大学出版社,2005。
② 何晏注、邢昺疏,《论语注疏》,北京:北京大学出版社,2000,页164。

在这一解释中,子路所问的"鬼神"和"生死"问题均被判为"难明"和"无益"之事,因此为孔子所不回答。"难明"指的是这两个问题都很难解释清楚,但这显然不能构成孔子不答的关键原因,如果是关涉根本性的大问题,即使"难明"也一定要努力阐明,后面我们会看到,宋儒对死事"难明"的判断没有任何变化,但仍要努力去做解释,正是因为对问题性质的判断产生了改变。当然,"难明"也可能是"无益"的重要原因,但对问题"无益"的判定,事实上才是汉儒理解孔子态度的关键。问题在于,如前所述,如果生死、鬼神与祭祀礼仪关联密切,礼仪所确立的人伦秩序又是六经关注的核心,那么,为什么对"死后"的知识会"无益"?这里的"益"是在何种意义上所说?只有弄清这两个问题,才能真正理解汉儒对"孔子不道无益之语"的解释及其背后的价值意义。

问题其实不难回答。在汉儒的观念中,《论语》中的孔子言行与教导,无不指向对政治秩序的安排,对生死的解释同样如此。因而,既然孔子不答有关鬼神和死亡的问题,那必定是因为这些问题"无益于教化",在这一点上,汉儒对《论语》"子不语怪力乱神"等章节的注释中有明确表达。① 这里的"教化",显然是从政治和社会秩序的层面说的。《盐铁论·论邹》在引用了孔子"未能事人"的说法后明确说,"故无补于用者,君子不为;无益于治者,君子不由"。②

对汉代学者来说,孔子不回答有关鬼神和生死的问题,首先是因为它们"无补于用"、"无益于治",对于经学所关心的政教秩序没有帮助。从政教秩序的角度来看,鬼神、生死之所以"无益于教化",首要原因是它们"难明而易惑","斯道隐远,玄奥难原",③超出日常生活经验之外,民众无法理解其背后的发生机制,故而容易产生迷惑和盲从,具有极大的不确定性和煽动性,一旦为奸佞小人所利用,极易对秩序产生威胁,成为乱政的根源。因而,政治秩序的建立和稳固,必须消除这些威胁,而代之以对仁义等伦理德性的关注。④ 仅就生死问题来说,对死后

① 何晏注、皇侃疏,《论语集解义疏》,影印文渊阁四库全书第 195 册,台北:台湾商务印书馆,1986,页 401。亦参程树德,《论语集释》,前揭,页 480-482。
② 王利器校注,《盐铁论校注》,北京:中华书局,1992,页 552。
③ 王先谦撰,《后汉书集解》卷八十二上,北京:中华书局,1984,页 945。
④ 详细的分析,请参拙文《子不语的解释世界:在经学与理学之间》,载《人文杂志》2018 年第 8 期,页 28-29。

问题的知识学讨论,不仅不会对孝子"奉养送终"有所帮助,反而可能对这种人伦秩序的基本行为产生妨害:

> 子贡问孔子:"死人有知无知也?"孔子曰:"吾欲言死者有知也,恐孝子顺孙妨生以送死也,欲言无知,恐不孝子孙弃不葬也。赐欲知死人有知将无知也,死徐自知之,犹未晚也。"①

这段对话讨论的死人"有知"、"无知",跟子路"问死"有着相当的一致性,虽然其真实性无从得知,但至少可以反映汉代人的观念。或者说,这是汉代学者通过孔子之口表达他们自身对生死知识的看法,并在相当程度上解释了他们所理解的孔子不答子路的原因。在他们的看法中,无论是对死人有知还是无知的回答,都可能在事实上妨碍子孙"养生送死"的现实行动。郑玄(字康成,127—200)等经学家对《礼记·祭义》"宰我问鬼神"一段的注释表明,在汉代的普遍观念中,丧葬和祭祀礼仪并不奠基于对死后和鬼神的确切知识,而是圣人为了天下政教秩序精心设立("设教")的产物,"鬼神"成为祭祀对象是圣人"合"的工作,祭祀之礼是圣人之"制",以"教众反始",使民众懂得"慎终追远",其目的是"为黔首则",即为民众立法。②

由此,祭祀是"圣人设教"的结果,是圣人"令其如此",目的是"教民",是培养报本、尊顺的德性,以利天下国家秩序。③ 在这个意义上,不难理解,对子路问题"无益"的判定,是汉儒基于这种认知的必然结果。

可见,在汉代学者的理解下,"未知生,焉知死"表达着圣人孔子对生死问题的回避,之所以不需要讨论这一问题,是因为它无助于政治教化,反而可能危害人伦秩序的稳定。因而,孔子不谈论这一问题,正是以实际行动为政治教化确立典范的表达,表明社会秩序的建立与民众

---

① 《说苑·辨物》,见刘向撰、向宗鲁校证,《说苑校证》,北京:中华书局,1987,页474-475。

② 郑玄注曰:"黔首,谓民也,则,法也。为民作法,使民亦事其祖祢鬼神,民所畏服。"见郑玄注、孔颖达疏,《礼记正义》,前揭,页1325。

③ 孔颖达的疏解:"人之之死,其神与形体分散各别,圣人以生存之时神形相合,今虽身死,聚合鬼神,似若生人而祭之,是圣人设教兴致之,令其如此也。"参郑玄注、孔颖达疏,《礼记正义》,前揭,页1325。

死生知识的关系应该如何处理。当然,这样说并不意味着汉代儒者对生死问题完全没有解释,而是说他们更倾向于认为,生死问题的重要性在于它能够为现实社会秩序的建立提供重要的时机和途径,但并不要求对死后世界有详细的知识图景。

在汉代儒者的眼中,死后世界作为"幽冥之域",可以跟伦理现世秩序无关,儒家经学关心的政教问题,并不需要有关"幽冥世界"的知识内容作为支撑,即使形式上以鬼神作为对象的"祭祀"礼仪是"教之本"。在这种思维模式之下,生死问题理所当然地成为"周孔不言"、"六经不载"的重要内容,为汉唐时代的儒者所轻忽,也成为他们批评佛教等思想的主要依据。

三 "幽冥"与"世教"

汉唐儒者对孔子"未知生,焉知死"的理解,以"死事难明"且无益于政教秩序的稳固为依据,认为孔子的回答是阻止对这类问题的探讨。由此,《论语》这章的问答,成为汉儒从经学立场确立儒家教化内容及方式的重要依据。佛教的传入,带来了对于生死问题的强烈关注,以及精细、完整的理论解释。由佛教传入的幽冥世界的观念,以地狱和三世轮回学说为主要内容,与中国本土民众原有的泰山、蒿里等观念相结合,很快成为具有普遍影响的观念形态,不仅对儒家"不论生死"的教化系统产生了巨大冲击,也在很大程度上影响了本土道教对死后世界的想象。① 佛教与中土儒者之间著名的"形神之辩",亦跟生死问题密切相关。针对死后地狱审判的悔罪、超度、解秽等拔度亡魂的仪式,成为佛道教丧葬礼仪的基本内容,并迅速流传于民间。② 后来宋儒一再感叹"佛学只是以生死恐动人",③也正可说明生死观念对佛教在中国

---

① 有关佛道教与中古中国死后世界的观念,参太史文,《〈十王经〉与中国中世纪佛教冥界的形成》,张煜译,上海:上海古籍出版社,2016;萧登福,《汉魏六朝佛道两教之天堂地狱说》,台北:学生书局,1989;葛兆光,《"周孔何以不言":中古佛教、道教对儒家知识世界的扩充与挑战》,载《史学月刊》2011 年第 1 期。

② 太史文,《中国中世纪的鬼节》,侯旭东译,上海:上海人民出版社,2016;张超然,《早期道教丧葬仪式的形成》,载《辅仁宗教研究》第二十期(2010 年春),页 27-66。

③ 程颐、程颢,《二程集》,王孝鱼点校,北京:中华书局,1981,页 3。

传播所起到的重要作用,以至于理学家们不得不重新费力解释和建构儒家自身的生死观念和知识。不过,理学之前的汉唐儒者对此也并非没有回应,其中,"未知生,焉知死"的说法及其理解,正是其用来辩驳的重要经典依据。来看两段材料:

> 问曰:"孔子云,未能事人,焉能事鬼,未知生,焉知死。"此圣人之所纪也。今佛家辄说生死之事、鬼神之务,此殆非圣喆之语也。夫履道者,当虚无澹泊,归志质朴,何为乃道生死以乱志,说鬼神之余事乎?①

> 夫至道缅邈,佛理幽深,岂是悠悠常徒所能习求?……先圣有言:未知生,焉知死。而令一生之中困苦形神,方求冥冥黄泉下福,皆是管见,未体大化。迷而知反,去道不远,可不三思?运不居人,忽焉将老,可复追哉?②

这两段文献,第一条出自《牟子理惑论》,是时人向牟子的提问,第二条是东晋权臣桓玄(369—404)写给庐山慧远(334—416)的书信,均收录于南北朝僧人僧祐(445—518)所编的《弘明集》中。两条材料均是对"辄说生死"的批评,且都以孔子"未知生,焉知死"作为基本论据。当然,两段材料的具体批评有很大差别。《牟子理惑论》的说法虽然借用孔子观点,但同时糅合了道家观念,将"虚无澹泊,归志质朴"作为求道者的目标,认为讨论生死会"乱志",不利于虚无、质朴这种目标的达成,并非完全是儒家立场的论证。相比之下,桓玄的说法更多依据儒家对现世伦理的重视,认为死后世界虚无渺远,不应以三世轮回和福报的观念为依据,让今世远离亲情,去过"毁其形骸,口绝滋味,被褐带索,山栖枕石,永乖世务"的生活。在桓玄看来,选择那种遁世的生活是一种"管见",是没能真正体悟宇宙大化的表现。

不过,两者对孔子说法的运用则完全一致,皆秉承汉儒的理解,认为"未知生,焉知死"表达了圣人对生死问题的回避和拒绝。因而,儒

---

① 牟融,《理惑论》,载释僧祐编,《弘明集》卷一,文渊阁四库全书第1048册,台北:台湾商务印书馆,1986,页7。

② 桓玄,《与远法师书》,载释僧祐编,《弘明集》卷十一,前揭,页170。

家注重现实世界的秩序,是一种"世教",而不讲死后的"幽冥"世界。①
这不仅是佛道教为了在儒家思想统治下为自身存在发展寻求空间的权
宜说法,其实也是汉唐时代儒者对儒家自身的理解和定位。经学家皇
侃在疏证"未知生,焉知死"时明确说道:

> 周孔之教,唯说现在,不明过去未来,而子路此问事鬼神,政言
> 鬼神在幽冥之中其法云何也,此是问过去也。……云曰"敢问死"
> 者,此又问当来之事也,言问今日以后死事复云何也,云曰"未知
> 生,焉知死"者,亦不答之也,言汝尚未知即见生之事难明,又焉能
> 豫问知死没也。②

"唯说现在,不明过去未来"的说法,清楚表达了汉唐时代儒者面
对佛教三世学说时对儒家传统的基本定位。跟前面所引材料表达的立
场一致,周孔之教是现世之教,不深究过去已逝的"鬼神",以及未来的
死后世界。站在儒家的立场,圣人确立的行为法度,就是需要遵行和维
护的价值典范,既然圣人"不答"有关生死的问题,那必定意味着这些
问题不需要关注,用经学家的说法,它"无益于教"。可见,在汉唐儒学
的视域下,在经学家对"未知生,焉知死"解释的主导之下,生死和鬼神
问题被划归到与现世关联不大的"幽冥"之域,显然不属"世教",跟儒
家经学关注的政教秩序和教化重心有很大差别,是不应该过多讨论的
问题。

不过,简单地用"世教"排斥对生死问题和幽冥世界的探讨,无论
在思想上还是现实上都不能真正驳斥佛道等宗教的影响。这是因为
生死问题本身对人类生活具有根本性影响,任何完备的政治教化都
需要对此做好安排,才能建立稳固的秩序。儒家传统对此当然有一
整套的安排,即基于血亲关系的丧祭礼仪制度。不过,这一制度着眼
于个人生死在社会关系层面的影响,却很难有效安顿个体情感对死
亡的焦虑和恐惧。要打消这种恐惧,需对死后世界图景有清晰刻画,

---

① 晁迥,《法藏碎金录》卷三:(孔子)"又对门人云:未知生,焉知死,未能事人,焉
能事鬼。盖为力行世教,不欲言人所不及之理,非不知也"。文渊阁四库全书
1052 册,台北:台湾商务印书馆,1986,页 466。

② 何晏注、皇侃疏,《论语集解义疏》,前揭,页 438。

并提供救度的明确方式。儒家对此并不擅长，一开始也并不重视，前述汉唐儒者对"未知生，焉知死"的解释和运用方式即清楚说明了这一点。

然而，当佛教的影响越来越大，儒家不能简单抱持"世教"的定位，而是要在思想上做出全方位反击，生死问题无疑成为必须触及的重要主题。理学先驱李翱(772—841)结合《易传》"原始反终"的说法去解释"未知生，焉知死"，已经显示出不同于排斥讨论生死的态度，韩愈(768—824)则要在"五原"中专门作《原鬼》一篇，更表明儒者开始试图在生死鬼神的"幽冥"之域确立儒家解释系统的努力。但真正给予"未知生，焉知死"不同解释、进而建立起生死与儒家教化系统内在关联的，还要到宋代的理学家。

四 从"抑止"到"深告"

在将儒家定位于"世教"的汉唐经学家看来，子路所提有关生死和鬼神的问题无益于教化。因而，圣人不做回答，"未知生，焉知死"的说法是对子路提问的"抑止"。这至少意味着，"世教"不需要对生死给出确定的知识性解释。但对于希望在心性领域夺回失地的理学家来说，排斥对生死问题的探讨显然并非上策，而只有在世俗世界与幽冥世界之间做出属于儒家意义上的联结，才能使自身的教化体系更富竞争力。在这个意义上，子路的问题本身不仅不应该受到质疑，而且是关乎每个个体生活的重要问题。

因此，理学家看待《论语》此章对话的基调，在视角上就跟汉儒之间有了根本差别。朱熹明确指出，"问事神，盖求所以奉祭祀之意，而死者人之所必有，不可不知，皆切问也"。① 他认为子路所问很切实，非常切近儒家关注的祭祀和人生问题，是学者必须加以考虑的，"不可不知"，这显然不同于对问题需要"抑止"的判定。不过，更重要的差别是他们对孔子回答这一行为的理解，在汉儒看来是"抑止"或"拒绝"的回答，到了理学家那里有了完全不同的意义：

① 朱熹，《四书章句集注》，北京：中华书局，1983，页125。

孔子曰：未知生，焉知死。人多言孔子不告子路，此乃深告之也。①

子路学于夫子，以事鬼神为问，又以死为问……夫子答之曰，未能事人焉能事鬼，未知生焉知死。此盖夫子提耳而诲子路，无非真实语。世儒乃或以为拒子路之问，岂不哀哉。②

子路亦尝问死，子曰，未知生，焉知死。不知者谓子不答其问，知者谓子真答其问也。③

这三段材料分别来自程颐（1033—1107）、吕祖谦（1137—1181）和杨简（1141—1226）。这三人在学术立场上有非常大的差异，但在这些涉及子路问死的材料中，他们竟一致反对认为"未知生，焉知死"的回答是"不答子路"或"拒子路之问"，而都认为这是孔子"深告"子路的表现，很能够代表宋代学者对孔子回答子路的普遍看法。这里的"不知者"、"世儒"，显然是指前文所述汉唐时代的儒者。程颐"人多言孔子不告子路，此乃深告之也"的判定，成为理学家理解此章的基本论调，被朱熹收入《论语集注》中。因而，对理学家来说，孔子"未知生，焉知死"的说法，首先不再是儒家排斥讨论生死问题的表达，而是对子路深度意义上的教化，甚至成为"救子路忽于近之病"的针对性教导。④

相比汉代学者的解释方式，这里最重要的改变首先在于，生死问题成为儒家教化体系中需要认真面对和探究的主题。对理学家来说，通过"格物穷理"等修身工夫获得对于宇宙整体之"理"的把握，是学者追求成圣必须要走的途径，而这种"全体大用"之学中一定包含着对生死、鬼神之理的探究。在这一领域，"幽明"取代了"幽冥"，成为理学家对气化流行的宇宙世界的基本指称，它一定包纳着死后与鬼神的维度，而不仅仅包含现世的层面，死亡、鬼神都是自然生化的必要组成部分，

---

① 程颐、程颢，《二程遗书》卷十八，文渊阁四库全书 698 册，台北：台湾商务印书馆，1986，页 159。

② 吕祖谦，《左氏博议》卷六，文渊阁四库全书 152 册，台北：台湾商务印书馆，1986，页 352。

③ 杨简，《先圣大训》卷五，文渊阁四库全书 706 册，台北：台湾商务印书馆，1986，页 776。

④ 文集卷四十七"答吕子约"，朱熹，《朱子全书》第 22 册，朱杰人、严佐之、刘永翔主编，上海：上海古籍出版社；合肥：安徽教育出版社，2002，页 2169。

它们跟现实世界通贯成为一个宇宙整体,如朱熹所说,"盖天地鬼神、幽明显隐、本末精粗无不通贯而为一也"。① 在这个意义上,汉唐学者排斥生死问题的立场,至少不符合理学思想体系完整图景的要求。

不过,既然将孔子的回答定位为"深告",那就肯定不是仅仅限于把这一问题纳入讨论,而一定是说这一说法中包含着儒家对生死问题的独特看法。那么,"未知生,焉知死"如何成为对生死问题的深层回答? 来看朱熹的注解:

> 然非诚敬足以事人,则必不能事神;非原始而知所以生,则必不能反终而知所以死。盖幽明始终,初无二理,但学之有序,不可躐等,故夫子告之如此。程子曰:"昼夜者,死生之道也。知生之道,则知死之道;尽事人之道,则尽事鬼之道。死生人鬼,一而二,二而一者也。或言夫子不告子路,不知此乃所以深告之也。"②

在这里,朱熹强调,不能"知所以生",必然不能"知所以死"。所以,知生是知死的前提,只有"知生"才能"知死"。细究之下,这一说法又内在地包含两层意蕴:首先,知生可以知死,"知生之道,则知死之道";其次,虽然幽明"初无二理",但从为学次序上讲,需要先注重"明"、"生"和"事人"的向度,才能进而探究"幽"、"死"和"事鬼"的道理,而不能反过来。我们分别来说。

首先,知生可以知死,这是基于二者在"理"层面的贯通。理学家建构天道宇宙论的基本做法,是以超越的"理"贯穿生和死的领域,将"知生"与"知死"作为一体两面,以"气"的聚散加以统合解释。由此,生与死成为程颐口中昼与夜那样"一而二,二而一"的关联。在"理"的层面,"死"与"生"并无区别,既然如此,通过"原始"对"生"之理的探究,可以"反终"获得对"死"之理的把握,而"格物穷理"正是理学家最重要的工夫主张。因而,如果能真正通过修身工夫体悟宇宙大化的实相,死生问题也自然在通达之列,按明儒罗钦顺的说法:

> 幽明之故,死生之说,鬼神之情状,未有物格、知至而不能通乎

① 文集卷六十四"答江彦谋",朱熹,《朱子全书》第 23 册,前揭,页 3116。
② 朱熹,《四书章句集注》,前揭,页 125。

此者也。①

　　既然作为大化宇宙的基本组成，并且与现实世界相贯通，死亡和鬼神也就不是其他宗教所渲染的那样，专属于神秘和恐怖的"幽冥"之域，对死亡的恐惧也就变得没有必要。在这个意义上，理学家们确信，儒家对待生死的这种自然态度远胜佛教，动辄谈论生死恰是"怕死"的表现。

　　不过，将生死之理纳入格物穷理的必要范畴，并不意味着它是所有学者一开始就要用力探究的主题。相反，孔子"未知生，焉知死"表达的另一层含义，恰恰是先要"知生"，然后才能"知死"，这跟朱熹一再强调的"为学次序"有密切关联。在朱熹看来，超越的"理"虽然并无二致，但学者的资质却有差异，不考虑学者的资质、深浅和生熟，而一概教之以高远深奥的道理，这其实不是在教人，而是在害人，不符合教化的基本原则。② 对于鬼神、死亡这些深奥的话题，要在明白了"事人"与生事的基础上，才能更进一步探讨，这是为学之序，不能躐等。故而，"夫子告子路，非拒之，是先后节次如此也"。③ 如此来看，儒家注重日用伦理的层面仍然受到强调，"待日用常行处理会得透，则鬼神之理将自见得"，④并且是需要对人生道理的深刻把握上才能真正懂得死亡的道理。⑤ 就此而言，理学家并非要推翻汉唐经学对于政教秩序的关注，也不是要否定儒家对现世伦理的重视，恰恰相反，理学家是要给予这一秩序以更可靠的义理根基，使其在教化上更加稳固及有效。

---

① 罗钦顺，《困知记》卷上，阎韬点校，北京：中华书局，1990，页4。
② "学者所至，自有浅深，如草木之有大小，其类固有别矣。若不量其浅深，不问其生熟，而概以高且远者强而语之，则是诬之而已。"朱熹，《四书章句集注》，前揭，页190。
③ 朱熹，《朱子语类》卷三，见《朱子全书》第14册，前揭，页159。又如，文集卷四十五"答廖子晦"："夫子之言，固所以深晓子路，然学不躐等，于此亦可见矣。近世说者多借先圣之言以文释氏之旨，失其本意远矣。"见《朱子全书》第22册，前揭，页2079。
④ 朱熹，《朱子语类》卷三，《朱子全书》第14册，前揭，页154。
⑤ 朱熹说："若曰气聚则生，气散则死，才说破，则人便都理会得。然须知道人生有多少道理，自禀五常之性以来，所以'父子有亲，君臣有义'者，须要一一尽得这生底道理，则死底道理皆可知矣。"朱熹，《朱子语类》卷三十九，《朱子全书》第15册，前揭，页1407。

可见,通过对"知生可以知死"和"知生先于知死"这两个向度的阐发,理学家对孔子"未知生,焉知死"的说法做出了非常不同于汉唐儒者的解释。借由这种解释,首先,生死问题成为宇宙大化流行的基本问题,在理学天道性命的思想系统中占有一席之地,不再是要被排斥或拒绝的话题。其次,在气化论的解释框架中,生与死不再是截然分离的两途,而是一以贯通的人生阶段,成为宇宙"生生"之秩序的基本组成。对此,理学家们通过对性、形、气等观念的组合,以性理的超越性保证宇宙大化的真实性,反对佛教以现实世界为虚幻和轮回因果的观念。再次,虽然生死一贯,知生可以知死,但在教化次序上,"知生"的人伦日用层面仍是学者格物穷理的首要关注。这既保证了生死问题进入理学思想架构的论题之中,又维护了儒学对世俗伦理秩序的侧重。在这些努力的基础上,理学家可以相当自信地断言,孔子"未知生,焉知死"是对语言难以清楚解释的生死问题"一句尽断了"。①

从"抑止"到"深告"的转变,并不意味着看待孔子话语作为教化的基本性质发生了变化,因为无论是抑止不谈,还是着意深告,都是孔子在以特定的方式践行教化。只不过,当宋代的理学家把眼光从政治秩序转移到更深层的道德性命层面,试图为儒家的秩序关怀提供超越的价值根基时,生死问题需要进入他们的话语论述之中。因此,孔子的答语便不能再以汉代的方式被理解和看待。理学家在深层次上建立起生死之间的理学解释,不仅要回应佛教义理上的挑战,更挺立起了儒家生死态度的内在依据,使得儒家教化系统在思想上变得更加完备。对理学家来说,孔子对子路的教导,显然并非单纯着眼于政治秩序,而是个人如何通过"穷理"达致成德成圣,生死问题也正是因此才对儒家教化来说是重要的。在这个意义上,我们可以明显看到儒家思想演化的不同形态。

结　语

孔子对子路"未知生,焉知死"的回答,在汉唐儒者和宋代理学家那里获得了非常不同的解释。汉唐儒者着眼于政教秩序,认为孔子的回答表达着对死亡问题的排斥和回避,因为它会妨害现实中人伦责任

---

① 程颐、程颢,《二程遗书》卷十八,前揭,页 235。

的履行,对于道德教化没有好处。基于这种理解,他们将儒家教化定位于"世教",以此批评对幽冥世界的过多关注。

但到了宋代的理学家那里,生死、鬼神成为天道大化的基本组成部分,理学家将之纳入自身的思想系统之中,孔子的说法转而成为揭示生死关联的重要"法语",包含着儒家对待生死的深层智慧。通过对知生、知死关联的理学式解读,"未知生,焉知死"的表达既显明了一气通贯下生与死的终极道理,也明确表达了为学次序上的细致考量,这正是孔子对生死问题的最好教导。

当然,梳理解释史上的这种变化,并不意味着要得出结论说,汉、宋之间的思想形态有着截然的区分。事实上,汉代学者始终关注的政教秩序和现实伦理,在宋代理学家那里也一直受到强调,王道秩序也始终是理学家念兹在兹的社会理想,只不过在面对佛教思想的强力挑战时,这种秩序不仅体现在社会政治层面,还包括人心。儒家教化要行之有效,需要构建起贯通天人的理论体系,才能安排好从人心到社会的整体秩序。在此意义上,生死问题才获得了与教化的内在关联,而不能像汉儒那样可以简单地放到一旁。死生与教化之间这种不同的关联方式,正彰显出儒学传统在历史发展中所遇到的挑战,以及不同时代儒者所做出的应对。

"管仲之器小哉"新论

金方廷

（上海社会科学院文学研究所）

摘　要： "管仲之器小哉"章在漫长的《论语》注疏史中被赋予了各种解读。或将"器"释作"器量"，或上升到道德层面批评管仲"不知圣贤大学之道"，更多则是将整个问题放置在"王霸之辨"的背景中理解。需要注意的是，这句话本身出自一个对话的场景，上面几种经典解读势必使得原始对话变得难以理解。考察这句话中的关键字"器"，并将其还原到先秦辞例中去理解，则显示出"器"字绝大多数时候仍遵循了"青铜器之统称"的本意。由此表明，"管仲之器小哉"很可能是孔子就管仲所用之器物、器具的形制大小所发出的感叹。又因名物数度为判断是否合乎礼制的重要标准，孔子这句话也因此成为探讨管仲其人是否"知礼"的重要依据。

关键词：《论语》　管仲　青铜礼器　先秦礼制

"管仲之器小哉"是《论语·八佾》中的名篇，这句话成为后世评价管仲其人的重要参考。司马迁在评价管仲一生功绩的时候，便引用了孔子的这句话，[1]并将"孔子小之"的判断置于"王霸之辩"的背景中去看待。事实上，《史记》的表述很可能直接受到了董仲舒的影响，后者在《春秋繁露·精华》中对齐桓、管仲这对君臣的评价称：

> 其后矜功，振而自足，而不修德，……功未良成，而志已满矣。故曰：管仲之器小哉！此之谓也。自是日衰，九国叛矣。[2]

---

① 司马迁云："管仲世所谓贤人，而孔子小之。岂以为周道衰微，而不勉之至王，乃称霸哉？"见《史记·管晏列传》，北京：中华书局，1982，页2136。

② 苏舆，《春秋繁露义证》，北京：中华书局，1992，91-92。

　　这种说法很可能代表了汉代相当一批学者的观点。例如,继董仲舒、司马迁二人之后,《新序·杂说四》记载了刘向对这一问题的认识,他认为,孔子之所以有此感叹,源于"盖善其遇桓公,惜其不能以王也。至明主则不然,所用大矣"。① 显然,即便刘向对管仲表达了某种惋惜之情,却也未能超越董仲舒、司马迁二人所开创的史学视野。

　　皇疏所引的孙绰之言与董氏亦相去不远,认为管仲"功有余而德不足,以道观之,得不曰小乎"?② 唯有到了何晏撰《论语集解》时才明白无误地将"器小"释作"言其器量小也",③这一说法在后世影响甚大。④ 真正的转折出现在宋代理学兴起之后。朱熹在《论语集注》中以带有强烈理学色彩的方式表明,"器小"的根本原因在于管仲"不知圣贤大学之道",⑤同时朱熹更关注如何将"失礼"一事同管仲不具备天下为公的器量相关联,⑥似乎有意调和《论语》原文同前代注疏之间存在的不协调。在《朱子语类》中,朱熹继续补充了自己的观点:

　　　　盖奢而犯礼,便是他里面着不得,见此些小功业,便以为惊天动地,所以肆然犯礼,无所忌也。亦缘他只在功利上走,所以设施

---

① 石光瑛批注,《新序校释》,北京:中华书局,2001,页 474-475。
② 程树德,《论语集释》,北京:中华书局,1990,页 207。
③ 皇侃也以为"器者,谓管仲识量也"。此外,同样在《论语集解》中,何晏还搜罗了李充的评论。李充是较早注意到"器小"同失礼之关系的一位评论者,以为管仲正是"所谓君子行道忘其为身者也"的典型,因此"圣人明经常之训,塞奢侈之源,故不得不贬以为小也"。见同上。
④ 如《汉语大字典》就将"管仲之器小哉"收录在"器量、器度"一义项下,见《汉语大字典》,武汉:四川辞书出版社、湖北辞书出版社,1986,页 690。
⑤ 语见程树德,《论语集释》,前揭,页 207。
⑥ 然而朱熹的说法前后也并非没有发生过变化。《朱子语类》中就曾经记载,关于"器小"二字,朱熹及其门生更有相当细致的讨论。有人问:"器,莫只是以资质言之否?"朱熹认可了这一说法,并由此引申开去:"前日亦要改'度量'作'识量',盖み说度量,便只去宽大处看了。人只缘见识小,故器量小。后又思量,亦不须改。度量是言其资质,规模是言其所为。惟其器小,故所为亦展拓不开。"此处朱熹似乎很倾心于"识量"这个说法(案:此说来自皇疏),最终朱熹仍旧回到了"度量"这一说法。然而,无论朱熹怎样拓展了"器小"的内涵,他对"器小"的解释并没有超出古注的范畴,而只是将这一注释的内涵在理学层面加以深化。见黎靖德着、王星贤批注,《朱子语类》,北京:中华书局,1999,页 630。

不过如此。①

鉴于程朱理学之后获得了正统的地位,这一解读也得到了众多儒士和经生的响应。② 可以说,何晏所释的"器量小"连同朱熹所提出的"不知圣贤大学之道"的理解,在后世成了影响最大的两种说法。

但是,所有这些讨论却没有办法在最接近文本的层面解决这样一个问题:为何在孔子发出"管仲之器小哉"的感慨之后,他的对话者竟会给出一则完全牛头不对马嘴的回应?③ 且回到这一章的原文来看:

> 子曰:"管仲之器小哉!"
> 或曰:"管仲俭乎?"
> 曰:"管氏有三归,官事不摄,焉得俭?"
> "然则管仲知礼乎?"
> 曰:"邦君树塞门,管氏亦树塞门;邦君为两君之好,有反坫,管氏亦有反坫。管氏而知礼,孰不知礼?"

整个对话的后半部分都完全合乎日常语言的逻辑规则,问题唯独出现在"管仲之器小哉"同"管仲俭乎"这两句话的接应中。似乎从一个人的"器量狭小"并不能必然推导出"节俭"的疑问。

笔者在此愿意提出一种关于"管仲之器小哉"的新见解。假如还原到先秦时期的语境中,会注意到"器"字最重要也最为常见的义项,

---

① 《朱子语类》,前揭,页629。

② 时至近代,应者仍不乏其人,如钱穆指出:"器,言器量,或言器度。器之容量有大小,心之容量亦有大小。识深则量大,识浅则量小,故人之胸襟度量在其识。古人连称器识,亦称识量,又称识度。管仲器小,由其识浅……"几乎与朱熹如出一辙。钱穆,《论语新解》,北京:生活·读书·新知三联书店,2002,页79。最近一篇讨论"管仲之器小哉"的文章中,也赞同朱熹、钱穆的理解,认为"'器'应该指某项具体的才能、能力",参见黄婷,《释"管仲之器小哉"之"器"》,载《北方文学》2017年第29期,页232-233。而张宁为"管仲之器小哉"所作的论文,也在结论处认为"朱熹……都比何晏的'言其器量小也'更加合理",见张宁:《浅析"管仲之器小哉"之"器"的含义》,载《现代语文》2011年第3期,页9。

③ 张宁显然也注意到了此处的问题,认为"将'管仲之器小哉'译为管仲的器量很小的话,前后文的逻辑关系显然是有问题的"。见同上。

指的就是"器物"、"器具"。这就提示我们,"器小"很可能说的是管仲所用器物的形制偏小。众所周知,在周礼文化当中,"名物数度"是判断行礼是否符合礼制的标准之一。于是一个人使用的器物其形制、大小是否符合礼制规范,就成了观察和讨论此人是否"懂礼"、"守礼"的重要依据。有鉴于此,如果将"管仲之器小哉"中的"器"解释为"器物",则《论语》中的这段话恰恰展现了孔子目睹管仲生前所用器物时的惊讶之情,因为这同孔子心目中那个越礼的管仲形象有所不符。本文就将从文字、辞例、文义等方面试图对这一观点加以论述。

一　先秦文献中的"器"与"大器"

从文献材料看,先秦的"器"字辞例较多地遵循了其造字的本意。已知的甲骨文中未见"器"字,金文中的"器"字一如陈梦家先生所言:"'彝'与'器'是铜器最大之共名",①同《说文》中所释的"皿也"是一致的。從"器"字的构形来看,《说文》认为"㗊"象器口,"从犬"意为"犬所以守之",事实上古文字中单个或多个"口"一般也可以象器皿本身,并非"口齿之口"。如古文字中的"鲁"从"鱼"从"口",下方的"口"形即器皿的象形。从金文看"器"字字形(典型字形见下图),绝大多数从"㗊",偶尔"器"字也从三"口"(穆公鼎)或从二"口"(仲盘),②甚至有的时候省去"犬"也是有的(如黄子罍)。近年出土的简帛字体也大体延续了金文的字形。因此从字形上看,"器"字古今字体变化不大,属会意字。

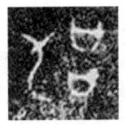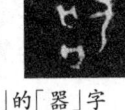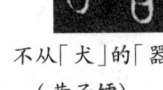

从两「口」的「器」字　　　不从「犬」的「器」字
（黄子鬲、黄子鼎）　　　　　（黄子罍）

---

① 吴十洲引用陈梦家发表于《考古学报》第 11 册、第 206 页上的话"'彝'与'器'是铜器最大之共名",辅以诸多出土材料举例证明了这一点。可参考吴十洲,《两周礼器制度研究》,台北:五南图书出版公司、中化发展基金管理委员会联合出版,2004,页 25。

② 具体讨论可参于省吾,《甲骨文字释林》,北京:中华书局,2009,页 256。

因而由文字学角度分析"器"的字形,"器"最原始也最基本的解释无疑就是器物、器皿的统称。需要补充的是,段玉裁《说文解字注》中曾引用《木部》曰:"有所盛曰器,无所盛曰械。"①可见"器"与"械"对称在先秦用语中极为常见,②甚至在一些地方"器"、"械"二字可以混用。③

除了从字形结构分析而来的"器"字本意即器皿之总称以外,在先秦文献中的"器"字大约还有以下两种含义:

(1)作为"气"的通假字。如《礼记·乐记》:"然后乐器从之",同一句话在《史记·乐书》中作"气"。《逸周书·官人解》:"其器宽以柔。"到了《大戴礼记·文王官人》则作"气"等。其余辞例,不一一列出。需要特别指出的是,先秦辞例中却不存在后世那种"大器"/"大气"、"小器"/"小气"这样的用法。④

(2)人体脏器、器官,此义多见于医书。

此外,"器"当然还有常见的引申义,特别是当"器"组成"大器"一词时,往往具备了相当明确的引申和比喻意义。⑤ 先秦时"器"的引申义中有这样两种值得注意:

---

① 段玉裁,《说文解字注》,经韵楼刊本校刊影印,香港:启明书局,1963,第三篇页1。

② 如"以粟易械器者"(《孟子·滕文公上》)、"宫室器械周于资用"(《韩非子·难二》)、"百工以巧尽械器"(《荀子·荣辱》)等等。其中特别引人注意的是,"器"、"械"二字在今存《管子》一书中尤其多见,未知是否是种巧合。如"形势器械具,四者备,治矣"、"官无常,下怨上,而器械不功"(《七法》),"明于器械之利"(《幼官》),"世用器械,规矩绳准,称量数度"(《宙合》),"器械巧,则伐而不费"(《兵法》),"缮器械"(《地图》),"缮农具当器械"(《禁藏》),"皆当奉器械备"(《巨乘马》)等等。这种对物质器械的关注,似乎正好同史书所载管仲治国之道相契合。

③ 如为人所熟知的"君子不器",汉代的扬雄就将其表述为"君子不械"。见《法言·君子篇》,李轨注曰:"械,器也。"汪荣宝,《法言义疏》,北京:中华书局,1987,页497。

④ "大气"一词确实有,然而仅见于医学著作,同个人心胸气度没有什么关系。见张儒、刘毓庆,《汉字通用声素研究》,太原:山西古籍出版社,2002,页891。

⑤ "大器"一词的原初含义显然是指重要的器物,也就是宝器。如《左传·文公十二年》:"重之以宝器",杜预注曰:"大器,圭璋也。"杨伯峻,《春秋左传注》,北京:中华书局,2009,页587。

（1）文献中经常可见用"大器"比喻国家、帝位乃至"天下"，①著名的例子有《荀子·王霸》：

> 国者、天下之大器也，重任也，不可不善为择所而后错之。②

（2）以"器"喻人，"大器"一词往往可以用来形容人的品格，而且这则记载恰好直接同管仲有关，在此有必要对这个义项作进一步的分析。用"大器"喻人的用法见于《管子·小匡》：

> 施伯谓鲁侯曰：勿予。非戮之也，将用其政也。管仲者，天下之贤人也，大器也……③

惠栋曾引用这句话来解释"管仲之器小哉"。那么《管子·小匡》中的这个"大器"究竟是什么意思呢？比对《国语·齐语》中的类似记载，可以发现，《管子》中的"管仲者，天下之贤人也，大器也"，在《国语·齐语》中恰恰表述为"夫管子，天下之才也"。④ 由此可见，"大器"在这里差不多就是对"天下之贤人"的补充和强调。因而此处的"大器"即相当于"大才"，用来比喻有很高才能的人。⑤

那么有没有可能《论语》中的"管仲之器小哉"的"器"，就是此处

_____

① 可参《汉语大词典》，香港：香港三联书店，1987，页 1394。
② 王先谦，《荀子集解》，北京：中华书局，1988，页 207。其他例子还有又如"故天下大器也，而不以易生，此有道者之所以异乎俗者也"（《庄子·让王》）及"俄而治天下之大器举在此"（《荀子·荣辱》）等等，不再一一列举。
③ 黎翔凤撰、梁运华整理，《管子校注》，北京：中华书局，2004，页 390。
④ 原文作："庄公以问施伯，施伯对曰：'此非欲戮之也，欲用其政也。夫管子，天下之才也，所在之国，则必得志于天下。令彼在齐，则必长为鲁国忧矣。'庄公曰：'若何？'施伯对曰：'杀而以其尸授之。'"先秦文献中异文是很常见的，因而比照异文也是考释某些具体词义时比较有效的方法。见徐元诰撰，王树民、沈长云点校，《国语集解》，北京：中华书局，2002，页 217。
⑤ 李零在《丧家狗：我读〈论语〉》一书中似乎就是依据这一义项来解释"管仲之器小哉"的，见李零，《丧家狗：我读〈论语〉》，太原：陕西人民出版社，2007，页 99－100。而《汉语大词典》中"大器"的解释中，有一条就引用了此处，《管子·小匡》表明"大器"可以"比喻有大才、能担当大事的人"，见《汉语大词典》，前揭，页 1394。

提到的用来譬喻人之品格的这个意思呢？假设"管仲之器小哉"中的
"器"一如《管子》中的"大器"那样指代的也是人的才能，这样一来，非
但不能解决前后文义逻辑不连贯的问题，还会带来更多的质疑：毕竟作
为"世所谓贤人"，想要否定管仲的才能并不是一件容易的事。何况也
很难想象，以一句"微管仲，吾其披发左衽矣"肯定了管仲功业的孔子，
竟然在《论语》的另一个地方试图否定管仲的才能。由此可知，"大器"
一词在《管子》中出现，只是一个文献上的巧合，即《管子·小匡》中恰
好用了"大器"的引申义来称赞管仲的才干。

至此，已知的先秦语料表明，一方面，很难找到将"器"作形容人心
胸的那种"器量"来解释的辞例，这便证明了"器量"这个义项的出现当
晚于《论语》记载"管仲之器小哉"的时代。① 另一方面，"器"字在先秦
的通假及引申义都很有限，唯——则与"管仲之器小哉"有着紧密关联
的例子见于《管子》，却也无法直接套用到此处作为解释本章的依据。

二 "管仲之器"另一种可能的解释

上文中梳理了历代各家注疏对"管仲之器小哉"的理解，罗列和分
辨了先秦辞例当中的"器"和"大器"的诸种义项，这样便证明了"器"
字所代表的本意就是器物，即人们日常生活中时时与之打交道的器物、
器皿，毫无疑问这个本意是先秦乃至今日"器"字最常见的用法。考虑
到单个语词的语意总会经历从单纯到复杂的变化历程，何晏将"器小"
释作"器量小"，很可能是使用了晚出的引申义来理解"管仲之器小哉"
这句话。② 可是，这一说法缺乏先秦时期辞例的支持。"器"作为容器
总称的本意反而可能是《论语》这一章沟通文义的关键所在。笔者愿
意为"管仲之器小哉"提供另一种可能的解释。

笔者以为，"管仲之器小哉"一语体现了孔子在听闻或目睹管仲生

---

① 张宁也曾为了解释"管仲之器小哉"而对"器"字的先秦辞例加以梳理，她认为
直到东汉末年才最早出现了"明确以才识、度量解释'器量'一词"，见张宁，
《浅析"管仲之器小哉"之"器"的含义》，前揭，页 6-9。

② 田明明在其硕士论文《"器"和"器"参构语词的语义分析及文化阐释》中也指
出，到东汉年间才出现了用"器量"形容人胸襟气度的用法。参见田明明，
《"器"和"器"参构语词的语义分析及文化阐释》，福州：福建师范大学，2017，
页 45。

前所用器物的形制之后,所表达出来的一种难以抑制的惊讶之情。①
也就是说,所谓的"管仲之器"指的就是管仲所使用的器物、器具。事
实上将"管仲之器"的"器"字训为"器"之本义,在《论语》注疏史上并
非无迹可寻。在《法言·先知篇》中,扬雄也曾对"管仲之器小哉"这句
话加以阐释和辨析,他的解释值得我们注意:

> 或曰:"齐得夷吾而霸,仲尼曰小器。请问大器。"
> 曰:"大器其犹规矩准绳乎? 先自治而后治人之谓大器。"②

可惜的是,扬雄的观点在《论语》的注疏史中并未得到应有的重
视。③ 即使朱熹及其弟子们在谈论管仲时经常引用扬雄,④但恐怕朱子
师徒仍试图将扬雄的观点糅合进他们自己的理解中,却没有看到扬雄
实际上是从"器"字作为器物的本义出发来理解这句话的。⑤ 扬雄这句
话说的是在铸造铜器时,要先依"规矩绳墨"造"范",稍后扬雄从这一
生产活动引申开去,用"造范"这个铸造铜器的步骤譬喻下文所说的
"自治"。因为只有在"造范"之后才能铸造大型的青铜器,把"铸器"
的步骤稍作引申便是"治人"。在同一本书的《君子篇》,扬雄还提

---

① 在此,表感叹的语气词"哉"字可以很清楚地感受到孔子说这句话时的感受。
郭锡良先生曾经将"管仲之器小哉"作为例证来说明"不用'哉'字,句子就是
直陈性的叙述句、描写句或判断句;因此,句子的感叹语气明显是由'哉'表示
的"。见郭锡良,《先秦语气词新探(二)》,载《古汉语研究》,1989 年第 1 期,页
79。

② 汪荣宝,《法言义疏》,前揭,页 297-298。

③ 刘宝楠和惠栋比较注意扬雄观点的注疏。从而刘氏更倾向于以"骄矜失礼"为
"器小"。他先以"霸与伯同"驳斥了司马迁和刘向赖以立论的"王霸之辩",并
提出"今谓管仲小,由于桓公称霸,非矣",实为洞见之谈。但从另一方面看,
"骄矜失礼"本来就是"管仲之器小哉"整个一章的题中之义。很可能正是从
这种谨慎的取向当中,刘宝楠委婉地表达了自己崇汉抑宋的基本态度。而惠
栋则同样本于扬雄之论,同时却又试图将扬雄同朱熹的观点相调和,以为管仲
的不足在于未能做到《大学》所提倡的"先自治而后治人"。见刘宝楠,《论语
正义》,北京:中华书局,1990,页 126。

④ 见黎靖德着、王星贤批注,《朱子语类》,前揭,页 631。

⑤ 吴秘的注大抵也是依据"器"的本义来注的,他说:"规矩先自圆方,准绳先自平
直,然后能为器。器出于是,大器也。"汪荣宝,《法言义疏》,前揭,页 297-298。

到说：

> 或曰："大器故不周于小乎？"
> 曰："斯械也，君子不械。"

前文在论述"器"的字义时曾提到"器"、"械"二字可以混用，此处的器、械并举更可以证明这一句中的"大器"说的是形制较大的器物，而且联系上一段引文中明确提到了"铸范"这件事，在此所谓的"大器"很可能特指的是铜器。虽然这里提到的"大器"最终仍落脚于富有哲学意味的引申，可扬雄在回答时仍旧追溯到了"器"的本义，他试图从铸器这一先秦时期相当重要的生产活动出发探讨何为"大器"，而扬雄的解释最后落实到了孔子所说的"君子不器"。

笔者相信扬雄这一未曾得到充分重视的观点，至少证明就"管仲之器小哉"这句话而言，在汉代曾经存在过与董仲舒等学者截然不同的见解，然而以扬雄之说为代表的那些"异说"终究未能在汉代经学的论争中胜出。[1] 但在扬雄的见解中却可能有着相当深刻的洞见，从而帮助今人重审"管仲之器小哉"一语在先秦语境中的真实含义。

所以，假如我们延续了扬雄的解经思路，将"管仲之器小哉"中的"器"还原为"器物"这个最基本的含义，那么便可以重新阐释《论语》的"管仲之器小哉"一章：

> 孔子感叹道："管仲用的器物可真小啊！"
> 有人说："管仲很节俭吗？"
> "管氏有三位太太，[2]官事不摄，哪里节俭了！"

---

[1] 汉代经学是一种同政治关系极为紧密的学术，这一论点已为学者所知。可参考蒙文通，《经学抉原》，上海：上海人民出版社，2006，页14-21。以及陈苏镇在《汉代政治与〈春秋〉学》中的相关讨论，北京：中国广播电视出版社，2001，页4-6。

[2] "三归"是个在历史上讨论相当多的问题，就"三归"究竟表示"三娶"还是筑"三台"，刘宝楠曾指出："筑台"一说源于刘向《说苑·善说篇》，而刘向则是误解了《战国策·东周策》中"齐桓公宫中七市，女闾七百，国人非之。管仲故为三归之家，以掩桓公，非自伤于民也？"的记载。参刘宝楠，《论语正义》，前揭，页126。

"那这是因为管仲他知礼的缘故吗?"

"邦君树塞门,管仲也树塞门;邦君为两君之好、有反坫,管氏亦有反坫,管仲他算是知礼,那天下还有谁不知礼?!"

器物狭小必然暗示着制作器物的经济耗费不大,如此一来,原文中从孔子的感叹"管仲之器小哉"到后文的疑问"管仲俭乎",两句对话之间的语言逻辑就显得顺畅多了。甚至,遵从着此处提出的解释,可以看出《论语》中的这条记载或许还是一组寓于某个具体场景的对话。在这一章中,管仲生前遗留下来的器物让孔子感到吃惊,毕竟孔子曾经多次评论过管仲,而且这些评论对管仲的评价并不统一。① 假如再结合《论语》以外的其他文献对管仲这个人物进行讨论,则更体现出管仲作为历史人物或许有着相当复杂的面目。② 特别在管仲这个人是否"知礼"、"守礼"的问题上,《论语》中的诸多记载,以及其他历史文献特别是《左传》对管仲其人的刻画,都存在着难以统一甚至不乏矛盾的地方。

三 管仲的知礼与失礼

"管仲之器小哉"一语出自《八佾》,显然"管仲之器小哉"一章想要树立管仲为失礼的典型,目的是匡正礼制。从《列子》中类似的指责来看,管仲"不知礼"主要表现在"君淫,亦淫;君奢,亦奢"。③ 既然《论语》和《列子》都对管仲失礼之事有过批评,那么管仲僭越诸侯之礼乃是先秦时期广为人知的事情。但作为一个被先秦诸子津津乐道的话题,管仲是否"失礼"这件事却并不能孤立地看待。事实上在儒家经典内部,对于管仲的评价并不统一,尤其是《左传·僖公十二年》当中所描写的管仲,几乎可以算是"礼崩乐坏"时代的守礼表率:

---

① 可以说这是一个两千多年来被反复讨论的问题。近来的讨论可参考干春松,《儒家王道政治秩序的建构及其遇到的困境:以"管仲之器小哉"的诠释为例》,载《中国哲学》2011 年第 4 期,页 43-49。

② 或许对于《论语》来说,管仲的复杂所带来的更麻烦的问题在于:孔子心目中的"仁"与"礼"究竟是怎样一种关系? 正是在管仲这个人物上,两个儒家学说中最为核心的观念发生了致命的偏离。然而上述这些经学问题,已然超出了本文的讨论范围,故不予赘述。

③ 杨伯峻,《列子集释》,北京:中华书局,1979,页 217。

王以上卿之礼飨管仲。管仲辞曰："臣，贱有司也。有天子之二守国、高在，若节春秋来承王命，何以礼焉？陪臣敢辞。"

王曰："舅氏！余嘉乃勋！应乃懿德，谓督不忘。往践乃职，无逆朕命！"

管仲卒受下卿之礼而还。①

《左传》中对周天子恭敬有礼的管仲，同《论语·八佾》中被斥为"不知礼"的管仲，似乎大有矛盾之处。可见管仲"知礼"与否，在先秦不同文献的记载中已经不能达成一致。由此让人想到，在《论语》"管仲之器小哉"这一章中，与孔子交谈的对话者之所以会有"然则管仲知礼乎"一问，恐怕并非只是因为对话中听见孔子列举管仲铺张不俭的缘故。所谓"管仲世所谓贤人"，说明管仲的事迹在春秋时代一度流传甚广，②其中自然包括那些表明管仲"知礼"的故事，一如《左传》中记载的那样。无怪乎提问者会想当然地认为管仲"知礼"，毕竟不是所有人都如孔子一样知识渊博，可以准确指出管仲具体有哪些失礼之处。从这个意义上说，《左传》的记录可能更加接近于春秋时人对管仲的普遍印象，而这个印象总体说来似乎是比较正面的。

在这个历史语境中，回头来看孔子说的那句"管仲之器小哉"，考虑到这段文字出自《八佾》篇，笔者以为，为了更准确地理解这句话，应当把这段对话放在周代礼制的框架中去理解，而礼器的使用规范正是周代礼制中的重要一环。③ 正所谓"器以藏礼"，④既然在这一章中提到的"管仲之器"实际指代管仲生前所使用的器物，那么之所以孔子会感叹其"器小"，绝非是对管仲人格方面的富有深意的评价，而是对其所使用之器物形制的客观判断。

这样一来，"管仲之器小哉"这一章便成了一组带有戏剧性的对话，我们甚至可以从中想象孔子说这番话时的情态——因为管仲生前

---

① 杨伯峻注，《春秋左传注》，前揭，页341-342。

② 或许最好的例子恰恰来自《论语》之中，《论语·宪问》篇先后有两位弟子（子路、子贡）向孔子打听管仲，在这种情况下孔子说出了"如其仁"和"微管仲，吾其披发左衽矣"的话。刘宝楠：《论语正义》，前揭，页572-281。

③ 见吴十洲，《两周礼器制度研究》，前揭，页24-37。

④ 杨伯峻注，《春秋左传注》，前揭，页788。

所用的器物是如此之小,这让向来了解管仲有越礼之举的孔子感到有些惊讶。毕竟春秋时期对礼制的僭越往往表现为使用比自己身份更高一级的器物,所谓"器皿之度"势必"以大为贵",①也就是倾向于用"大器"而非用"小器",抑或是使用远超出自身身份的礼仪规格,这些在春秋贵族阶层广泛存在的僭礼行为恰好是《论语·八佾》篇反复言及的主题。考虑到这样的历史背景,就不难理解孔子有此感叹:孔子印象中的管仲是一个肆意违礼的人,可这个人使用的器物却与那样一个喜好奢华、僭越礼制的管仲形象颇有出入。

那么,孔子有没有可能见到过管仲之器呢?这也是完全可能的,而且就证据来看也不是无迹可寻。《左传·僖公十二年》在记载了管仲守礼之余,还记录下了一句"君子之言":

> 君子曰:"管氏之世祀也宜哉!让不忘其上。《诗》曰:'恺悌君子,神所劳矣。'"②

其中提到"管氏之世祀也宜哉",这句话的意思是,管氏作为齐国历史上的功勋卓著的重臣,很有可能在齐国是有世祀之享的,这也就有可能在宗庙中保留着管仲生前使用的器物。先秦时期有祭祀旧臣的习俗,特别是曾经对宗族、诸侯国做出卓越贡献的贤臣良相。事实上桓公曾赐给管仲以城邑,此事史有明文。刘正浩对此事有过考证,他指出:"管仲有赏邑传之子孙……其世为大夫可知。"又说道:

> 由此观之,管仲不唯世祀于齐,子孙且有蕃盛于鲁、楚者,与君子之言正合。③

照此看,作为名动一时的贤人,管仲在死后受到齐人的追祀,甚至将祭祀管仲的器物保留在了宗庙之中,这完全合乎情理,也符合先秦时期祭祀祖先的惯例。不由地让人联想到《论语·八佾》中所记载的"子

---

① 孙希旦,《礼记集解》,台北:文史哲出版社,1990,页637。
② 杨伯峻注,《春秋左传注》,前揭,页341-342。
③ 刘正浩,《周秦诸子述左传考》,台北:台湾商务印书馆,1966,页51。

入太庙,每事问",这一记载恰好佐证了"管仲之器小哉"一语诞生的语境。照此看,"管仲之器小哉"看似是一句没来由的感叹,却很有可能如实展现了孔子在齐国或管氏宗庙之中的所见所感。

因此"管仲之器小哉"完全没有违背《论语》的编纂规则,谈的正是礼仪和礼制的问题。在现实中管仲之"不知礼"也是别有旁证的,如《礼记·礼器》中提到:

> 管仲镂簋、朱纮,山节、藻棁,君子以为滥矣。晏平仲祀其先人,豚肩不掩豆。澣衣濯冠以朝,君子以为隘矣。①

在这里管仲和晏婴是两种失礼的典型,管仲失于"僭上",晏婴失于"逼下",二者均用了不适合于自己身份的礼器,反映出这两位齐国的贤相本质都不是严格按照周代礼制行礼的人。之所以此处"违礼"的代表人物都来自齐国,恐怕也非巧合。从春秋时期列国"守礼"与否的情况看,与其邻国鲁国相比,齐国似乎是不那么敬守周礼的诸侯国。故孔子说:"齐一变,至于鲁;鲁一变,至于道",《管子·大匡》亦云:"鲁邑之教,好迩而训于礼。"②

但是从另一方面看,管仲的"失礼"却显然是一桩历史公案。不仅《左传·僖公十二年》把管仲赞誉为"让不忘其上"的正面形象,在《战国策·东周策》中也提到:"齐桓公宫中七市,女闾七百,国人非之。管仲故为三归之家,以掩桓公……"③意思是说,管仲做出种种违礼的僭越行为,其实是为了掩盖其君齐桓公的僭越失礼。所以刘宝楠在《论语正义》卷四引用毛奇龄《稽求篇》中的说法:

> 《国策》有宋子罕、齐管仲掩盖君非二事。宋君之非在筑台,故子罕以扑筑掩之。齐桓之在女市、女闾之多,故管仲以三娶掩之。若齐桓非在多女,而仲以筑台掩之,是遮甲而障乙。④

---

① 孙希旦,《礼记集解》,前揭,页646。
② 语见程树德,《论语集释》,前揭,页411。黎翔凤撰、梁运华整理,《管子校注》,前揭,页361。
③ 何建章,《战国策注释》,北京:中华书局,1990年,页17。
④ 刘宝楠,《论语正义》,前揭,页126。

刘宝楠认为毛氏"其说极辨"。这段话的本意是为了阐明"三归"的含义，此处毛奇龄认为，"三归"应当是"三娶"之意，而驳斥了将"三归"解释为"筑台"的说法，因为考虑到齐桓公有着规模庞大的"女市、女闾"，管仲为了掩盖君主的相对做法只可能是迎娶三位太太。但管仲在生活中爱好奢华、铺张恐怕无论如何都是事实，不管他出于何种理由做了这些事情。所以在《论语》"管仲之器小哉"一章的后半部分，孔子所列举的管仲"树塞门"、"反坫"的例子，正与此处讨论到的"三归"、"镂簋、朱纮"等记载相吻合。

尽管有不少学者试图调和这些记载当中的矛盾之处，[①]笔者还是认为，从根本上说，管仲在《左传·僖公十二年》传文中表现出来的"守礼"与孔子批评管仲的"不知礼"之论未见得构成矛盾。这不仅因为对待同一个历史人物，从不同角度获得的评价很可能导向完全不同的结果，正如在《论语·宪问》中孔子曾一度赞誉管仲的政治作为，也不妨碍我们在《八佾》篇看到孔子指责管仲"不知礼"。更关键的一点在于，在春秋时期，往往很难凭借几个例子片面地判断一个人是否"遵礼"、"知礼"。

在《论语·八佾》篇中，孔子为说明管仲"不俭"、"不知礼"而列举了三条理由，可这些理由都是管仲日常生活的表现。反观《左传·僖公十二年》的记载，其中呈现的却是管仲觐见周天子时、登于庙堂之时的作为。也就是说，《左传》和《论语》虽说都记载了管仲"知礼"与否的一个或多个侧面，同时我们必须注意到，这两个文献所记载的礼仪活动在性质上判然有别：《左传》中的礼仪活动是正式的、王朝级别的典礼，而《论语》评判管仲"知礼"的事实基础却是更为日常的生活仪则。因而作为政治人物，管仲代表齐国前去觐见周天子，在隆重的朝觐和飨燕场合做足礼数，同他在齐国日常燕居时的奢华僭越并不矛盾。这体现出想要评判某个历史人物是否"守礼"、是不是依据礼制规范行事其实非常困难，在这一点上管仲就是个绝好的例子。

---

① 最近关于这个问题的讨论，可以参考赵志浩的讨论，他仍是从"王霸之辩"的视角来理解《论语》对管仲评价的前后不一现象。参见赵志浩，《〈论语〉之"管仲之器小哉"辨析：兼论孔子的"大一统"诉求》，载《山西师大学报（社会科学版）》2018年第6期，页84-88。

结　论

本文尝试为《论语·八佾》"管仲之器小哉"一章提供一种新的解释。孔子感叹"管仲之器小哉"这句话出自一段对话，如果遵从以往的注疏，这组对话在逻辑上不合日常语言的规则，从而使得这一章在理解上变得相当迂曲。

很明显理解这一章的关键在于解释"器"字在文句中的含义。笔者搜集、罗列了先秦时期"器"字的诸多义项，证明了先秦时期"器"字最常见的含义就是"器物之统称"的本意，而古代注疏中将"器"解释为"器量"、"识量"，在先秦语料中缺乏相应的证据。在此基础上，笔者指出"管仲之器小哉"中的"器"应该也是"器物"的意思。由于管仲在是否"知礼"的问题上存在诸多非议，并且孔子了解管仲在日常生活中喜好奢靡、频繁僭越礼制，于是这句话正是孔子在目睹或了解管仲器物形制之后所作的感叹。

正所谓"器以藏礼"，春秋时期贵族僭越礼制更倾向于使用"大器"，所以对管仲"越礼"之事了如指掌的孔子才会惊叹于"管仲之器小哉"。与此同时，当我们将"器"解释为"器物"的话，这段话中的对话者接应这一句的"然则管仲俭乎"的疑问，在语义上也变得更为通顺。

鉴于在不同文献中呈现出来的管仲，在是否"守礼"的问题上存在着不小的纷争，最后笔者结合先秦文献中的相关内容，以管仲为例探讨了如何看待先秦时期某个历史人物是否"知礼"的问题。就管仲的例子而言，《左传》中描绘的是管仲觐见周天子时的表现，而《论语》等材料侧重反映管仲在齐国日常生活中的情境，非但两种文献记录、描绘管仲其人的意图不同，它们记录同一人物是否"守礼"的场合和语境也相去甚远。因而要想从不同文献材料中获得某个人物是否"知礼"、"守礼"的判断，不仅要注意文献本身的性质，也需要关注文献所记录的是怎样的礼仪活动。由此也折射出在具体历史情境中，礼制是如何以及怎样被践履的，或许有着相当复杂的面目。

《论语》中的朋友观及其流衍

刘 伟

（中山大学哲学系）

摘 要：传统儒家认为，作为"五伦"之一的朋友，是德性相近的同类人。"责善"即坦诚地批评，是朋友交往的基本原则。更重要的是，朋友之间并没有共同的生活。这意味着朋友并非构成社会秩序的奠基性伦理，相应地，作为朋友相处之道的诚信，也就不是特别重要的品质。在传统社会，游侠群体是朋友伦理现实化最极致的表现，但其因流动不居而威胁社会秩序。然而随着社会流动的增加，朋友之道亦随之改变。至明代中后期，王阳明提出了一种更适合一般人交往的新的朋友观。

关键词：朋友 诚信 社会流动 共同生活

引言：从"朋友有信"说起

孟子曾经说过，人吃饱穿暖且无事可做，就很危险，有可能做出不当的事情来。所以要进行教化，教的内容是人伦，即所谓："父子有亲，君臣有义，夫妇有别，长幼有序，朋友有信。"（《孟子·滕文公上》）如果此处的"信"可以理解为"诚信"，那么，说诚信是朋友间相处的原则，大概不会引起太大的争议。

征诸《论语》，则更明了。

例一：

> 颜渊、季路侍。子曰："盍各言尔志？"子路曰："愿车马、衣轻裘，与朋友共。敝之而无憾。"颜渊曰："愿无伐善，无施劳。"子路曰："愿闻子之志。"子曰："老者安之，朋友信之，少者怀之。"（《论语·公冶长》）

例二：

　　曾子曰："吾日三省吾身：为人谋而不忠乎？与朋友交而不信乎？传不习乎？"（《论语·学而》）

例三：

　　子夏曰："贤贤易色，事父母能竭其力，事君能致其身，与朋友交言而有信。虽曰未学，吾必谓之学矣。"（《论语·学而》）

　　例一记载的是孔子和颜渊、子路两位高弟的对话。孔子问颜渊、子路之"志"，细味师弟问答，此必非泛泛询问志向，而是与人交往之志趣。子路的回答是愿意和朋友分享昂贵的轻裘车马，颜渊则不愿夸耀己善，亦不愿施劳于人。而孔子之志则是："让老者安定，让朋友信任，让幼者怀念。"①例二是曾子自道：曾子每天多次反省，反省的内容之一是和朋友交往是否奉行"信"的原则。例三则是子夏之言，强调事父母、事君和交友原则，同样提到和朋友交往应该"言而有信"。

　　在古汉语用法里，"信"字有诚实不欺、相信（信任）、信奉（信仰）诸含义，②大体和现代汉语中所谓"诚信"相关。不论是作为主体自身的诚实不欺，还是信任或信奉他者，"信"作为一种个人品质或者道德情感都必然包含着"表里如一"这一基本要素，即表现和内在真实情感一致，《大学》所谓"诚于中，形于外"是也。按《说文》云："信，诚也。从人从言，会意。"③又古文"信"作"訫"，段玉裁认为乃取"言必由衷之意"。④ 一般而言，语言表达在他人看来是意指最为明确的行为，是最确定无疑的外在表现。所以，诚信最常见的表现形式是言出必践、说话算数。

　　那么，如何理解诚信或者说话算数在传统生活中的意义和作用呢？这关系到如何理解朋友一伦在传统生活中的意义和作用。

---

① 杨逢彬，《论语新注新译》，北京：北京大学出版社，2016，页104。

② 《汉语大字典（缩印本）》，武汉：湖北辞书出版社，1992，页70。

③ 许慎，《说文解字》，徐铉校定，北京：中华书局，1963，页52。

④ 段玉裁，《说文解字注》，杭州：浙江古籍出版社，1998，页92。

回到《论语》。有一次,门人子贡和孔子就"何如斯可谓之士"这个问题展开一场对话:

> 子贡问曰:"何如斯可谓之士矣?"子曰:"行己有耻,使于四方,不辱君命,可谓士矣。"曰:"敢问其次。"曰:"宗族称孝焉,乡党称弟焉。"曰:"敢问其次。"曰:"言必信,行必果,硁硁然小人哉!抑亦可以为次矣。"曰:"今之从政者何如?"子曰:"噫!斗筲之人,何足算也。"(《论语·子路》)

子贡抛出的问题是:怎样就算得上"士"了呢? 当孔子答以"行己有耻,使于四方,不辱君命,可谓士矣"后,子贡并不满足且充分展示了喜好刨根问底的性格,一再"敢问其次"。而孔子的回答则清晰地勾勒了包括"今之从政者"在内的四类人,层次高低分明。值得注意的是,"言必信,行必果"被孔子说成"小人",即身份意义上的普通人,低于"使于四方,不辱君命",也低于"宗族称孝,乡党称弟"。类似的看法,也出现在《孟子》之中。孟子曾说过:"大人者,言不必信,行不必果,惟义所在。"(《孟子·离娄下》)孔子说"言必信,行必果"乃"小人"所为;孟子则说"大人"以义行事,"言不必信,行不必果",几乎如出一辙。

如果说作为朋友相处之规范的"信",在(以儒家为代表的)传统道德谱系中并无特别重要的意义,那是否说明"朋友"一伦在传统生活中的意义同样有限呢? 这便涉及到对于"朋友"的理解。

一　何为朋友?

如"诚信"一样,"朋友"一词也是由含义相近的两个字组成的复合词。在春秋甚至更早的时候,"朋"、"友"二字即已连用,有《诗经》《左传》等经典文献为证,此不赘述。需要说明的是,"朋友"作为一个复合词,其含义与"友"字并无明显的差别。孔子说,和正直、诚信、见多识广的人做朋友于己有益,经典原文的表达方式便是"友直,友谅,友多闻"。(《论语·季氏》)"谅",信也,"友谅"说的就是"朋友有信"的道理。此外,在先秦典籍中,"友"字不论用作名词还是动词,其单独使用都屡见不鲜;但"朋"字除用作人名以外,大都与"友"字连用——"友朋"或"朋友"。① 由此大致可以说明,"朋友"连用,其含义侧重在"友"而非"朋"。

此外,在探讨朋友的伦理实质之前,还需要对"友"字内涵之演变稍作说明。自春秋以降,"友"字在表示人际关系时特指朋友一伦,但在更早的时候,似乎用以形容兄弟之亲爱关系。在《论语》中,孔子曾援引《尚书》"孝乎惟孝,友于兄弟"(《论语·为政》)来说明另一种形式的"为政"。"友于兄弟"这一说法,说明"友"可以形容兄弟关系。又《尚书》有"大不友于弟"的说法(《康诰》);《诗经》有云"则友其兄"(《皇矣》);据史载,舜向尧举荐"八元",使布"五教",此"五教"指五种伦理规范,即"父义、母慈、兄友、弟共、子孝"(《左传》文公十八年)。此外,《周礼》云大司徒以"六行"教万民,此"六行"是:孝、友、睦、姻、任、恤。郑康成《注》云:"善于父母为孝,善于兄弟为友。"②此正可与《论语》所引《尚书》"孝乎惟孝,友于兄弟"相印证。

本文探究"朋友"一伦之内涵,因涉及"友"字所指,故先言明:关于"友"字,只论后起的朋友义,不论最初的兄弟义。大略言之,"朋友"一伦包含的内容至少有以下四个方面:1,朋友是同类人;2,朋友"同类",特指心志相类;3,"责善"为朋友之道;4,朋友往往不共同生活。下文将依次分说。

1 朋友是同类人

在孟子所说的五种伦理关系中,朋友一伦很特殊,与其他四伦有所不同。朋友是相互的,你是我的朋友,同样我也是你的朋友;但其他四伦中不论哪一伦,伦理角色及相应的义务都是单向的,在父子一伦中,父亲只能是父亲,儿子也只能是儿子,其他如君臣、夫妇、兄弟亦如此。所以,在"朋友"一伦中,朋友双方扮演的角色是相同的。

《说文》云:"友,同志曰友。从二又相交。"③"又"是人手,"友"字从二又取义,好比两只手,故段玉裁解释说"二人如左右手也"。④ 若字形可反映字义,那么"友"(甚至包括"朋")的字形便可说明朋友是同

① 杨逢彬,《论语新注新译》,前揭,页2。
② 贾公彦,《周礼注疏》,上海:上海古籍出版社,2010,页370。
③ 徐锴,《说文解字系传》,北京:中华书局,1987,页57。
④ 段玉裁,《说文解字注》,前揭,页116。

类人。按《论语》所载,孔子两言"无(毋)友不如己者"(《学而》《子罕》),注家一般都将"不如"理解为"比不上",不过也有解释为"不类"者,如黄式三。① 其实,即使按主流解释为"比不上",如邢昺云"无得以忠信不如己者为友",②也包含着忠信达不到自己的标准、"与己不同"这一层涵义。孟子则说得更明白,"一乡之善士,斯友一乡之善士"(《孟子·万章下》),同为"善士"之人可以互为朋友。

2 朋友"同类",指心志相类

《说文》云:"同志曰友。"《论语》"有朋自远方来","有朋"一作"友朋",故阮元《校勘记》云:"案《白虎通·辟雍篇》引'朋友自远方来',又郑氏康成注此云'同门曰朋,同志曰友',是旧本皆作'友'字。"③郑康成注《周礼·大司徒》云:"同师曰朋,同志曰友。"④同样,《公羊传·定公四年》经文云:"朋友相卫。"何邵公注云:"同门曰朋,同志曰友。"⑤

同志,乃志趣相投之人,邢昺所谓"同其心意所趣乡也"。⑥ 这意味着朋友作为"同类"人,并非外在的生理特征之"同",也非权势、地位、财富意义上的"同",而是心志或者德性层面的相同或相似。所以,当弟子万章问交友时,孟子的回答是:"不挟长,不挟贵,不挟兄弟而友。友也者,友其德也,不可以有挟也。"(《孟子·万章下》)"友其德",乃是因对方之德性与自己相类而与之为友。

3 "责善"为朋友之道

《论语》所载孔子和叶公关于正直之标准的对话,曾在汉语学界引

---

① 黄式三,《论语后案》,南京:凤凰出版传媒集团,2008,页12。
② 邢昺,《论语注疏》,北京:北京大学出版社,1999,页8。
③ 邢昺,《论语注疏》,前揭,页2。案:阮元据《白虎通》云旧本"有"皆作"友",过于武断。《集解》引包咸《注》止云"同门曰朋";又,李善《文选·古诗十九首注》引郑康成《论语注》亦止云"同门曰朋",皆可说明所据本作"有朋"。大概汉时所流行《论语》版本,或作"有朋",或作"友朋",不可执一而定。参萧统,《文选》,李善注,上海:上海古籍出版社,1986,页1346。
④ 邢昺,《论语注疏》,前揭,页3。
⑤ 徐彦,《春秋公羊传注疏》,北京:北京大学出版社,1999,页562。
⑥ 邢昺,《论语注疏》,前揭,页3。

起旷日持久的讨论。起因是楚地的叶公说自己乡党之中有一个特别正直的人,亲自指证自己父亲"攘羊";孔子回答说,正确的做法应是"父为子隐,子为父隐"(《论语·子路》)。与此类似,孔子曾说过:

> 事父母几谏。见志不从,又敬不违,劳而不怨。(《论语·里仁》)

几,微也;"几谏",就是隐晦地劝说。为什么不能大庭广众之下指证自己的父亲(或儿子)?为什么不能直白地指出父母的不当或过错?孟子的说法最到位:

> 父子之间不责善。责善则离,离则不祥莫大焉。(《孟子·离娄上》)

以善要求对方,前提是指出其不当甚至不善。在孟子看来,父子之间若以善相责,会伤害父子之间天然的亲情,导致没法在一起生活,所谓"责善则离"是也。

匡章,齐国人,威王时期的勇将,曾击破秦军,孟子早年曾与之交游。[①] 据说,匡章之父曾杀妻,匡章因而与之有隙,离而别居。[②] 因此,整个齐国都说匡章不孝,而孟子与之为友,弟子公都子很不解。孟子解释说,匡章并非世俗所谓"不孝",只因"责善"导致父子别居:

> 夫章子,子父责善而不相遇也。责善,朋友之道也;父子责善,贼恩之大者。(《孟子·离娄下》)

匡章与父别居,可谓因"责善"而导致无法共同生活的典型案例。匡子的问题显然不在于"责善"本身,而是责善的对象不当。父子主恩(亲),正是这种亲暱感让共同生活成为可能。所以,不论是"事父母几谏",还是"父子相隐",目的都是捍卫这种维系共同生活的亲昵感。

"责善"虽不是父子之道,却是朋友之道。孔子的另一个弟子子路

---

① 钱穆,《先秦诸子系年》,北京:商务印书馆,2001,页 327、328、329、330。

② 焦循,《孟子正义》,北京:中华书局,1987,页 600。

也曾问："何如斯可谓之士矣?"孔子的回答是：

> 切切、偲偲、怡怡如也，可谓士矣。朋友切切、偲偲，兄弟怡怡。
> (《论语·子路》)

马融注曰："切切偲偲，相切责之貌。怡怡，和顺之貌。"①刘宝楠援引《毛诗·常棣传》"兄弟尚恩，熙熙然；朋友主义，切切节节然"，以说明朋友与兄弟之别。② 值得注意的是，兄弟与父子一样"尚恩"，所以日常相处推崇和顺平易；而朋友则互相"切责"，使对方行为合于道义，即所谓"责善"也。和父子关系提倡"容隐"不同，朋友相交推崇正直、诚信、无所隐瞒。孔子云"友直、友谅"，又云"忠告而善道之"(《论语·颜渊》)，都说明理想中的朋友应开诚布公、相责以善。

4 朋友往往不共同生活

孟子说，父子之间不能"责善"，所以"君子易子而教"，因为"责善则离"。匡章就是一个典型的例子：父子之间因为"责善"而"不相遇"。由此不难推论，如果"责善"是朋友之道，那么基于这一种伦理义务的朋友则不能(亦不必)共同生活。这当然不是说，在特定的生活共同体中绝对没有朋友，毋宁说，理想类型的朋友并不生活在一个共同体之中。

《论语》开篇孔子言"有朋自远方来"，上文曾引阮元《校勘记》之说以为"有"当作"友"；不论如何，秦汉之际当有版本作"友朋"，甚至原本即作"友朋"。③ 孔子说，朋友远道而来，乃是乐事。文中"远方"二字，或可一窥孔子对于朋友的想象。不特孔子如此，孟子曾和弟子万章说过：

> 一乡之善士，斯友一乡之善士；一国之善士，斯友一国之善士；天下之善士，斯友天下之善士。以友天下之善士为未足，又尚论古之人。(《孟子·万章下》)

---

① 邢昺，《论语注疏》，前揭，页181。
② 刘宝楠，《论语正义》，北京：中华书局，1990，页549。
③ 杨逢彬，《论语新注新译》，前揭，页2。

"善士"之间应互为朋友,自是题中应有之义。然在孟子看来,与"一乡之善士"作朋友还不够,要推扩到"一国",推扩到全天下,甚至与古人为友。在孟子的想象中,朋友关系完全可以突破时空的限制,又何止于一个共同生活的熟人共同体?需特别指出的是,孟子言"善士"相交,从"一乡"说起。在古代,虽然乡党连用,但乡与党作为基本生活单位,规模有所不同。按《周礼》所载,大司徒之职责包括:

> 令五家为比,使之相保;五比为闾,使之相受;四闾为族,使之相葬;五族为党,使之相救;五党为州,使之相赒;五州为乡,使之相宾。

如郑康成《注》所云:"乡万二千五百家。"①由此可知,乡大概不是共同生活的基本单位,所以"五州为乡,使之相宾",即一乡之间以宾客相待。

如果朋友不在一个生活共同体中,那么朋友之间的交往则有赖于至少一方的流动。所以,朋友之间的交往称"交游"。《礼记》所云"交游之仇不同国","交游"有时作"朋友",孔颖达说得更直接:"交游,朋友也。"②可见,孔子所说"父母在,不远游"(《论语·里仁》),大概并非一般意义上的外出旅行,而是特指朋友间的"交游"。唯基于"远游",与一乡、一国乃至天下之人为友,才有可能。

二 说"游侠":战国秦汉之际一个特殊的群体

从上文分疏可知,在传统儒家思想中,作为朋友伦理规范的诚信之所以不甚重要,原因或在于:一、朋友是一种外在于生活共同体的伦理关系,而非构成政治社会秩序的奠基性伦理关系,其他如父子、君臣、夫妇、长幼四种伦理关系则不然;二、朋友之间的交游有赖于人的流动,此与传统农业社会定居这一基本原则相悖。若要进一步思考传统社会的流动性问题,则需要就相关的群体进行微观考察。本节将以"游侠"为例,探究朋友伦理、流动性和秩序的关系。从某种意义上可以说,"游

---

① 贾公彦,《周礼注疏》,前揭,页367。
② 孔颖达,《礼记正义》,上海:上海古籍出版社,2008,页108、109。

侠"群体是朋友伦理在传统社会现实化的极致表现。

"游侠"是活跃于战国以降至两汉间的一个特殊人群,在当时有相当的社会影响力,以至于司马迁、班固都为之立传,载入史册。所谓"游侠",单从字面上就可领略其特点:为气任侠,流动不居。韩非子批评儒、侠时曾说过"儒以文乱法,侠以武犯禁"(《韩非子·五蠹》),由此大略可知,游侠"为气任侠"往往会触犯官方律令,为避刑狱而辗转流动是非常理性的选择。

郭解,乃西汉武帝时期名动一时的游侠,《史》《汉》皆有传可考,青史留名。按《史记·游侠列传》云:

> (解)少时阴贼,慨不快意,身所杀甚众。以躯借交报仇,藏命作奸剽攻,休乃铸钱掘冢,固不可胜数。适有天幸,窘急常得脱,若遇赦。及解年长,更折节为俭,以德报怨,厚施而薄望。然其自喜为侠益甚。既已振人之命,不矜其功,其阴贼著于心,卒发于睚眦如故云。

已无需多说,只上述文字就足以看出这位大侠的斑斑不法之迹:一、随意伤人性命,"身所杀者甚众";二、罔顾国法,公仇私报,"以躯借交报仇";三、劫夺财物,作奸犯科,"藏命作奸剽攻";四、私铸钱币,盗坟掘墓,"休乃铸钱掘冢"等等,分别论罪,死一次肯定不够。司马迁认为"(其行)不轨于正义",所指大概就是这些触犯刑律的行为。然仍为其立传,乃是因为司马迁觉得这类人"有足多者焉"。比如,"以躯借交报仇",是急他人之事,不爱己身;至于"以德报怨"、"不矜其功",更毋庸详论。不止郭解如此,司马迁对朱家——西汉高祖时游侠——亦有类似的评价,"不伐其能,歆其德"、"专趋人之急,甚己之私"(《史记·游侠列传》)。

然而,作为一个群体的游侠,到底有那些值得称许的正面品质呢?司马迁在说明为何要将这样一个群体载入史册时,曾解释道:

> 今游侠,其行虽不轨于正义,然其言必信,其行必果,已诺必诚,不爱其躯,赴士之厄困,既已存亡死生矣,而不矜其能,羞伐其德,盖亦有足多者焉。(《史记·游侠列传》)

司马迁对于游侠的表彰可归结为三点:第一,"其言必信,其行必果,已诺必诚",说话算数,言出必践;第二,"不爱其躯,赴士之厄困",济困扶危,奋不顾身;第三,"不矜其能,羞伐其德",做了好事,不求声名。这三种值得褒扬的品质,仔细推敲,几乎可与儒家理想中的朋友义务一一对应。

1 "其言必信,其行必果,已诺必诚"

游侠大都是信守承诺之人。这一突出的群体性特征,容易强化群体认同而排斥异己者,使得守信之人才能成为真正的游侠。据史载,颍川灌氏家族的灌夫是一位"任侠"之人,因其门第显赫、财雄势大横行一方,而不必周流避祸。此人交往"无非豪桀大猾"而且"横于颍川",但却"好任侠,已然诺"(《史记·魏其武安侯列传》),是一位言出必践的好汉。此外,楚人季布"为气任侠,有名于楚",楚人有谚语说"得黄金百,不如得季布一诺"(《史记·季布栾布列传》),同样是一位一诺千金的豪杰。以孔孟为代表的儒家将诚信视为朋友间相处之道,前文已有所论述,此不需赘言。

2 "不爱其躯,赴士之厄困"

司马迁说郭解"以躯借交报仇",直译就是将自己的身体借给交游的朋友报仇,意为将自己的生命安全置之度外,即所谓"不爱其躯"是也。原涉生于西汉末年,也是一位被时人倾慕的豪侠,史载其与诸豪侠相处乃"倾身与相待"(《汉书·游侠传》),不爱其身,更遑论身外之财货了。而儒家对于朋友相交之道的理解,似乎也包含不私财货甚至不爱己身这一项内容。上文曾援引孔子、子路、颜渊师徒三人关于"言志"的对话,子路的回答是:"愿车马衣轻裘,与朋友共,敝之而无憾。"与司马迁强调朱家、剧孟、郭解等豪侠家无余财,可以互相印证。而《白虎通义》云:

> 朋友之道有四焉,通财不在其中。近则正之,远则称之,乐则思之,患则死之。①

---

① 陈立,《白虎通疏证》,北京:中华书局,1994,页241。

似乎在作者看来,不私财货只是朋友相处最起码的原则,甚至算不上"朋友之道";真正的"朋友之道"除"正之"、"称之"、"思之"以外,还包括患难之际以命相托,将个人生死置之度外。而《礼记》所谓"父母存,不许友以死"(《曲礼上》),恰恰也说明了朋友有"患则死之"之义,只是"父母存"的情况除外而已。

3 "不矜其能,羞伐其德"

郭解在"既已振人之命"之时,仍"羞伐其功",乃是"不矜其能,羞伐其德"比较典型的例子。而朱家"终不伐其能,歆其德,诸所尝施,唯恐见之",与郭解同。在前文所引孔子与子路、颜渊的对话中,颜渊说"无伐善,无施劳"极有可能是说与朋友相处之道。为什么这么说呢?《论文》文本并未记录交谈语境,只是记录了"盍各言尔志?"这一问法,历来注家都将其理解为泛泛地追问个人志向。可是,子路在面对这一提问时强调与朋友相处之道,显然不是针对寻常问志的回答方式。而结合孔子自述己志有"朋友信之"的说法,或可说明这一场对话和朋友之道密切相关。这样一来,颜渊回答"无伐善,无施劳"就获得了一个相对确定的语境:与朋友相交,不夸耀自己的善举,也不给别人添麻烦。

准此可知,游侠是一种积极践行朋友伦理、遵循朋友相处之道的个人或者群体,这一点从"任侠"的字面含义便可窥知一二。史籍常以"任侠"二字形容游侠,如司马迁形容栾布"为气任侠"。日本学者增渊龙夫早已经注意到,郑玄注《周礼》"孝友睦姻任恤"中的"任"为"信于友道也";而孟康注《汉书》形容栾布"为气任侠"曰"信交道曰任",[①]尤可证明游侠的行为原则与朋友之道的密切关系。司马迁为游侠辩护时,除了表彰游侠可称道的优点之外,还特别强调:"至如朋党宗强比周,设财役贫,豪暴侵凌孤弱,恣欲自快,游侠亦丑之。"(《史记·游侠列传》)大概是想说明游侠并非一般意义上的朋比为奸,其交友之道自有可表彰之处。

班氏父子修纂《汉书》虽然继承了《史记》的编写体例,但在很多问题上都与司马迁持不同的立场,对于游侠的评价就是一个典型的例子。在《汉书·司马迁传》的论赞中,班固批评司马迁:

---

① 增渊龙夫,《中国古代的社会与国家》,吕静译,上海:上海古籍出版社,2017,页69。

> 是非颇缪于圣人,论大道则先黄老而后六经,序游侠则退处士
> 而进奸雄,述货殖则崇势利而羞贱贫,此其所蔽也。

很明显,班固将司马迁极力辩护的游侠视为破坏公共秩序的"奸
雄"。以郭解为例,《汉书》所载事迹一仍《史记》,但与司马迁在论赞中
仍发"于戏,惜哉"之感慨有异,班固认为"郭解之伦,以匹夫之细,窃杀
生之权,其罪已不容于诛矣",又感慨云"惜乎不入于道德,苟放纵于末
流"(《汉书·游侠传》),论调截然不同。究其原因,不外乎司马迁认为
游侠"其行虽不轨于正义"然其行"有足多者";班固则相反,认为其行
虽有可称之处,但有违公义便罪不容诛。

从政府的角度来看,游侠生来就是公共秩序的敌人。除了游侠
"以武犯禁",公然挑战政府权威之外,更根本的原因在一"游"字。这
一群体流动不居的属性,是社会秩序天然的威胁。班固批评以信陵君
为首的战国四公子,认为他们笼络四方游侠和游士,影响恶劣。

> 搤腕而游谈者,以四豪为称首。于是背公死党之议成,守战奉
> 上之义废矣。(《汉书·游侠传》)

所谓"搤腕而游谈"大概就是韩非子所说"儒以文乱法"中指称游
士群体的"儒"。游士和游侠并提,其共同点就是流动不居的"游"。在
班固之后,东汉另一位史家荀悦在其史著中曾评论道:

> 世有三游,德之贼也。一曰游侠,二曰游说,三曰游行。立气
> 势,作威福,结私交以立疆于世者,谓之游侠。……此三游者,乱之
> 所由生也。伤道害德,败法惑世,失先王之所慎也。……游侠之
> 本,生于武毅不挠,久要不忘平生之言,见危授命,以救时难,而济
> 同类。以正行之者谓之武毅,其失之甚者至于为盗贼也。①

值得注意的是:一、游侠"见危授命"、"久要不忘平生之言"的特
点,与司马迁、班固的说法基本一致;二、作者此段议论乃是在武帝族杀
郭解之后所发;三、将"游侠"和"游说"、"游行"并提,谓之"三游",突

---

① 荀悦、袁宏,《两汉纪》,张烈点校,北京:中华书局,2002,页158。

出了三者流动不居的特点。

东汉史家对于游侠及其所代表的社会流动性的看法,与西汉的司马迁有霄壤之别。这大概预示了游侠作为一个群体,已慢慢退出历史舞台,以致后世正史再无"游侠"之名目。

三　一种新的"朋友观":以阳明为例

传统儒家理想中的朋友交往之道虽包含很多内容,但"责善"为朋友伦理的核心原则似毋庸置疑,所以要求"朋友有信",即朋友相交应正直无隐。孟子说,"责善"为"朋友之道",是对这一原则最经典的概括。朋友交往,贵在真诚,通过友人之间的相互切磋、砥砺,互相提升,共同进步,这是传统儒家朋友观最基本的内容。

然而,这样一种朋友观,到了明代中后期发生了根本性的转变。阳明认为,朋友之间应该以相互鼓励为主,过分的批评会导致朋友疏离,伤害友谊。如《传习录》卷下有云:

> 先生曰:"大凡朋友,须箴规指摘处少,诱掖奖劝意多,方是。"后又戒九川云:"与朋友论学,须委曲谦下,宽以居之。"①

传统朋友间的"责善",就是要互相"箴规指摘"。而阳明此处告诫弟子,朋友相处应循循善诱,不宜疾言厉色。如此悖离古训,理由何在呢? 阳明在《书中天阁勉诸生》一文中解释道:

> 大抵朋友之交,以相下为益。或议论未合,要在从容涵育,相感以诚,不得动气求胜,长傲遂非。务在默而成之,不言而信。其或矜己之长,攻人之短,粗心浮气,矫以沽名,讦以为直,挟胜心而行愤嫉,以圮族败群为志,则虽日讲时习于此,亦无益矣。诸君念之念之!②

在这里,阳明设想了一个"日讲时习"、朝夕相处的场景。在此场

---

① 王守仁,《王阳明全集》,吴光等编校,上海:上海古籍出版社,2011,页106。
② 同上,页310、311。

景中,朋友之间议论讲习应"相感以诚",推心置腹,务求在长期的交往
中和谐相处,互相勉励,以求精进。相应地,在这样的场景之中,习惯性
的批评和刁难有可能被理解为傲慢、好胜心强,甚至是以正直之名行攻
讦之实。

阳明的这一设想,很明显是一个不同于传统的新鲜事物。在传统
之中,虽有朋友之交游,甚至依附于豪右结成的游侠群体也可视为以朋
友关系凝聚而成的团体,但这些毕竟不是主流,更不是儒家主流理想的
朋友相处之道。朋友之间不应时刻处在一起,因为每个人都有自己更
重要的伦理关系需要维系,朋友伦理处于整个伦理谱系的最低端。阳
明则不同,他似乎不认为终日与朋友相处妨害履行其他的伦理义务,相
应地,以朋友伦理为基础构成的团体生活也是合理的。而传统朋友间
的"责善"之所以有害,正是因为它破坏了团体生活,所谓"讪族败群"
是也。

从阳明和弟子之间的交流便不难看出,至明中后期,学林之中朋友
间讲习已经成为日常生活不可或缺的一部分。阳明在《传习录中·启
问道通书》中援引周道通的说法,很能说明问题:

> 来书云:"日用工夫只是立志。近来于先生诲言时时体验,愈
> 益明白。然于朋友不能一时相离。若得朋友讲习,则此志才精健
> 阔大,才有生意。若三五日不得朋友相讲,便觉微弱,遇事便会困,
> 亦时会忘。乃今无朋友相讲之日,还只静坐,或看书,或游衍经行,
> 凡寓目措身,悉取以培养此志,颇觉意思和适。然终不如朋友讲
> 聚,精神流动,生意更多也。离群索居之人,当更有何法以
> 处之?"①

周道通说自己按阳明说的"立志"做工夫,但效果不是特别好,尤
其和与朋友讲习相比。周道通说"三五日不得朋友相讲,便觉微弱",
足以说明他的朋友交往非常频繁,是日常生活重要的组成部分。

阳明对于朋友相交之道新的理解,大概是基于这样一种全新的生
活方式。如果说朋友讲习构成的团体生活已经成为日常生活的重要内
容,那么,维系团体生活防止"讪族败群"就是朋友交往的前提。孟子

---

① 王守仁,《王阳明全集》,前揭,页 64、65。

认为，父子之间不"责善"，因为"责善则离"（《孟子·离娄上》），过分
的苛责纠弹就没法一起生活。传统儒家认为朋友之间应抗言直谏，因
为朋友之间没有共同的日常生活，更遑论普遍存在的以切磋讲习为目
的的学术团体。子贡问朋友相处之道，孔子回答："忠告而善道之，不
可则止，无自辱焉。"（《论语·颜渊》）一方面要尽己所能而"忠告"之，
如果对方不接受，朋友之情也就尽了。子游说过："事君数，斯辱矣；朋
友数，斯疏矣。"（《论语·里仁》）道理也是如此，过分直言劝说，会导致
关系疏远，古今皆然。不同的是，阳明会为了维系友情而放弃直言劝
谏；而传统儒家则教导说，"忠告而善道之"，如不接受的话，朋友关系
自然也就解体了。

阳明认为理想的朋友之间应该是以"诱掖奖劝"为主，交往之中应
谦恭卑下，不可盛气凌人，以自己的真诚和善意"感化"对方。用阳明
自己的话说，就是"相感以诚"，此中"感"是关键。《传习录下》有一则
黄修易所记语录云：

> 一友常易动气责人，先生警之曰："学须反己。若徒责人，只
> 见得人不是，不见自己非。若能反己，方见自己有许多未尽处，奚
> 暇责人？舜能化得象的傲，其机括只是不见象的不是。若舜只要
> 正他的奸恶，就见得象的不是矣。象是傲人，必不肯相下，如何感
> 化得他？"[1]

黄氏所云"一友常易动气责人"，肯定包括朋友交往时"动气责
人"。阳明认为，交往中应多反思自己的不是，而不是一味地批评对
方。如果能做到自反"相下"，自然能够感化对方，否则言语相激，便会
适得其反，于己于人都没益处。此处阳明以舜和象的典故为例，认为舜
之所以能"感化"象，关键在于没有揪住象的缺点不放。这意味着，"感
化"不只是朋友交往之道，也适用于兄弟。在另一则语录中，阳明认为
象处心积虑想杀舜，自是大恶人无疑；但也是由于舜最初操之过急，不
够妥当，激得象要杀害自己。后来，舜改变了策略，才使得象改过自新。
"舜只是自进于义，以义薰烝，不去正他奸恶。"[2]这里所谓"薰烝"大概

[1] 王守仁，《王阳明全集》，前揭，页115。
[2] 同上，页128。

就是"感化"一种形象的表达吧。

"感化"作为朋友间相处之道,不特适用于兄弟之间,也适用于父子、君臣之间。在《传习录下》中,钱德洪记录了一则故事:有一对父子争讼,官司打到了阳明这里。阳明还没审理结束,"父子相抱恸哭而去"。周围的人深感奇怪。阳明解释道:

> 我言舜是世间大不孝的子,瞽是世间大慈的父。……舜常自以为大不孝,所以能孝;瞽瞍常自以为大慈,所以不能慈。瞽瞍只记得舜是我提孩长的,今何不曾豫悦我,不知自心已为后妻所移了,尚谓自家能慈,所以愈不能慈。舜只思父提孩我时如何爱我,今日不爱,只是我不能尽孝,日思所以不能尽孝虚,所以愈能孝。①

阳明这番感染力十足的说辞,深深打动了争讼的父子,以致父子抱头痛哭,算是"感化"的实例。而"感化"的道理一如前文所引阳明之说,只是让双方都看到自己"有许多未尽处"而不见他人的"不是"。同样,君臣相处,"感化"的道理依然适用。按《传习录上》记载:

> 问:"孔子正名,先儒说'上告天子,下告方伯,废辄立郢'。此意如何?"先生曰:"恐难如此。岂有一人致敬尽礼待我而为政,我就先去废他?岂人情天理?孔子既肯与辄为政,必已是他能倾心委国而听。圣人盛德至诚,必已感化卫辄,使知无父之不可以为人,必将痛哭奔走,往迎其父。……"②

此番对话,典出于《论语·子路》。子路设辞问孔子,如果获得卫出公辄的重用,首先做什么?孔子答以"正名"。朱子《集注》引胡安国之说,即文中所谓"上告天子"云云。③ 阳明认为胡氏和朱子的说法不妥,正确的做法是以"至诚"来"感化"卫辄,让其自愿让位于其父蒯聩。卫辄为君,孔子为臣,则君臣交往仍适用阳明所谓"感化"的办法。

在阳明看来,朋友间相处之道——"感化",同样适用于父子、君

---

① 王守仁,《王阳明全集》,前揭,页127。
② 同上,页19。
③ 朱熹,《四书章句集注》,北京:中华书局,2012,页143。

臣、兄弟等传统的伦理关系。只不过,与其说阳明将朋友交往之道作为更根本的人际交往方式,不如说他设想了一种更普遍、适用于所有人的交往之道。这种全新的人际关系乃是抽象掉所有伦理角色和义务的普通人之间的交往,和传统五伦中的朋友相交最为近似。朋友,就是另外一个自己;同样,社会之中任何一个他者,都可以被设想为另一个自己。与之相应,如果一个人日常交往的对象于己而言大都是并无特定伦理角色的"朋友",那么,流动的社会便出现了。所谓"一气流行"、"万物一体"只是流动社会的一种形上的表达而已。

结　语

如果普通人甚至陌生人之间都可彼此称作"朋友",那么可以肯定,这种"朋友"已不属于古典的作为五伦之一的朋友了。在古典语境中,"责善"是朋友必须承担的伦理义务,只是朋友间通常没有共同的生活,所以也就没有"责善则离"的心理负担。近世以来,商业发展带动人口流动,整个社会生活发生了深刻的变化。与这一过程相伴而生的是,"君子不党"这一古训被打破了,朋党、党社乃至一般性的学术讲习团体出现并渐趋合理。这些可以被比附为朋友伦理的新的交往形式,彻底改变了朋友一词的古典涵义,其中,最根本的变化是共同生活。而当维系共同生活成了朋友交往的第一原则时,阳明新的"朋友观"就不难理解了。

若进一步追究古今朋友(伦理)观念的转变,其中似乎包含着本体论层面更深刻的变化:人究竟是流动的还是定居的? 在古典观念里,朋友居于远方,朋友间的交游至少需要一方"离家出走"。然而,"父母在,不远游"(《论语·里仁》)。离家状态显然是一种非常状态,而人通常都生活在父子、君臣、夫妇、兄弟等伦理关系之中,这些伦理关系交织在一个由熟人构成的地缘共同体之中。而朋友交际的常态化,则更倾向于将人从古典的伦理"羁绊"中解放出来,从一个限制自身发展的、固定的空间位置中抽离出来。人一旦流动起来,真正意义上的社会就出现了。

＊本文系国家社科基金重大项目"四书学与中国思想传统研究"(15ZDB005)阶段性成果。

《论语》中"一以贯之"的今译和英译问题初探

蔡新乐

（深圳大学外国语学院）

摘 要："一以贯之"之解，放弃与天道连贯的"心"，使"贯之"无从说起。此一取向支配下的今译将"道"释为"学说"、"思想"或"人生观"，将"一"解作"基本观念"、"中心思想"、"基本理念"或"总体原则"，无不走向"理性"；即令保留"道"字，仍在突出"思想"的"认识"之力，而非"心之思"。英译则完全无视"心"的要义，而以 doctrine, principle 及 teaching 等来解"道"，并以 thread 保留经文比喻。两种语言的译文走向一致，俨然二者在互译，而非传递经文意义。这也表明，天道人道一贯之说已远离现代人精神世界。对其"神秘"的清理，已使现代汉语与英语共同走向"理性"的识见。此语的"仁心"自我回归之意，实则要求强化的是，如何在译文中使"道"在经由"心"与万物及其自身的"贯连"之后的"自反"。

关键词：心 孔子 论语 翻译 贯之

程树德指出："一贯之义，自汉以来不得其解"，[①]但他复引《朱子语类》："一以贯之，犹言以一心应万事"，[②]既肯定又批评说："朱子之说一贯，以为犹一心应万事是也。而欲以理贯之，则非也。理者，佛家谓之障，非除去理障不见真如，如何贯串得来？"[③]

若以"心"解"一贯"之"一"，确可突出"吾心全体大用"，[④]而见天地与我一体之维系之动源，以"统为一贯"。惜乎此意在现代汉语译解

---

① 程树德（撰），程俊英、蒋建元（点校），《论语集释》（第一册），北京：中华书局，1990，页 260。

② 同上，页 261。

③ 同上，页 261。

④ 朱熹，《四书章句集注》，北京：中华书局，1983，页 6。

中,几已荡然无存;而以英文言语表达脉络译解者,更是将"心"流放于无何有之乡,确定并引导文意的是逻辑化或概念化:"道"被抽象化为"学说"或"理论","一贯"则被再现为一个比喻,突兀而又平庸。

明时曹端提示过世人:"事事都于心上做工夫,是入孔门底大路。"①时过境迁,"一贯之道"的今译和英译早已丢下这颗"心"。因此,很难说,有多少人还能体会得到,若不守"心"之"家园","仁爱"无其居所,"贯之"何以可能?兹事体大,不仅关乎人立身之要,就本文论题而言,还牵涉英译有关课题的"心源"建立的可能。

《论语》的跨文化传译,其目的当然不是要"宣扬"西方"理性"的"原理"、"学说"和"线索",而首先是要再现那颗能感通、可交流、知冷暖并最终贯通天地的"心"。但荒谬的是,历史或是在开玩笑:本来讲述"心"的要义的经文,未及跨出文化边界便已在今译中隐而不彰;而英译中取而代之的,往往是无所不在的"(理性或科学的)原理",或为只可为比喻的某种"线索"所贯通。

本文试图在中庸之道指导下,先对学界对"一以贯之"的意义疏解进行分析,进而对今译问题加以揭示,然后就英译展开讨论,最终推出英文新译。中庸之道理应作为方法论,为《论语》的译解提供思想指南。这本是解析儒家思想最为基础性的东西,但学界和译界并未给予应有甚或基本的关注。

一 "一贯之道":传统疏解的"心与理"与现代
疏解"心"的缺席和"理性"的登场

"一以贯之"《论语》中出现两次,关乎"夫子之道"和"夫子之学":

> 子曰:"参乎! 吾道一以贯之。"曾子曰:"唯。"子出,门人问曰:"何谓也?"曾子曰:"夫子之道,忠恕而已矣。"②

---

① 黄宗羲(著)、沈芝盈(点校),《明儒学案》(下册)(修订本),北京:中华书局,1985,页1061、1063。

② 《论语·里仁》,何晏(注)、邢昺(疏),《论语注疏》(李学勤主编,《十三经注疏》之十),北京:北京大学出版社,1999,页51。后文引此著,只加行内注,给出书名、篇名和页码,不详注。

子曰:"赐也,女以予为多学而识之者与?"对曰:"然。非与?"曰:"非也,予一以贯之。"(《论语·卫灵公》)

《论语注疏》中,何晏并未为之加注。邢昺"疏"曰:

"吾道一以贯之"者,贯,统也。孔子语曾子言,我所行之道,唯用一理以统天下万事之理。(《论语·里仁》,页51)

这显与朱子论断相近。不过,朱熹并非没有提及"心"的作用。其"理一分殊",是在对曾子讲的"夫子之道,忠恕而已矣"的注中提出。而他对"一以贯之"的注则是:

[……]贯,通也。[……]圣人一心,浑然一理,而泛应曲当,用各不同。曾子于其用处,盖已随事精察而力行之,但未知其体之一尔。夫子知其真积力久,将有所得,是以呼而告之。[……]①

虽"用各不同"已有"理一分殊"的意味,但突出的毕竟是"圣人一心"及其所形成的"浑然一理"。若不计二元论分设,聚焦其可能的一元论倾向,上引程氏批评或不对应。真正围绕着"理"说话甚或将"一"解为"理"的,是皇侃及其所引的王弼:

[……]贯,犹统也。譬如以绳穿物,有贯统也。孔子语曾子曰:吾教化之道,唯用一道以贯通天下万理也。故王弼曰:"贯,犹统也。夫事有归,理有会。故得其归,事虽殷大,可以一名举;总其会,理虽博,可以至约穷也。譬犹以君御民,执一统众之道也。"②

"理"既是"道"的另一种说法,便仍可说,"心即理"即可体现为"道";如此,似就可消除或减弱将"吾道"拉向抽象"理(障)"的倾向。兼顾两端,既不将"心道"虚悬高设,又不偏执于"理(性)"的抽象,而

---

① 朱熹,《四书章句集注》,前揭,页72。

② 皇侃(撰)、高尚榘(点校),《论语义疏》,北京:中华书局,2013,页90。

是将心之所得不断付诸践履,充分体会天生之德,涵养之、弘扬之。①
这本是儒家的中庸之道的解释学要求:以之为据,才可"不过不及"。②

　　但到了现代,在诸多疏解和译介中,已见不到这样的追求。看似在
解说或译介《论语》,但何尝聆听得到遥远古代传来的"心声"?

　　一个例子是台湾学者的疏解。爱新觉罗指出,"一贯之道"传统上
有二解:一是将"一"解为"元"。另一解将之释为"仁"。③ 但他并未进
一步说明,反而强调,夫子讲"一以贯之"是在"打谜语",曾子亦并未真
正理解,故而以"忠恕"释之,"将一变为二"。④

　　其弟子刘君祖将夫子与曾子的对话比作"拈花一笑",强调"如果
孔子的'一'比'忠恕'更丰富、更广博,曾参当时的'唯'就有问题了,
很可能是不懂装懂"。⑤ 另一位学生许仁图也认为,"忠恕之道是曾子
自己的揣摩,不见得是孔子原意"。⑥

　　南怀瑾也一样认为夫子是在"打哑谜",其"一贯之道"类如"四字
禅";而曾参愚笨无知,将"一"改为"二",从而形成"'二'以贯之"。⑦

　　如此,接下去的推论或非论者所愿认同:一,夫子论曾子曰"鲁",
就能证明他无力理解"一贯之道"? 二,那是否预设,论者才有能力知
之解之? 因此,三,不顾具体情形,不能站在他人立场,又如何体贴他人
优胜之处? 四,如此而为不无抬高自己、贬低古人智慧之嫌? 五,将曾

---

① "理学"、"心学"各有侧重,或有方法上的不同,因思想导向而产生争论。如朱
　　熹《大学章句补传》之所论,他是欲求道于"格物致知"而进至"吾心全体大
　　用",见朱熹,《四书章句集注》,前揭,页6;而王阳明《大学问》则批评,那不免
　　"支离决裂、错杂纷纭,而莫知有一定向",见王阳明(著),吴光、钱明、董平、姚
　　延福(编校),《王阳明全集》(上中下册),上海:上海古籍出版社,2011,页
　　1068。

② 张岱年指出:"作为哲学范畴的'理',起源于战国中期。《论语》、《老子》中无
　　'理'字。"(氏著,《中国古典哲学范畴要论》,北京:中国社会科学出版社,
　　1989,页39)他还强调:"在宋代哲学中,'理'成为一个这样的哲学范畴。"(前
　　揭,页41)

③ 爱新觉罗·毓鋆(讲述)、陈絅(整理),《毓老师说论语》,北京:中信出版集团,
　　2016,页390。

④ 爱新觉罗·毓鋆(讲述)、陈絅(整理),《毓老师说论语》,前揭,页106。

⑤ 刘君祖,《新解论语》(上篇),北京:中信出版集团,2016,页136-137。

⑥ 许仁图,《子曰论语》(下册),上海:上海三联书店,2014,页156。

⑦ 南怀瑾,《论语别裁》,上海:复旦大学出版社,2014,页159。

子贬至尘埃,认定以"忠恕"解"道"即为"以二为一"? 而这正可说明,
六,论者对曾子用以解释"一贯之道"的关键词"忠恕"并无体会? 七,
而"忠"之"以心为中""此心必中"未得解会,"恕"的"将心比心"的
"向心力"亦未得关注?

字源字典解释,金文"忠"字,上"中",下"心"的象形描写,两形表
意,用心田内有一面"守正持中"的旗帜,表示心中牢记氏族所在,即
"忠诚"之义。① 史学家对"忠"观念何时出现,是有争论的。思想史家
指出,"忠"之道德含义经历史变化,形成"尽心之忠"、"忠贞之忠"及
"忠君之忠"三"范畴"。② 伦理学史家认为,"忠"的内涵主要有三个方
面:与"中"古字相通,有"尽心"之意,可解为"诚"、"信"、"敬"等。③
论者进而在"做人之忠"和"为政之忠"两个维度加以探讨。④

上述研究,基本上是将"忠"界定为"道德观念"。以中庸之道观
之,此一取向偏重人事,忽略天道。依孟子"天之所与我者,先立乎其
大者"⑤及《礼记·中庸》"极高明而道中庸",⑥"忠"之天道维度的意
涵一定是基础性的。同时,只有保证"心"的存在,才能做到"忠"。所
以,"忠"主要突出的并不是或不应确定为人际关系意义或社会化意向
上的"诚信"之类的"观念",而首先应理解为人与天地相维系的那种
"原动力"导向上的"忠",即对"天"的效法——适时而动,而无所不
宜。此"忠"体现的是"中心",或更准确地说,"心之时中"。这是拆字
作解,但亦符合儒家强调动态过程之意,而有助于生生不息哲理的突
出。"中心"是指"心时时处于其应处的位置",亦即,"心"与时相合
宜,亦必与地相合宜,而只有与此二者相宜,才能确保自身的存在顺应
天道之诚。在此情况下,"诚"的"诚体"之意才可显现。

因而,"忠"首先应是一天道观念,关涉人生存在根本导向的力量

① 唐汉,《图说字源》,北京:红旗出版社,2015,页818:"忠"。

② 张义生,《忠恕》,王月清、暴庆刚、管国兴(编著),《中国哲学关键词》,南京:南
京大学出版社,2011,页271-278。

③ 欧阳辉纯,《传统儒家忠德思想研究》,北京:人民出版社,2017,页19-29。

④ 同上,页19-29。

⑤ 《孟子·告子上》,赵歧(注)、孙奭(疏),《孟子注疏》(李学勤主编,《十三经注
疏》之十一),北京:北京大学出版社,1999,页314。

⑥ 郑玄(注)、孔颖达(疏)《礼记正义》(下)(李学勤主编,《十三经注疏》之六),
北京:北京大学出版社,1999,页1455。

聚集。若局限于伦理学范围，则必不能解释，人为何要对天道保持忠诚。"忠"既顺应天时，才可使人心"不偏不倚"，①而"居处于天地之心"，亦即"与天地相合宜"。无此适宜的顺应，心不在中心，天地何以存在？确定了天道之心，才可说，人心之忠，源头何在，又为何要"对己忠"、"对人忠"，同时也"对事忠"。朱子强调："道之本源出于天而不可易，其实体备于己而不可离"，故而，"学者于此［须］反求诸身"。②不能取向天道的要求，就不能成就"天地之心"，也就无法居于天地之中。此亦即为，《左传·成公十三年》所引的刘康公"民受天地之中以生，所谓命也"，③因此成为"述中国思想史所必引的名句"。④

　　以曾子所说的"为人谋而不忠乎"（《论语·学而》）为例，或可说明，"忠"最为重要的意向一定是形而上的：只有在适宜的时间、适宜的地点，做出适宜于此心之所思的事，且达成适宜的效果，才算得上"忠"于"所谋"之事。反过来追溯，就会认为，既然对"谋事"已"忠"，那么，对为之"谋事"的人也一样是"忠"的；因这是心力之动，故而，人也一样对自己实现了"忠"，同时也就对天道体现了同样的"忠"。因此可以认为，曾子是从人的生存着眼，来突出"忠"的内涵和要义的。而生存本身必关乎天的运作，也就不能直接从道德的角度或伦理学的概念系统入手，来辨识儒家的"忠"，并将之局限于一个狭窄的区域，进而以短视的眼光审视说，曾子没有能力了解夫子之道。就生存本身而言，这是在否定曾子对天道的体贴的能力？这当然说不通。实际上，曾子在《学而》章说：

　　　　吾日三省吾身：为人谋而不忠乎？与朋友交而不信乎？传不习乎？（《论语·学而》）

　　将"忠"作为首先考量的对象已可说明，被夫子批为"鲁"的曾子远远比我们一般人要在思想上高远，或许正是因为"年代久远"、"时过境迁"，我们已经丢掉了体认他的能力的那种能力，因而真正"鲁"的是我

---

① 　朱熹，"中庸章句"，见《四书章句集注》，前揭，页17。
② 　同上，页18。
③ 　左丘明（传）、杜预（注）、孔颖达（正义），《春秋左传正义》（中）（李学勤主编，《十三经注疏》之七），北京：北京大学出版社，1999，页755。
④ 　牟宗三，《中国哲学的特质》，上海：上海古籍出版社，1997，页24。

们；真实的情况可能是：我们还远远谈不上夫子所说的"鲁"。还应指出，如牟宗三①所强调的，依儒家思想，超越性即为内在性。就"忠"的意义而论，这一点就比较好理解：只有取向天道之所赐的"极高明"之境，含蕴此"德"，并化天德为人德，才可发皇之。无此哲学的解释，一味沉涵于道德和伦理甚或人际关系，那是《红楼梦》中所说的"世事洞明皆学问，人情练达即文章"，但完全陷落于"人情世故"，未免庸俗世俗，与真正的"学问"有何干系？

依字释义，"忠"描述的是，心之中时，即要求心保持"中"的动态，亦即时时相宜，时时琢磨，而期"从心所欲，不逾矩"（《论语·为政》）。"恕"则要求以此心度人心，"能近取譬"（《论语·雍也》），以赢得人、物之心与我心之殊途同归。那么，"忠"可谓心的内向省察，亦即人德吸纳天道之所赐而形成的那种天德或曰仁德并对之加以内向含纳和滋养。"恕"则是这样的内德打造之后的弘扬光大，而见乎立身行事。忠是恕的内涵，恕为忠的外化。② 二者一内一外，一求一己之德与天道的相合，一取一己之德与世人之心的相契。二者当然是二而一的关系，何来"以二为一"？

"忠"的哲学意蕴，就见于"忠"的书写之中："中"为"时中"，即适时而作、适时而动，恰到好处。这也就是"中庸"的首要意向："时中"即"中时"。③ 只有投身"大化流行"，适时而为，"心随天动"才可自成其是。如此，人"心"挺立，而"吾十有五而志于学"，思想日渐强大，而止于"从心所欲"之境。（《论语·为政》）"有志于学"之"志"是讲"心之所欲之"，亦即确定"心"之所向、目标或理想追求。

夫子就是这样以一己之心来求学道之成的，其榜样的力量告诉世人，那是一颗"心"的追求。这也是《礼记·中庸》所说的"合外内之道也，故时措之宜也"④的表现。相反，若丢掉"心"，"内"无法形成，外力

---

① 牟宗三，《中国哲学的特质》，前揭，页 36—37。

② 此一观点，取自朱熹。如他引《周礼疏》强调："中心为忠，如心为恕"（朱熹，《四书章句集注》，前揭，页 73）。他还指出："主于内为忠，见于外为恕"（黎靖德［编］、王星贤［点校］，《朱子语类》［卷二十七］，北京：中华书局，1986，页 671）；"如忠是尽己，推出去为恕，也只是一个物事"（前揭，页 674）；"忠是体，恕是用，只是一个物事"（前揭，页 672）。但仍需论证。

③ 成中英、麻桑，《新新儒家启思录：成中英先生的本体世界》，北京：商务印书馆，2008，页 28。

④ 郑玄（注）、孔颖达（疏），《礼记正义》（下），前揭，页 1450。

如何产生？人又何在？放弃了"做人"的根本，"克己复礼"（《论语·颜渊》）的"为东周"（《论语·阳货》）的宏大社会抱负，不就成了根本不可设想的虚妄？

但专家释解《论语》，首先放弃的竟是最为重要的字眼？"一言而可以终身行之者"（《论语·卫灵公》）的那个字"恕"中"打底"的"心"，其根本的构成性作用不仅未得关注，更有甚者，它早被丢在传统之外，进而使解经脱出传统。如此的"进步论"，不知包含着多少"现代见识"，真的可行之于《论语》的解释而得夫子之教底蕴？如此的解经之道，既经专家声明是走出了"传统"，若后者是自夫子的"一贯之道"延续而来的"传统"，那不正是说，诸位论者是在"判教"之有益或无利，而不是在将经文的精义视为人生可依之而为的力量？

"心"也就这样淡出解经者的视野，而无可回归于"忠恕"，后者还能成为"忠恕之道"吗，若此道即为"天之道与人之道"的合一，如"天道自在人心"之所示？那神圣的、不可抗拒的由天赐予进而必回应之、契合之的"心"，她会发力，避免这样的命运吗？难道说，这是一场针对"心"的围攻，人无需为他或她的"心"发声？"心声"既已不再甚或不在，我们还能拿出什么说，中华文化是"有心"、可"以心交流"的？

不过，并非所有疏解者都是这样的"现代派"或曰"有识之士"。钱穆批评清朝学者将"贯"解为"行"[1]时，就有针对性地指出：

> 一以贯之，曲说成一以行之，其用意只要力避一心字，不知忠恕固属行事，亦确指心地，必欲去一心字，则全部《论语》多成不可解。[2]

问题在于，难道无人关注，"恕"与"心"是什么样的关系？"仁心"能脱开"心"吗？可以注意到，现代诸多译介者，对"忠恕"进行翻译时，照抄照搬"忠恕"二字，而不予任何形式的更改或释义。[3]同时，针对夫

---

① 如阮元《揅经室集》，王引之《经义述闻》，刘宝楠《论语正义》及黄式三《论语后案》，都有此说。
② 钱穆，《论语新解》，北京：生活·读书·新知三联书店，2002，页99。
③ "忠恕"，今译基本直接采用原文（最多二者之间加一连词）不加翻译的办法来处理。如杨伯峻（译注），《论语译注》，北京：中华书局，1980，页39；（转下页注）

子对子贡的回答,也只是点出,"孔子的忠恕之道,侧重于修身以及为人处世方面",[1]"如心为'恕',设身处地为他人着想,正是促进人际关系和谐的上策"。[2] 若夫子此章突出的是"学",那么,其"学"关注或"侧重"的,或者说,整个"一贯之道"所突出的,就是"处世之方"和"人际关系",如此,在"心"已缺席的同时,"天"也已被发配荒野,而空余下"人事"或"人际关系"的种种纠缠和烦扰,而将时时需要打造的"人心"的内向化,视为可有可无的东西? 同时,也就将天赐的神圣消解为无?

许慎《说文解字》:"思,容也。从心,囟声。"段玉裁本作:"思,容也,从心,从囟。"并注:"今依《韵会》订。"徐灏笺:"人之精髓在脑,脑主记识,故思从囟。"[3]段注已将"思"之"功能"归之于"人脑"。章太炎也认为:

> 古人知思用囟,故愿为欲。愿必假思虑,故训大脑,犹今云思

(接上页注)钱穆,《论语新解》,前揭,页99;孙钦善,《论语本解》,北京:生活·读书·新知三联书店,2009,页41;李泽厚,《论语今读》,北京:中华书局,2015,页79;徐志刚(通译),《论语通译》,北京:人民文学出版社,1997,页40;吴量恺(主编),《四书辞典》,武汉:崇文书局,2012,页59;王国轩、张燕婴、蓝旭、万丽华(译),《四书》,北京:中华书局,2007,页17;彭亚非(选注、译评),《论语选评》,长沙:岳麓书社,2006,页73;邹憬(通解),《论语通解》,.南京:译林出版社,2014,页49;杨逢彬(著)、陈云豪(校),《论语新注新译》,北京:北京大学出版社,2016,页72;杨朝明(主编),《论语诠解》,济南:山东友谊出版社,2013,页62;傅佩荣,《人能弘道:傅佩荣谈论语》,北京:东方出版社,2012,页73;刘君祖,《新解论语》(上篇),北京:中信出版集团,2016,页135;张其成,《张其成全解论语》,北京:华夏出版社,2017,页108;朱振家,《论语全解》,上海:上海古籍出版社,2014,页49;以及来可泓,《论语直解》,上海:复旦大学出版社,1996,页97。只有何新将之译为"中庸与宽恕"。其解释是:"恕,松也,纵也。宽纵曰恕,即'己所不欲,勿施于人'。忠,中也,正也,诚也。中,即中庸。忠恕:立身中正,待人宽容。"(何新,《论语新解:思与行》,北京:北京工业大学出版社,2007,页45)
① 杨朝明(主编),《论语诠解》,前揭,2013,页274。
② 傅佩荣,《人能弘道:傅佩荣谈论语》,前揭,页333。
③ 汉语大字典编辑委员会(编),《汉语大字典》,成都:四川辞书出版社;武汉:湖北辞书出版社,1993,页954:"思"。

想多者必脑精亮是也。①

谷衍奎(编)《汉字源流字典》②指出,"思"是会意兼形声字,"篆文从心,从卤(卤门),表示用头脑思考"。唐汉(著)《图说字源》③则强调,

> 古文中的"思"字,上部是一个"卤",表示婴儿的卤门,下边是一个"心"的象形。在古人看来,婴儿的心跳,与卤门的跳动完全合拍。因而,大脑和心脏相通相连,都是思维的器官。心是感知的器官,大脑则是思考的器官,二者结合起来便是"思"。当然,古人不会蠢到相信"心"是思考的器官。只有今人会蠢到相信古人会这么蠢。

但解者分明提及,"大脑和心脏","都是思维的器官"。《孟子》的一部专门字典在解释"思"时也提出:

> 孟子明确肯定人有思维能力,指出人的思维器官是"心","心之官则思"(《孟子·告子上》)。他非常重视"思"在人们道德完善过程中的作用,认为人人生而具有仁义礼智之善端,"思"可以使人们从主观上自觉认识和把握自身具有的善端,并"扩而充之",从而成为仁义礼智四德兼具的大人、君子。但孟子同时又提出"思则得之,不思则不得也","耳目之官不思而蔽于物"(《告子上》),则片面夸大了思维的作用,否定了感官认识的可靠性,把思维认识视为脱离感官认识而主观自主的东西,割裂了二者对立统一的关系,陷入了先验主义的唯理论。④

不过,若"心之官则思"说的首先是,人与天道沟通的那种"思",而这种"思"是必然为人生存在"立基"的,又该如何? 若根本没有从儒家

---

① 章太炎(讲授),朱希祖、钱玄同、周树人(记录),《章太炎说文解字授课笔记》,北京:中华书局,2010,页 427:朱记"思"。
② 谷衍奎(编),《汉字源流字典》,北京:华夏出版社,2003,页 458:"思"。
③ 唐汉,《图说字源》,北京:红旗出版社,2015,页 413–414:"思"。
④ 《十三经注疏》编纂委员会,《十三经注疏·孟子卷》,西安:陕西人民出版社,2002,页 203–204:"思"。

思想本身来审视,而是以时髦的语句来申述,那么,以此"时过境迁"的"眼光"视之,则永远也不能与其所思所想相应。不过,也不是没有人坚守"传统"。爱新觉罗·毓鋆就指出:

> "思"心田,"心作良田,百世耕之"。悟,吾心,思而得通,"思之思之,鬼神通之"。静思寻思,学思并用。①

若对"心"弃之不顾,译解也就不会再看好"思想"之"心"的作用。如此,孟子所说的"心之官则思",②实已被改为"心之官不思",或"并非心之官在思",或"思者并非心之官",故而,"人不可心思"或"人亦不能心思"。不仅文字学家如此论说,而且在疏解者、译介者那里,"心思"已成明日黄花,而不再是必然能对"置于心中的力量"所揭示的人生存在问题的那种"思"? 这样,"思"已经成为"不以心而思"之"思",无需"心思"?

李泽厚倒是一方面承认,"这[引者按:指忠恕]明显是有关道德的行为准则和情感,绝对而普遍,所以能一以贯之,无往不适";另一方面又将二者分别解释为"宗教性的私德"和"社会性公德"。③ 和众多论者一样,李氏亦未依中庸展开。这样,若依前者,"道德"并不能等同于"德"及其内化修炼的"学"的要求,"心"也就不在其视界之中。而按后者,不论公德私德,其指向都一样是社会化的人生处世问题,而与个人之养德的内在要求并非完全相应,至少不能突出此"德"的"在心性"及其"则天"的追求。

既然无视"心"内向的锤炼和超越的追求,有关解释也只能将"一以贯之"外化为某种"行为"。故而,竟有"'恕'只是'己所不欲,勿施于人',则谁都可以这样做"④的论调。但为何夫子针对子贡所说的"我不欲人之加诸我也,吾亦欲无加诸人",要回应以"赐也,非尔所及也"(《论语·公冶长》)? 这是在突出人的"现代非心之思"已可超越先贤,甚至抵达儒家传统不可企及的高度?

另一方面,现代思想家还要清除《论语》中的"神秘"。李泽厚如

---

① 爱新觉罗·毓鋆(讲述)、陈絅(整理),《毓老师说论语》,前揭,页47。

② 《孟子·告子上》,赵歧(注)、孙奭(疏),《孟子注疏》,前揭,页314。

③ 李泽厚,《论语今读》,前揭,页79。

④ 杨伯峻(译注),《论语译注》,前揭,页167。

是说：

> 我以为，巫术理性化后存留在儒、道中有两大特征，一是强调人的力量和地位，从周易的"与天地参"到宋儒的"立人极"；一是神秘经验，主要在道家，儒家也有，如"诚"、"敬"等范畴，均非纯理性，而乃情理交融之神秘。其后接受佛教却创发出禅宗，同此。①

《周易·说卦》曰"参天两地而倚数"，②《礼记·中庸》云："为天下至诚[……]则可以赞天地之化育，则可以赞天地之参矣。"③那不是在描述，在宇宙论意义上的世界存在中，人的创造地位吗？但李氏以"理性"来取舍，因而，"巫术"亦可形成"巫术理性"；但因其还不是"真正的理性"，故仍需"理性化"的强化，亦即加以厘清、清理，去伪取精，以便使之成为"纯理性"？那么，走向"理性"，就是弃却"人心"与万物"情理交融之神秘"，而力求以"理性的力量"使一切"大白于天下"或"一览无余"？不过，在事事物物敞开其身或被剖开之后，世间还能余剩下什么"自立自主"的存在物继续作为"可被认识"的"对象"或"客体"？如此没有"对待"的"理性"，那是独一的神或上帝才具有的力量吗？但如此"观点"或可观之点、以之为观的那种点，不是典型的"一偏之见"的倾向的体现，而正为儒家所要批判和否定？

二 今译问题：没有"心"的"思想"与只见"理性"的"学说"、"原理"

什么样的思想取向产生什么样的译文。对"一贯之道"的现代汉语翻译，所呈现的也就是：随着"理性"的强势登场，即使是"思想"也已"无心"。

经文 A. 吾道一以贯之(《论语·里仁》)。
经文 B. 予一以贯之(《论语·卫灵公》)。

---

① 李泽厚，《论语今读》，前揭，页61。
② 王弼(注)、孔颖达(疏)，《周易正义》(李学勤主编，《十三经注疏》之一)，北京：北京大学出版社，1999，页324。
③ 郑玄(注)、孔颖达(疏)，《礼记正义》(下)，前揭，页1448。

译文 1

A. 我的学说贯穿着一个基本观念。

B. 我有一个基本观念来贯串它。①

译文 2

A. 我的学说有一个中心思想贯穿其中。

B. 我是用一个基本内容把它们贯穿起来的。②

译文 3

A 我的学说有一个中心思想贯穿其中。

B. 我用一个中心把它们贯穿起来。③

译文 4

A. 我的学说是用一个理念可以贯穿的。

B. 我能用一个基本理念来贯穿它们。④

译文 5

A. 我的学说有个观念贯穿始终。

B. 我有个观念贯穿始终。⑤

译文 6

A. 我的学说由一个基本思想贯穿始终。

B. 我只是有一个基本观念来贯穿它。⑥

译文 7

A. 我的学说有一个基本思想贯穿其中。

B. 我用一个基本思想把它们贯穿起来。⑦

译文 8

A. 我的学说是由一个总体原则贯穿始终的。

B. 我是用一个基本的观点把我的学问贯穿起来。⑧

---

① 杨伯峻(译注),《论语译注》,前揭,页 39、161–162。

② 孙钦善,《论语本解》,前揭,页 41、194。

③ 王国轩、张燕婴、蓝旭、万丽华(译),《四书》,前揭,页 17、77。

④ 邹憬(通解),《论语通解》,前揭,页 49、225。

⑤ 杨逢彬(著)、陈云豪(校),《论语新注新译》,前揭,页 72、294。

⑥ 张其成,《张其成全解论语》,前揭,页 108、311。

⑦ 朱振家,《论语全解》,前揭,页 49、237。

⑧ 吴国珍(今译、英译及英注),严修鸿、骆世平(中英文校阅),《论语最新英文全译全注本》,福州:福建教育出版社,2015,页 116、392。

译文 9

A. 我的学说是用一个原则贯穿着的。

B. 我是用一个道理来贯穿自己的学说。①

　　诸译都以"学说"解"道"。依字典之释,"学说"指的是"学术上的有系统的主张或见解",相应的英语表达是 theory, doctrine 等。② 但不论"主张"还是"见解",都与"夫子之道"相去甚远。原因不仅是,言语表达到了"现代"变化太大,名词往往由单字变成二字。就内涵来说,"学说"若是夫子个人、某一学派、某个知识部门所宣扬的"主张或见解",都不一定能指或体现"天经地义"的"道",更不会顾及此"道"之"天定"的直截性以及人"心"对之的自发解会和与之的趋合。

　　"学说"立足于理性的辨识、分析和批判,"道"突出人与天无可置疑的贯通的自生、自然、自足性。"理性"力求程序化的研判和裁定,沉重得必需怀疑一切。而"道"包含理性之思,后者作为它所拥有的一种能力,当然也就不能完全求知其意义。若依这样的"理性"解之,或有几近不可思议之时;而其抵及精彩处,则神来之笔可直指内心、当下成就。"理性"会接受这样的"天人之合"神奇的"一贯"吗?

　　将"道"降格,使之成为"理性"可以把握、掌控或曰支配的"学说",进而再把"一贯"释为"基本观念"、"中心思想"、"基本理念"、"总体原则"等"理性的基础观念",而后者作为"理性"的"掌门人"当然可以提纲挈领;将"学说"内中之物整个"贯穿"、"贯串"或"贯通"起来,也自然是其职责所在。如此,"道"所兼有的(与"人道"相共存的)"天道"、("天道"所可化为的)"人道"以及"天道人道合一的道"三重意蕴,经如此这般的"理性化"之后,完全蜕变成了"属人"的"学说"。这一"理想化"过程,的确是依"理性"来设计一切:以可知解、调节和最终支配和控制一切的种种办法和手段,清除"道"中任何"不可知"的"神秘",以便打造出新的"系统"和"一贯"。

　　这样,有关"思想"便无视"心"的要义和大用,而直接取向"(理性的)见解和(思想的)主张",以彰显其所构造的新的"体系"的"系统

---

① 来可泓,《论语直解》,前揭,页 97、416。

② 中国社会科学院语言研究所词典编辑室(编),《现代汉语词典(汉英双语版)》,北京:外语教学与研究出版社,2002,页 2178:"学"。

化"。但超越的"天道"被视为"异类"不能收编其中,与之共在的"人心"也早被消声。二者的存在已成问题,何来"贯通"以及"系统化"?走出经文的大义,"思想系统"已变为另外一些别的什么,而不再可能是"天道人心"的连贯,也就再也谈不上"心思"。于是,"思想"粉墨登场,但那毕竟是"理性"的"思想",而不是"心"的"思想"。因此,译文在以新的话语解释经文意义的同时,不仅埋没了经文的述说的庄严和雅致,而且早已将文字本身所负载的"远古的消息"变为"过时之物",而无需正视?

而这意味着,透过"学说",似乎也只能听到一个学者在讲述他的"道理"。而上引译例已见此语,下文引例,也有一见:

译文 10

A. 我的思想有一个观点贯穿于始终。

B. 我用一个道理贯串着全部的学问。①

"道"在此例中已彻底变易为"思想",但是并不一定具有"心思"意向的那种"思想"? 因为,其中"有一个观点"且要"贯穿于始终"。依字典之释,观点指的是"观察事物时所处的位置或采取的态度",英文对应的表达为 viewpoint, point of view, standpoint 等。② 如此,我们便又一次遭遇古代与现代,或亦即为东方与西方的一种"文化冲突"。儒家要突出的"观"应为一种"心观",所以,"内省"、"慎独"等才会成为"君子"日常生活的基本要求,而"省察"一定是内向的。相反,"观点"之"观"是站在特定的立场"看问题",因而,不仅与"恕"之将心比心的内心反省或"反诸己身"方向相反,故不无纠察(他人毛病)之意,而且,完全不含有"夫子之道"力图企及上天的那种高远和旷达。

如此之"观"其由以观之的那种"点",无可超拔,否则"立场"(往往是既定的或特定的,至少是已定或一定的)便不能"成立"。"观点"因为"点"的特定设置,往往会局限于"此时此刻",注重的是"当下现实"和"有效性"。这或是"知其不可而为之者"(《论语·宪问》,页200)的夫子,所不能赞赏的。反过来看,这样的一己之见压缩为"一

---

① 何新,《论语新解:思与行》,前揭,页 45、202。

② 《现代汉语词典(汉英双语版)》,前揭,页 712:"观"。

曲"的那种"观点",若"贯穿于[夫子之道之]始终",便有可能将此道由高峻拉向平庸、从严肃打入凡俗？如此，"极高明而道中庸"，"高明"与"中庸"并未形成相辅相成，反而互为反动，又如何解经？

而此例译文 B 中的"道理"，依字典解释，有三个义项：事物的规律；事情或观点的是非得失的根据，理由，情理；办法，打算。① 依前两意，"予一以贯之"之"一"在这里形成了"严重的西化"：若"道理"是指"规律"，后者一定是"客观的"；而认识进而捕捉到这样的规律的，一定是具有特殊才能的人物。但夫子不一定在其中。原因很明显："若以逻辑与知识论的观点看中国哲学，那么中国哲学根本没有这些，至少可以说贫乏极了。"②如此，将"一"解为"道理"所意味的那种"规律"，不正是在突出如此的"逻辑和认识论的观点"？这不就是"以西方哲学为标准来定取舍"？③ 凡是合乎这一"认识论"的，就是"规律"或"规律性的"，亦即为正确的。因而，夫子之道或夫子之学，一定要归入西方的那种"认识论"的"规律"之中的"道理"，否则就是"不可取"的？

值得注意的是，这会不会是另一种形式的"素朴的认识论和逻辑（学）"，水平远远"落后"于"同一级"（西方）哲学家？故而，《论语》中偶然一见的"予一以贯之"，最终不过是西方的"思想余脉"？这是在暗示，夫子不足以作为"至圣先师"：他必须向西方学习，才可跨过历史的沟壑，走到"我们的现代"？

如此，"心"之"天地之情"的祈求，成了过去的回忆，甚或连这样的回忆也已无谓。因为，"心之官不思"，必须更易为"头脑"来"认识"事物的"规律"。人们悄然转向的是"头脑"的知性力量？因此，夫子一定会惊奇说：没有"心"，何来"心思"；而没有"心思"，何来"学"；没有"学"，又何来"知识"？为什么要偏重于"理性"之"思想"，连文字结构本身所秉承的意义也要更改为"另一种语言"之中才有的东西？

译文 11

A. 我的人生观是由一个中心思想贯穿起来的。

---

① 《现代汉语词典（汉英双语版）》，前揭，页 400："道"。

② 牟宗三，《中国哲学的特质》，前揭，页 3。

③ 同上，页 3。

B. 我用一个中心思想来贯穿所有的知识。①

"人生观"是"对人生的看法,也就是对于人类生存的目的、价值和意义的看法",字典还强调"人生观是由世界观决定的"。② 依儒家,耳目所见称得上"观"吗?若它导向的是认识论意义上的"观或看",那么,走向"客观"便不可避免?若如此注重"看法"的人生观,对之起决定作用的是相应的"世界观",那么,后者会否打乱夫子时代的"天下观",或至少与之不能相应?在那里,"天"才是决定因素,才要像尧那样"则之"(《论语·泰伯》)。为仿效天之作为,故"子欲无言"(《论语·阳货》)。吸纳天之赐予,仿效天之所为,最终打造出更为美好的德性或曰心灵。这才是夫子的"心观"的指向,而现代意义上偏重"人生"的"人生观"与之很难同调。

下译保留了"道",但语境大变,"道可道,非常道"(《道德经》第一章)或成现实。

译文 12

A. 我平日所讲的道,都可把一个头绪来贯串着。

B. 我是在此多学中有个一来贯通着的。③

"道"再次出现于此译,但已成"我平日讲的道",那是"口中讲的"?依《辞源》,"头绪"有二解:事情的条理,端绪;④仍是在讲"事理",一样将"道"视为"道理"。而这意味着,在现代汉语语境中,即令保留"道",其意也会发生蜕变:它已悄然变易为"理",即"平日所讲的道"中特别突出地连贯其他"理"的那种"头绪"。这样,"心思"确已黯然退场?译文 B 似注意到"头绪"并不那么庄严,故保留"一"来纠偏。不过,书面语与口语混杂的"此多学中",似很难说"有个一来贯通着的":比如,若那是"异质之物"呢?

---

① 傅佩荣,《人能弘道:傅佩荣谈论语》,前揭,页 73、322。

② 《现代汉语词典(汉英双语版)》,前揭,页 1619:"人"。

③ 钱穆,《论语新解》,前揭,页 99、398。

④ 广东、广西、湖南、河南辞源修订组,商务印书馆编辑部(编),《辞源》(第二册),北京:商务印书馆,1979,页 3392:"头"。

当然,若结合上引译者所作的疏解,则"道"、"头绪"以及"一"确亦可联系上"心"。但问题是,即令译者在做这方面的努力,因语言大变或"质变",我们读到的,仍是与其他译文一样的东西,其中最为严重的也就是"心"的失落? 若作为"心"这一家园的载体的语言业已更化为另一种言说,即使译者努力宣扬"心"的要义,又与事何补?

译文 13
A. 我所主张的"道"是由一个根本的宗旨而贯彻始终的。
B. 我是用一个基本的思想观念来贯穿它们的。①

依《辞源》,"宗旨"意为"主要的意指"。② 但它能指"心意之所指"吗? 答案若是否定的,"根本"不能在"心中"寻觅,而仍须走向外在? 这一理解,译文 B 的"思想观念"可为佐证:那是"头脑"中的东西,与"心"无涉。依字典,"观念"有二意:"思想意识","客观事物在人脑里留下的概括的形象(有时指表象)",③而"思想"本已作念头、想法解。④ 二者合而言之,可强化客观对主观的影响或掌控:"意识"和"念头",都是"客观事物在人脑里"留下的印记或对之产生的"形象"。

这样,以"一个基本思想观念"来"贯穿它们",其意或是,以"头脑"所已掌握的"事物的客观规律",来"系连"其余,以便进一步将整个世界连成一片,并最终捕捉到"宇宙的运作规律"?"予一以贯之"的夫子,会否就是要走向这样的"多学多闻",而在"方法论"上也转向"头脑"最为强大的力量——"理性"的思考和认识能力?

如此"观念",只有"客观的观",但见不到"念兹在兹"(《尚书·大禹谟》)的"心念";"客观"并不也不能排斥与之一起构成"二元"的"主观",但定会排斥"心观":后者不属于其"观念系统"和"形态"。如此译文,其中还有"予一以贯之"的"贯之"的可能吗?

---

① 徐志刚(通译),《论语通译》,前揭,页 40、194。
② 《辞源》(第一册),前揭,页 812:"宗"。
③ 《现代汉语词典(汉英双语版)》,前揭,页 712:"观"。
④ 同上,页 1816:"思"。

译文 14

A. 我的道是由一个基本思想贯穿始终的。

B. 我是用一个基本观点来贯穿所学的东西。①

译文 15

A. 我所讲的道是有一个中心思想贯通其中的。②

B. 我是用一个思想体系来去贯通所有的。③

译文 14 中的有关问题，上文业已触及。此处不赘。译文 15 中的"思想体系"则值得注意，其意为："成体系的思想（ideological system）"或"意识形态（ideology）"。④ 透过对应的英文解释，或可更清楚看出，此即为"逻辑化的思想"，仍是"头脑"最为强大的能力"理性"所产生的那种"思想"。至于"体系"则指"若干有关事物或某些意识互相联系而构成的一个整体"。⑤ 如此，再讲"贯通所有的"，就有大小混淆之嫌：已成"体系"，当然不能"贯通"它本身。而以此一"体系"去贯通"所有的"，后者若指"其他所有的体系"，也一样不通：那等于承认，其他所有的思想体系，夫子之学都可"贯通"。而这意味着，夫子（之"理性"已可）天知地知，其知无所不至？ 这一定是在将夫子刻画为无所不能的人物，同时贬低他人的学说，态度傲慢。

下例译解"吾道一以贯之"时，保存了"道"和"一"，但似只空余下两个字眼，尽管加引号以示重要，但不免仍模糊一片而不知所指？ 对"予一以贯之"的处理，则更趋"现代"：

译文 16

A. 我的"道"是可以用"一"贯穿起来的。

B. 我只是擅长用一个根本原理去推导万物，即把握事物内在的规律。⑥

---

① 吴量恺（主编），《四书辞典》，前揭，页 59、136。

② 刘君祖，《新解论语》（上篇），前揭，页 135。

③ 刘君祖，《新解论语》（下篇），北京：中信出版集团，2016，页 129。

④ 《现代汉语词典（汉英双语版）》，前揭，页 1816："思"。

⑤ 同上，页 1885："体"。

⑥ 杨朝明（主编），《论语诠解》，前揭，页 62、274。

"原理"是指"带有普遍性、最基本的、可以作为其他规律的基础的规律;具有普遍意义的道理";而"内在"的意思是:"事物本身所固有的(跟'外在'相对)";而"内在规律"的英文表达为 inherent law。① 如此用词突出的是一能力非凡的思想家:他早已把握到事物乃至宇宙的客观规律,故而可以"最具普遍性"和"基础性"的"原理",亦即"规律的规律",来"推导"其他规律。这里的"推导"也仍导向"客观规律",故而字典将之解为:"数学、物理等学科中,根据已知的公理、定义、定理等,经过演算和逻辑推理而得出新的结论。"②

不过,若"根本原理"本身有问题或根本就不是"根本原理",又当如何? 毕竟,若无第三方,谁能判定,那一定是"普世"的"原理"? 依之所作的"推导"是否会将"万物"推向绝境,而身为"思想家"的"领导者"仍不自知甚或自得其乐?

但若依此描述,夫子一定胜似任何一位古人,而早已进入现代,甚至就是典型的"西式"现代"理性人":他已凭认识论这一强大的理性工具,而得对事物分解、分析之所依,故能"把握"事物之"本",最终解剖万物,得而揭示其"内在规律"甚或"根本原理"?

下例,既不见"道",也未见"学说",而是另有说法:

译文 17
A. 我的思想行为是贯通一致的。
B. 我是用一个基本看法来贯穿它们。③

此译将"道"译为"思想行为",但不论"思想"还是"行为",或都不能发自人的心灵深处或应心而起,而完全是情景化的、随机应变的? 因而,"道"的在心性和切身性,并未为此译所关注;其中所能表达的,也只是思想行为的偶对和配合的和谐而已。

译者的疏解可佐证我们的看法:

不如从字面释义,即知识不过是些材料,更重要的是统率贯穿

① 《现代汉语词典(汉英双语版)》,前揭,页 2359:"原"、页 1401:"内"。
② 同上,页 1948:"推"。
③ 李泽厚,《论语今读》,前揭,页 79、286。

这些知识的基本观念和结构。无这基本观念、结构,尽管博闻强记,学问仍如一地散钱而已。所谓的大学问家,不也有如此的么?①

这是在强调,"道"作为"学问",一定要"概念化、体系化",即符合逻辑的基本要求。

行文至此,需强调指出,本文并无意寻章摘句,而是试图通过对有关问题的讨论,看看经过时代变化和语言变化之后,夫子之道的现代传译还能保持多少真意。理应承认,翻译并非原文复制,不可能高保真;翻译既用另一种言语表达,也并不能再现经文某些方面的意义。但这些都不是回避一个重大问题的理由:对夫子之道的传译,在什么意义上,还能确保,译者是在让夫子而非译者说话?尽管译者或各自显现相应的特色,但一旦现代汉语是在"逻辑"或"理性"地讲话,还能见出夫子之意吗?

如此,日本学者冈田武彦在其《王阳明与明末儒学》的《中文版序》中所说的对儒家思想"内在性研究"②业已在走向上发生逆转:

[⋯⋯]考虑到东洋思想相对于西方哲学的特色,就不能不关心和重视内在性研究,但这一点却正在逐渐被人遗忘。③

---

① 李泽厚,《论语今读》,前揭,页287。

② 对人的"内在性"的关注,确为儒家思想传统的基础。新出土的文献《五行》也强调:"五行:仁形于内谓之德之行,不形于内谓之行。义形于内谓之德之行,不形于内谓之行。礼形于内谓之德之行,不形于内谓之[行。智形]于内谓之德之行,不形于内谓之行。圣形于内谓之德之行,不形于内谓之行。"(李零,《郭店楚简校读记》[增订本],北京:中国人民大学出版社,2009,页100;池田知久,《马王堆汉墓帛书五行研究》,王启发译,北京:线装书局,中国社会科学出版社,2005,页140)论者认为,"德与内在有关。所以'弗志不成',德一定要励志、从内部的要求出发才行"(陈来,《竹简〈五行〉篇讲稿》,北京:生活・读书・新知三联书店,2012,页20);"德是行于内的东西,是人内在的德性,不仅仅有内在的意义,也有天道的意义,因为它体现了天道"(前揭,页16)。他认为,此段最后一句应厘定为:"圣形于内谓之德之行,不形于内谓之德之行。"(前揭,页14)

③ 冈田武彦,《王阳明与明末儒学》,吴光、钱明、屠承先(译),重庆:重庆出版社,2016,页3。

曾子以"忠恕"来解"吾道一以贯之",而"恕"要突出的,也就是如何设身处地、移情入心,但诸多译解连这一基本立场也弃置不顾。如此,在态度上,试图抵及"学说"的"思辨";就"求知"而论,力图达到"客观";而从"思想追求"来看,则力争"贯通一切"。这样的气魄,若是描写某个西方现代思想家则不可谓不标准,但若以之来描述夫子,则愈是"系统"、愈"有道理",则距离人之"天"之"心"愈远,直到完全不能发生联系。

熊十力在一封信(《答某生》)中强调:

> 西洋人如终不由中哲反己一路,即终不得实证天地万物一体之真,终不识自性,外驰而不反,沦于有取,以丧其真。①

三 英译之中的"一贯之道":"原理"的霸权与"线索"的暴敛

今译中有诸如"学说"、"原理"及"原则"等,与下引英译如出一辙;再加上句型的相同,两相对照,不免不让人觉得,它们并不是要译解《论语》,而是在相互翻译。

英译有三个特别突出的字眼:doctrine,principle 及 thread。第一个意为"学说"或"教义",第二个意思是"原理"或"原则",第三个可解为"线索"或"绳子"。前一个运用较少,最后一个较多,大概是为了与经文之中的"一贯"相匹配。doctrine 意义较为繁多,但指向的是静态的抽象,已将夫子之道化为某种理性的论断。似乎如此"理性化"还不够,principle 复将之提升为"原理"的高度,"道"于是成了"理性化的原则",而不再是事必躬行的"心之所向"。最后一个字眼突出的是"贯",旨在再现夫子之道是由一条线索或绳子串联起来,才成为一个整体或体系。

这两种思路形成两个极端:一端体现的是"理性"的强化已至极限,而夫子之道不论是"学说"还是"原理",都已由"为之置基"的"理性""贯穿"或"贯通"起来。另一端则呈现的是,夫子之道不过如一道"线索"一般,普凡而又平庸,见不到形而上的高妙和伟岸。不论是哪一个极端,其中当然都不会含有"心"。"人心"既已不复存在,"天道"

---

① 熊十力,《十力语要初续》,上海:上海书店出版社,2007,页 52-53。

在哪里能找到依托、寓居之所？而这意味着，中国古人的天人合一宇宙论，在《论语》英译中已踪迹难觅？

这种倾向，即令在时下语内的疏解中，也一样大行其是。如傅佩荣提出"一贯"有思想、知性、生死及天人四类。但解"天人一贯"时，他强调，"这是说孔子面临死亡威胁时，把人的生命处境与天的要求连贯在一起，所以说'五十知天命'，这就是天人一贯的表达方式"。① 天人一贯成为"危机时刻"才有的局面，"天人"的"沟通"已成问题，人的生存早已岌岌可危？而那正说明，天人的"一贯"时时都是确保"天人共在"的"条件"。所谓"三生万物"（《道德经》第四十二章），第三项所体现的联结才至关重要、无可比拟？

夫子用的是"一贯"，已突出宇宙论的核心。《礼记·中庸》强调，人应"与天地参"，②一样强调人在连贯的中心位置；而张载提出"为天地立心"，③更是要说明，天地之中心亦即为"人心"。如此，人心亦即天心，有了这一"心"，天和人的存在才可确保，"叁"（三）的存在格局才能成立。天人之心，表现为仁爱。人与天地与万物的贯通和沟通，依赖的就是这种"感通之心"。故而，王阳明有"一体之仁"之说。④

但"心"在英译中也一样被遮蔽，或根本就没有成为关注点，而余剩下的那个"绳索"之喻有如别种用途的东西，逼使译文陷入俗见和平庸。

译文 18

A. My doctrine is that of an all-pervading unity.

B. I seek a unity all-pervading. ⑤

---

① 傅佩荣，《人能弘道：傅佩荣谈论语》，前揭，页75。

② 《礼记·中庸》，郑玄（注）、孔颖达（疏），《礼记正义》（下），前揭，页1448。

③ 依《张载集》，横渠先生四字教，并非时下流行的"为天地立心，为生民立命，为往圣继绝学，为万古开太平"，而应为"为天地立心，为生民立道，为去圣继绝学，为万世开太平"。见《张载集·拾遗近·思录拾遗》，张载（著）、张锡琛（点校），《张载集》，北京：中华书局，1978，页376。

④ 《传习录》中《答顾东桥书》有云："天地万物一体之仁"（《王阳明全集》，前揭，页62）；《大学问》之中则曰："一体之仁"（《王阳明全集》，前揭，页1066）。

⑤ James Legge（译），*The Analects*，南京：译林出版社，2010，页30-31、143。

Doctrine 意指 belief, canon, credendum, credo, creed, dogma, formulated belief, gospel, maxim, philosophy, precept, principle, professed belief, rule, system, system of belief, teaching, teachings, tenet, universal principle 等,可涵盖上引今译中的"原则"、"原理"、"学说"以及"系统"等;其主要意思有四:信仰、宗教或哲学原理,科学原则,信条,信念;法律规则或原理,尤其是经过程序确定者;政府政策声明;所教之物,教义。① 译者所用应为最后一种意义。all-pervading 意为:遍及各方面、无孔不入的。unity 意为:统一或联合状态,一般译为:统一体、(艺术等)完整、(文学、戏剧)(情节、时间和地点的)统一性、团结一致等。此译似可分别回译为:吾教乃一无所不至的统一的那种;我寻求一种周遍万有的统一。如此,译文重心是 unity,而非"通贯"或"贯通"。且就本文论题而论,显然很像是上引译文的翻译,而非"吾道一以贯之"的译文。后世运用 doctrine 的,还有陈荣捷:

译文 19

A. There is one thread that runs through my doctrines.

B. I have a thread (*i-kuan*) that runs through it all. ②

而更早的传教士用的是 principle:

译文 20

A. My principles all unite in one harmonious whole.

B. I concentrate all in one principle. ③

此例一突出所有的原理都统一为一和谐的整体,二亦强调将一切集中于一个原则。后世效法者时而可见:

---

① 参 The Free Dictionary (https://www. thefreedictionary. com/doctrine),2018 年 9 月 4 日采集。

② Wing-Tsit Chan trans. , *A Source Book in Chinese Philosophy*, Princeton:University of Princeton Press, 1963, p. 27, p. 43.

③ David Collie trans. , *The Chinese Classical Work*:*Commonly Called the Four Books*, Malacca:The Mission Press, 1828, p. 14, p. 73.

译文 21

A. In all my life and teaching there is one underlying connected principle.

B. I unite all my knowledge by one connecting principle. ①

译文 A 中的 underlying, 意为 being or involving basic facts or principles。② principle 可译为：原理，原则，行为规范等。其回译或是：我的一生和教学过程中，有一种支撑性的贯连原则。此译显然比理雅各再进一步，强调统一的"原则"不仅贯穿学说，且贯通其终生。若此"原则"是"被贯连的"（connected），那么，便与经文中的"贯"主动的意向相悖？而"道"也一样未见踪迹？而译文 B 中，被动的"贯连"改为主动的（connecting），"原则"仍是最后一个词，可谓句末焦点。

但此译意向或是"我凭贯连的原则将所有我的知识统一起来"。和译文 A 一样，"一"并未再现？而这意味着，经文中高妙而又神圣的贯通世界、勾连宇宙的"一"——"整一"、"一统"的那颗"心"——在经过"我"的特别"用力"之后，丢下了它可能与天地的联系，亦即，用庄子的话来说，放弃了它"与天地精神相往来"（《庄子·逍遥游》）的追求，转而专注于夫子一人的"知识"的理性化：将这样的知识整合为一，或曰使之统一起来等。庄严的形而上的"道"、夫子力图达成的"则天"，也就悄然丧失于"世间的求知"的过程？最为严重的是，在这一切背后，缺席的"心"早已脱离英文新的语境而遭放逐。这一次，是连对之的"联想"或"暗示"也见不到了？

译文 22

There is a central principle that runs through all my teachings. ③

---

① 辜鸿铭（译），"The Discourses and Sayings of Confucius"，辜鸿铭（著）、黄兴涛（编），《辜鸿铭文集》（下），海口：海南出版社，1996，页 370、462。

② 参《可可查词》（http://dict. kekenet. com/en/underlying），2018 年 9 月 4 日采集。

③ 林语堂并未专门译《论语》，而是创作了 *The Wisdom of Confucius*，大量译介此著以及其他儒家经典中的言辞。因而，此著中未见"予一以贯之"的译文。查核其汉语译本，亦未发现。参林语堂（著）、黄嘉德（译），《孔子的智慧》，长沙：湖南文艺出版社，2016，页 144。

译文 23

A. All my teachings are linked together by one principle.

B. I string them all into one principle. ①

译文 24

A. There is one principle that runs all through my doctrines.

B. I just hold of one principle that runs through all my learning. ②

效法者都是中国学者。大概是"(科学)原理"早已渗透"人心"（如译文 23B 所示，我只是抓住贯穿我的整个学问的一个原理：贯穿某种程度上也必产生渗透，使夫子之"学"趋向"原理化"），或已取而代之：既然"人心不古"，此"心"何"用"？ 在修身先必存活，养心只能依赖相应的物质基础这一条件看得更清楚的情况下，生存本身的问题，也就是物质？ 如此，夫子在《论语》英译中，至少在这里，也一样要按"(科学)原理"办事，依之附之遵之营造人生，同时塑造出他心目中"新时代"的人的形象，其中包括他自己？

译文 25

A. My principles can be simplified.

B. I know only one in many and many in one. ③

抽象化的"原理"的运用似远远不够，译者才会对之进一步简化或单纯化，但无奈粗糙得近乎对经文施暴。因为，即令原理，也不至于太过"简化"：依汉语思路，若已是"原理"，体现"元"、"原"或"源"或"善之长"，④又何以再简化？ 若依英文思路，principle 一词既源自拉丁文的 principālis［最早的、原始的］和 principium［开端、基础］，而此二字又都可溯至 princeps［首要］，⑤对之再加"简化"又是什么道理？ 对事物

---

① 潘富恩、温少霞（译），*The Analects of Confucius*，济南：齐鲁书社，1993，页 35、181。

② 吴国珍（今译、英译及英注），《〈论语〉最新英文全译全注》，前揭，页 118、392。

③ 许渊冲（译），*Thus Spoke the Master*，北京：五洲传播出版社，2012，页 29、105。

④ 《周易·乾卦·文言》，王弼（注）、孔颖达（疏），《周易正义》，前揭，页 12。

⑤ 参"youdict 优词"（http://www.youdict.com/w/principle），2018 年 9 月 1 日采集。

的剖析真的成了解剖,即使事物的内在已被解开,仍需再解? 依此,则可断定,在"科学原理"启动之处,物是无生命的,即令有其生命,也是要不得的? 这种"原理"的"客观化"追求就是这样"没有止境"?

译文 B 更是如此认识(论)的"现代"简化:"予一以贯之"竟变成"予惟知一中含多、多中有一"。且不说"贯"已经荡然无存,若"认识"世界,只需如此"常识",算得上夫子"心得"吗,又何须道及? 若"异类"在场,"多与一"的关系,如何成立?

译文 26

A. My process is unified, penetrating, it holds things together and sprouts.

B. For me there is one thing that flows through, holds things together, germinates. ①

与上例思路相反,此译突出的是生命的滋荣,但并未提及发自内部的力量源泉。译文 A 或只能表达:我的过程被统一、在渗透,它将诸物收拢在一起,进而发芽,似在描述某个植物暗自涌动着生机进而萌芽初露。译文 B 是说,对我来说,存在着一种东西,流过,将事物收拢一起,萌芽。二译意向一致。下例亦很独特:

译文 27

A. My Way is penetrated by a single thread.

B. I penetrate all with one. ②

此译用 penetrate,意为"插入"、"穿透"、"渗透"及"领悟"等。"贯"的"丝线"的比喻保留:a single thread。译文 A 回译可为:吾道由单一的线索穿透。在经文中,"贯"是"心"之对天地万物的"贯连"、"贯通"。而译文 A 与辜鸿铭的译文 A 一样,此"贯"以被动的形式再

---

① Ezra Pound trans., *Confucius*; *The Great Learning*; *The Unwobbling Pivot*; *The Analects*, New York: A New Directions Book, 1959, p. 207, p. 263.

② A. Charles Muller (trans), *The Analects of Confucius*, http://www. acmuller. net/con-dao/analects. html, 2018 年 9 月 1 日采集。

现,那么,其系连作用,有如穿针引线,尽管或有"客观"效果,但难免机械? 译文 B 改为主动语态,意为:我以一贯透多。但此译仍会引发质疑:若一贯通多,是否出现"过犹不及",如"多"为杂多,并非同一性质?

译文 28

A. My Way has one (thread) that runs right through it.

B. I have one (thread) upon which I string them all. ①

此译保留经文"线(索)之贯"之喻,但形而上的庄严却随之被世俗化:若"吾道如线",说的不过是它"直截"而又"顺畅",但并未突出严整的一体,更遑论那是天地人的一体,且必经"人心上遂天道"所形成的那种"贯"?

译文 29

A. There is one thing that pervades my teachings.

B. I have one single thread with which to bind together everything I know. ②

译文 A 保留"线"之喻。"贯"以 pervade 出之,意为:spread or diffuse through。译文 B 仍用"线"喻,强调"以单一的线索将所知的一切紧紧连在一起"。二译问题与上译类同。

译文 30

A. My Way has one theme running throughout!

B. I have one thread that links it all together. ③

此例与下引五例趋向与上译相同。

---

① Arthur Waley(译),*The Analects*,北京:外语教学与研究出版社,1998,页 45、199。

② 林戊荪(译),*Getting to Know Confucius — A New Translation of The Analects*,北京:外文出版社,2010,页 73、267。

③ Burton Watson trans. , *The Analects of Confucius*, New York:Columbia University Press,2007, pp. 33, 106.

译文 31

A. There is one single thread binding my way together.

B. I have a single thread binding them all. ①

译文 32

A. By one single thread is my Way bound together.

B. There is one thing I use to string them together. ②

译文 33

A. My way has a thread running through it.

B. I bind it together into a single thread. ③

译文 34

A. My way (*dao* 道) is bound together by one continuous strand.

B. I just put it together by one single continuous strand. ④

译文 35

A. One thread runs through all my teaching.

B. I string them all. ⑤

译文 36

A. In my Way is one thing that runs throughout.

B. With me there is the one that runs throughout it all. ⑥

此二译并未明确运用 thread,但"线索"意味仍在:在吾道之中,有一种东西贯穿始终;在我这里,有那个一整个贯穿它始终。

① D. C. Lau(译), *Confucius：The Analects*,北京:中华书局,2008,页 59、277。

② Raymond Dawson trans. , *Confucius：The Analects*, Oxford：Oxford University Press, 1993, pp. 14, 60.

③ Anping Chin trans. , *The Analects*, New York：The Penguin Group, 2014, pp. 30, p. 86.

④ Roger T. Ames & Henry Rosemont Jr. trans. , *The Analects of Confucius：A Philosophical Translation*, New York：Ballantine Books, 1998, pp. 92, 184.

⑤ James R. Ware trans. , *The Sayings of Confuciu*, New York：Bartleby Com. , 2001, pp. 9, 41.

⑥ Irene Bloom trans. , "Confucius and Analects", Wm. Theodore de Bary & Irene Bloom ed. , *Sources of Chinese Tradition* (Vol. I), Princeton：Princeton University Press, 1999, pp. 49, 59.

译文 37

A. All that I teach can be strung together on a single thread.

B. I bind it all together with a single thread. ①

此例意为：我所教的一切，都可被单一线索连贯在一起；我把它整个用一个单一线索联合在一起。下二例亦用 thread 作喻：

译文 38

A. My Way：by one thing I link it together.

B. I have one thing by which I string it all together. ②

译文 39

A. My Way is implemented through(*guan* 贯)a single thread.

B. I implemented them through(*guan* 贯)one single thread. ③

此译所用 implement，意为：使生效；贯彻；执行；实施。④ 此译突出清时学者所释的"行"。如此，a/one single thread 在这里也就完全成了比喻，而见不到"一贯"之中的"一"的"一体"意味，更谈不上"一"的"仁化"之"心之向"的内涵。

如此，可以清楚看到，英译不是趋向"学说"或"原理"的抽象，就是落实于"线索"的具象，来传译"一以贯之"的意义。但不论如何展开，因为其中"心"的不在，都不足以传递最为基本的消息，简直可以判断说，那是完全外在的、浮泛的意义译解，没有内涵："一以贯之"主要强调的是，夫子之道或之学，以人心或曰仁心贯通天地，而使之俨然归入

---

① Edward Slingerland trans. , *Confucius：Analects with Selections from Traditional Commentaries*, Indianapolis and Cambridge：Hackett Publishing Company, Inc. , 2003, pp. 34,174.

② E. Bruce Brooks & A. Taeko Brooks trans., *The Original Analects：Sayings of Confucius and His Disciples*, New York：Columbia University Press, 1998, pp. 149, 136.

③ Peimin Ni trans., *Understanding the Analects of Confucius：A New Translation of Lunyu with Annotations*, New York：State University of New York Press, 2017, p. 155,p. 349.

④ 参《必应字典》(https://cn. bing. com/dict/search? cvid),2018 年 9 月 1 日采集。

一体的意蕴。其中的"道"乃"天道"与"人道"的合一,而"一贯"即为能确定二者连贯一致或贯通为一气的"中心"的那种"心",因而,决不是"学说"(doctrine)或"原理"、"原则"(principle)能够再现的。

实际上,和很多词语一样,不仅"吾道"之"道"在英文中找不到特定的对应词,而且,"一贯"也一样找不到这样的匹配。否则,还需翻译吗?但英文译者似对此全无认识,总是在目的语中直接而又干脆地以现成的词语,来传译"道"和"一贯"。故而,关键词已成英文中"已有"或"既定"之物,夫子之道就不再是或不可能再是外来的、陌生的或异域之物?

那么,若依儒家路线,以中庸之道作为方法论,来寻找解决的途径,是否会有对应性?

不妨来看一下译者以 thread 来传译"一贯",或可确定,中庸之道的要义,对于传译能起到什么样的作用:

> "贯"意思是"线"(thread),但皇侃将之解读为一个比喻:夫子所教的一切都在理论上为一个原则所统一,有如物体被系连在一个单一的线索上。不过,《论语》强调实践胜过理论,使得这种情况成为可能:"一贯"[the single thread,单一的线索]是一种行为上的连贯,而不是统一的理论原则,而这也为曾子下文的具体解释(elaboration)所支持。①

译者尚未说明"理论上的统一",就已转向"行为上的连贯";或可说明,他注重的并非"道"本身的向心性,而是像清时疏解者那样趋向"行"。但若"心"的内在精神世界尚未建立,如何在"行"的外在活动中,彰显"道"的应有力量?

《礼记·中庸》讲"合外内之道也,故时措之宜也"②。夫子的"一以贯之"要说的就是:"道心"或"心道"安顿下天地之心,可使人之"视听言动"无往而不与之相合,故时时相宜而处处相宜;相合相宜,而连贯为一。万物如是,自可生生不息。"心"就处于"天地"之"中",此一

---

① Edward Slingerland (trans), *Confucius: Analects with Selections from Traditional Commentaries*, p. 34.

② 郑玄(注)、孔颖达(疏),《礼记正义》(下),前揭,页1450。

"中"即是"心"。《左传》强调:"民受天地之中以生,所谓命也。"①人处于天地之"中",亦即为"人心"或"仁心"就是这一"中心"。

可在英译中,"与天地参"②既成历史的神话,已不在这一"中心"的,还能称为"人"吗?这可能才是问题的中心?

四 英文亦需之"心道":"一以贯之"之三
重意蕴及其仁化循环和自我回归

不过,英译所用的"贯线"在传统疏解中是有根据的。皇侃"义疏"如此解释。③ 钱穆亦复如是。④ 但这样解释,只能将"一贯"比喻落实,但不能说明"一贯"所指为何。而诸多英译依字面意思直接转换:thread(安乐哲与罗思文用 strand)意为"线索"或"绳子"。夫子似在穿针引线,缝合"道"这块"大布";或拉绳扯线,预备做别的什么?突兀之外,乏味得让人觉得,那似乎是用不着道出的?

但朱子以"行"来彰明"吾道一以贯之"主旨,清朝学者也如此解释,⑤故遭到钱穆批评。⑥ 但并非所有清时学者都从"行"入手释之。宋翔凤依据易理并参照道家之言,为之释义。⑦ 戴望则直接将"一"解为"仁":

> 贯,读如一贯三为王之贯。贯,中也,道也。一谓仁也,仁为德元,义、礼、智、乐皆由此出,故变文为言一。⑧

此论与朱子另一处的论述相一致:

---

① 左丘明(传)、杜预(注)、孔颖达(正义),《春秋左传正义》(中),前揭,页755。
② 《礼记·中庸》,郑玄(注)、孔颖达(疏),《礼记正义》(下),前揭,页1448。
③ 皇侃(撰)、高尚榘(校点),《论语义疏》,前揭,2013,页90。
④ 钱穆,《论语新解》,前揭,页98。
⑤ 参黄式三(撰),张涅、韩岚(点校),《论语后案》,前揭,2008,页94。
⑥ 钱穆,《论语新解》,前揭,页99。
⑦ 宋翔凤(著)、杨希(校注),《论语说义》,北京:华夏出版社,2018,页80-81。
⑧ 戴望(注)、郭晓东(校疏),《戴氏注论语小疏》,上海:华东师范大学出版社,2014,页90。

天地以万物为心者也。而人物之生又各得夫天地之心以为心者也。故语心之德,虽其总摄贯通,无所不备,然一言以蔽之,则曰"仁"而已矣。[1]

另一方面,还应关注"吾道一以贯之"的表达形式。"道"既为仁道或曰仁心之道;那么,"一"即"道体"显露为"一",二者是一二一的关系。如此,"一以贯之"中的"之"指的应是,"一以贯之"实现之后的真正的道体的显露之"道"。这样,即令字面上看,"吾道一以贯之"强调的也是"道本身"的自成、自行和自显:夫子要说的是,"吾道以其一体之身,贯串一切,而进之于业已完全同一化的新的道体之中"。没有"贯"的步骤,也就是,用海德格尔的话来说,没有"出离"或"绽出"自身,"道"显然就是不可能的。[2] 只不过,这样的"离开"为的是回还,亦即对其自身的复原和强化。此一过程便显现为"贯",即吸纳万有,而融汇宇宙,或曰统合一切。如此解释,便会发现,夫子气魄的确惊人。因而,不以"(道)心"释之,则很难说明,他心目中的那个"天下"究竟是什么样的趋向。

那么,此一过程明显有三个阶段:"道"之初始,当为仁心之始发;经由此心之体贴,宇宙万物尽皆显现"一体之仁",自然"为我同类"。这当然意味着"仁心有如一线贯通所有人、物",并最终再归并为"全体大用"(朱熹)之此道此心的进一步"团结"与"同一"。如此,"贯(通)"是"仁心的贯通",亦即为"仁心对万事万物的贯通"。有此"一贯",仁心才彰显出它空前的力量,影响一切,并最终为事事物物注入新的生命动力、活力。

不过,将"吾道一以贯之"之"道自身的贯之",解为它对"万物"的"一贯",则仍需解释。

"吾道一以贯之",其中的"一"是"道体"的"一",或曰它的显露为"一",一旦它显露,必出离自身而触及别物。这便指向万事万物:"一"作

---

① 《仁说》,朱熹(著)、郭齐、尹波(点校),《朱熹集》(第六卷),成都:四川教育出版社,1997,页3542。

② 海德格尔指出:"时间性是源始的、自在自为的'出离自身'本身。"参马丁·海德格尔(著),陈嘉映、王庆节(合译),熊伟(校),陈嘉映(修订),《存在与时间》(修订译本),北京:生活·读书·新知三联书店,1999,页375。

为"统一"意义上的动词,其对象不仅是或不止于"道",可囊括万有,如此才可说明"道"之"合一"——合万有为一——的"心体之大用"。

此解之据仍为"合外内之道"①:"道"本身即"一",否则无所谓"道"。既然它已是"一",正说明,"道体"必显露于外:"道"之存在立足于其内,而"一"使之走向"外",最终又必回归其内。这一自我归入,由"贯"作为特别标识:万事万物都"自然如是",有如"绳索"贯通、统合起来,体现"道"之大用,而"道"本身依然也是这样。

这样,夫子此语便可有两套解释:"道"的自我回归之"一贯";"道"如此"一贯",事事物物的自我保持和回复也一样是"一贯"。

这两套解释,合二为一,才可突出"道之一贯"的真意:一切的一切,都在见证,"道"的自我回归。"道体"经由"一"对天下万物的"合一"达致最后的"贯通",从而形成"道之通道",使万物既得保持其自身,同时又必与他物息息相关。

"吾道一以贯之"讲的就是:吾道以仁作一体分有,而见万物所中之心,有如使之一线相连,最终得以相互贯通。道以仁合一,万物依之合一:道通,而万物亦通;道贯,而万物亦得相贯。两方面运作并行不悖,正说明道之体用相合。

如此,"吾道一以贯之"便见三重意蕴:一是字面义,即夫子强调,吾遵依之道之所以一体化,是因为仁心普适,有如一条线索横穿其中。二为引申义,即夫子声言,吾心所从之道,如万事万物一样,并由之所见证,其一体化进程最终仍系于一心,恰似一线之贯。三是形上义,即吾心向往、践履之道,溢出自身,同时体现于万物,而有如一线之贯,而得使万物及此道本身自我回归。

这样,便极易联想到海德格尔所说的,事物走出自身,经过异域之地,最终向着自身的"源头"回流。② 这亦即钱钟书所引的普洛克勒斯说的"真理探索的三阶段":家居、外出和回家(epistrophe),③当然

① 《礼记·中庸》,郑玄(注)、孔颖达(疏),《礼记正义》(下),前揭,页1450。

② Martin Heidegger, *Hölderlin's Hymn The Ister*, William McNeill & Julia Davis trans., Bloomington & Indianapolis:Indiana University Press, 1996.

③ 参钱钟书,《说"回家"》,收于《钱钟书散文》,杭州:浙江文艺出版社,1997,页542;Qian Zhongshu, "The Return of the Native", in A Collection of Qian Zhongshu's English Essays,北京:外语教学与研究出版社,2005,页350—367。

亦可印证他所引的诺瓦利斯的"哲学其实是思家病,一种要回归本宅的冲动"。①

奇妙的是,夫子以及儒家后学对"仁"字本身的解释,亦依自我循环或曰事物的自我回归。《孟子·尽心下》曰"仁也者,人也",②《礼记·中庸》亦云"仁者,人也"。③ 解者认为,那是强调"人其人"。④"仁"最终归于"人"本身,其本性的最高阶段便是"仁人"的形成。亦可认为,"人"的社会性二元互动,即为人本性的体现,而它之所以回归,是因为,最终人是要以一己之身,来作为它所来有自的处所和新的成就的出发点。而这意味着,仁只能被视为人的本性的自我回复。有了这样自我回复,"人其人"理论上才是成立的。

反观众多译文,鲜能看出哪一家注意到,"事物"本身这样看似奇妙实则普遍的自我回归,不仅可以解释,"仁"本身的构成性意义,亦可印证"吾道一以贯之"的确就突出了"仁"的这种自我回归。

以此为线索,或可发现,上引论者的有关解释所彰显的这种"循环"的确是应该用在很多东西的解释上,其中就包括"恕":

> 《广雅·释诂四》:"恕,仁也。"古人说,恕和仁,意思差不多。但严格来讲,两者还不完全一样。仁是人其人,拿人当人;恕是如其心,将心比心。恕字从心如声,古人常说"如心为恕"(如《左传》昭公六年孔疏),这是拆字为解。准确地说,就是推己及人,设身处地为他人着想,"以心揆心为恕"(《楚辞·离骚》王逸注),"以己心为人心曰恕"(《中说·王道》阮逸传)。孔子说:"己所不欲,勿施于人",正是这个意思。⑤

不过,"以心揆心"和"以己心为心",不还是"以心为心"吗? 思想的"回家的冲动",儒家的这种"重复"、"循环",自有其哲学原理作为支持,可为在英文中为"仁"及"恕"等一系列关键词寻找新的表达方式

---

① 参钱钟书,《说"回家"》,收于《钱钟书散文》,前揭,页542。

② 赵歧(注)、孙奭(疏),《孟子注疏》,前揭,页389。

③ 郑玄(注)、孔颖达(疏),《礼记正义》(下),前揭,页1440。

④ 李零,《丧家狗:我读论语》,太原:山西人民出版社,2007,页108。

⑤ 同上,页108。

提供可靠的理论保证。

如此,便可推出"吾道一以贯之"和"予一以贯之"的英文新译:

My Heart-Way threads itself (and all the things concerned) in its oneness.
I thread them all in their oneness (by my Heart-Way).

需要解释的首先是,有必要杜撰一个词,来传译"吾道"——Heart-Way。理由是,英文中,和很多词一样,"吾道"也找不到对应表达,而"心"字又需特别突出。将 heart① 与 way 合而言之,并将之大写,或可说明,二者一或作人心,一可为天道;heart 与 way 有望覆载起"心道"之意涵:我们期待,这一杜撰之词,一 Heart 一 Way,一内向一外达,二者可相得益彰。"一贯"在英文中,保留上引诸译所用的 thread,但将 one 修正为 oneness。这样,一具体,一抽象,同样符合中庸的平衡要求。oneness 本就有"统一性、同一性、单一性、完整"的意思。以 thread in 而不是 thread through 或 throughout 来传译"贯之",或可突出,那本为"一体"之物,而无需外在干预。

此外,译文有意运用 thread itself,意在表明,"心道"之回还自身,才形成"一贯"。括号之中添加的 all the things concerned 是要强调,心所及之物,都以其"一贯"之力,而得相互贯通。戴震有云:"一以贯之,非以一贯之。"②因

---

① 儒家的"心"的英文对应词,一向用的是 heart;Wm. Theodore de Bary 所著的 *Neo-Confucian Orthodoxy and the Learning of the Mind-and-Heart*(New York:Columbia University Press,1981),如书名所示,将之译为 mind-and-heart;安乐哲与罗思文译为 heart-and-mind(Roger T. Ames & Henry Rosemont Jr. trans.),*The Analects of Confucius:A Philosophical Translation*,p. 56);倪培民将之简化为 heart-mind(Peimin Ni(trans),*Understanding the Analects of Confucius:A New Translation of Lunyu with Annotations*,p. 116)。后者的"有志于学"的译文是:I had my heart-mind set on learning;但对"从心所欲不逾矩",译文则用 I could follow my heart's wishes without overstepping the boundaries(前揭,页 116)。这说明,和众多汉语经典用词一样,"心"字英文中亦无定译。可以认为,依孟子的"心之官则思","心"已包含"脑"的能力;但以 heart 作为直接的对应词,自然有待接受。

② 参黄式三(撰),张涅、韩岚(点校),《论语后案》,前揭,页 94。如此,朱子的论断"一以贯之,犹言以一心应万事",则应改为"吾心为一,其力足应万事,是为一贯"才更合理。

而,只有"心"①向外发力,天地才得安顿,人才能行事,故欲再现其所本应有的使动作用。此外,in its/ their oneness,要强调的是,"心道"之自我回归,本是其作为一个"一"之"一性"所决定了的。如此,后二者相合,则意味着,不论是"吾道一以贯之"或是"予一以贯之",说的都是,"心道之回归,是以自身之一贯,在一体之内的回归"。这样,此二语若有"回归"意向,则经文之中的那种关涉万有的"心体"之回还的三重意蕴,似已包含其中。

还需说明,heart 在英文中亦可见"全体大用"。如《奥赛罗》中有 My cause is hearted 一语,意为深仇大恨扎根心中。这样,此 heart 应是人最为强烈情感的始发处。同剧中 Yield up, O love, thy crown and hearted throne 表达的意义全然相反,但其中的 hearted 含义也一样是"内心深处",说明最可珍贵的情意其来有自。② 而康拉德所著 The Darkness of the Heart [《黑暗之心》] 及麦卡勒斯所作 Heart Is A lonely Hunter [《心是孤独的猎手》] 两部小说书名都表示,heart [人心] 为生存本身的代名词,故可与儒家作为"天地人"的连接点的"心"或"中心"相提并论。

余 论

王国维认为:

> 古之儒家,初无所谓哲学也。孔子教人,言道德,言政治,而无一语及于哲学。言性与天道,虽高第弟子如子贡,犹以为不可得而闻,则虽断为未尝言焉可也。③

---

① "心"字在《论语》之中凡六见:"七十而从心所欲,不逾矩"(《为政》,页 15);"回也,其心三月不违仁"(《雍也》,页 73);"有心哉,击磬乎!"(《宪问》,页 201);"饱食终日,无所用心,难矣哉!"(《阳货》,页 243);"帝臣不蔽,简在帝心"(《尧曰》,页 265);"天下之民归心焉"(《尧曰》,页 266)。或都可解为人的"内心"、"内在",突出的是"内德"打造。但这似与英文的 heart 所具有的"情感"意味不合,后者往往表现于外。
② 刘炳善(编纂),《英汉双解莎士比亚大词典》,郑州:河南人民出版社,2002,页 511。
③ 王国维,《书辜氏汤生英译〈中庸〉后》,王国维(著)、傅杰(编校),《王国维论学集》,北京:中国社会科学出版社,1997,页 390。

他还指出:"然则孔子不言哲学,若《中庸》者又何自作乎? 曰:《中庸》之作,子思所不得已也。"①他复解释:

> 孔子亦说仁说义。今说种种德矣。今试问孔子以人何以当仁当义,孔子固然由人事上解释之。若求其解释于人事以外,岂独由孔子之立脚地所不能哉,抑亦其所不欲也。②

这一观点,适足说明,国人一向对儒家的解释,其立足点在于"人事"上的"行"。这与清时诸家对夫子"一以贯之"的解释一脉相承。但若只论"人事",则"人事"何来已成问题。而偏于一端,难道不是"过犹不及"(《先进》)?《论语》中夫子的"则天"之说(《泰伯》),"天何言哉"(《阳货》)之论,在在突出的都是对至高无上的境界的追求。如此,没有"天",人何以生存? 天人相合的前提是,天人同时的存在,而在其中发挥"一贯"作用的,当是"心"。因而,这样的"一贯"当然也属于形而上的论说。

静安先生还强调:

> 其于思索,未必皆悉精密;而其议论,亦未必有界限。如执近世之哲学,以述古人之说,谓之弥缝古人之说则可,谓之忠于古人则恐未也。夫古人之说,固未必悉有条理也。往往一篇之中,时而说天道,时而说认识。岂独一篇中而已,一章之中,亦复如此。③

但这正说明,不能以"西方哲学"来"定取舍"。④ 那么,"弥缝"前人,不是在说,古人之"缺陷"太大太多,不能"一贯"? 就"不精密"⑤

---

① 王国维,《书辜氏汤生英译〈中庸〉后》,前揭,页390。
② 同上,页391。
③ 同上,页391。
④ 牟宗三,《中国哲学的特质》,前揭,页3。
⑤ 鲁迅在给瞿秋白的信中也提出:"中国的文或话,法子实在太不精密了。"(《鲁迅和瞿秋白关于翻译的通信》,罗新璋、陈应年编,《翻译论集》[修订本],北京:商务印书馆,2009,页346)这里的"不精密"程度上要比静安先生所说的严重得多。这也是鲁迅之所以提出,翻译"不但是在输入新的内容,也在输入新的表现法"的原因。瞿秋白回应说:"我们应当改变一个新的方(转下页注)

而论,"思想"若如"机器"一般运作,一定"整齐划一",且一切如是?无可怀疑的是,面对一种思想,最为重要的是坚持什么样的立场,而不是别的什么。而静安先生似已转向一种比较,但并无意深究相较二者各自的优胜之处。

就本文的论题而言,"一以贯之"说的正是静安先生未及注意的儒家的一个"可系统化"的形而上要点:"以心贯物,而道在其中,万物一体。"如此,在未及取向"心道"之前,业已转向另一种"哲学",人生智慧或亦"落实"于"人事",不能企及于"天道"?这也正是诸多论者译者着眼之处,恰恰因"执其一端"而坠入某种独断,进而认定"中国哲学"并不能"极高明而道中庸",而只能是"非高明而趋平庸"?黑格尔的相关谬论,①因而大行其道?历史仍在延续,而且是以"西方化了的汉语"和"逆向翻译的孔子的言说"在延续?

(接上页注)针:就是竭力使新的字眼,新的句法,都得到真实的生命,——要叫这些新的表现法能够容纳到活的言语里去。"(前揭,页354)鲁迅和瞿秋白都提倡,翻译工作应"帮助中国现代文的发展"(前揭,页354)。这样的观点应是"五四"以来主流思潮的反映。但全盘否定传统思想,本不可取;为适应"现代化"的"发展"而远离甚至舍弃精神家园,又有什么历史价值?

① 黑格尔,《哲学史讲演录》(第二卷),贺麟、王太庆译,北京:商务印书馆,1959,页119。

《周易》的观象体系和古史序列

试论中华文明的基础

张文江

（同济大学人文学院）

摘　要：传世经典文献中，中华文明的制高点，概括于《周易·系辞下》第二章。此章的作者，传统上认为是孔子，实际上文字可能完成于战国。此章展示《周易》的观象体系和古史序列，建立了中华学术的结构，总结了中华文明的基础。汉以后《易》为六经之首，对中国古代学问的认知，可以从不同途径相应于此。本文尝试解析此章的思想，以重新辨认方向，提高文明自觉，追溯世界各文明体的源流演变，同时认识中华文明的源流演变。

关键词：《周易》　《六经》　观象体系　古史序列　中华文明

传世经典文献中，中华文明的制高点，概括于《周易·系辞下》第二章。《系辞下》此章的作者，传统上认为是孔子，实际上文字可能完成于战国（约公元前 300 年，作者为赵人）。[①] 此章展示的观象体系和古史序列，建立了中华学术的结构，总结了中华文明的基础。汉以后《易》为六经之首，对中国古代学问的认知，可以从不同途径相应于此。原文如下：

> 古者庖牺氏之王天下也，仰则观象于天，俯则观法于地，观鸟兽之文与地之宜，近取诸身，远取诸物，于是始作八卦，以通神明之德，以类万物之情。
> 作结绳而为网罟，以佃以渔，盖取诸离。
> 庖牺氏没，神农氏作，斫木为耜，揉木为耒，耒耨之利，以教天

---

① 潘雨廷，《上古三代易简论》，见《易学史丛论》，上海：上海古籍出版社，2016，页 34。

下,盖取诸益。日中为市,致天下之民,聚天下之货,交易而退,各得其所,盖取诸噬嗑。神农氏没,黄帝、尧、舜氏作,通其变,使民不倦,神而化之,使民宜之。《易》穷则变,变则通,通则久。是以"自天佑之,吉无不利"。黄帝、尧、舜垂衣裳而天下治,盖取诸乾、坤。

刳木为舟,剡木为楫,舟楫之利,以济不通,致远以利天下,盖取诸涣。

服牛乘马,引重致远,以利天下,盖取诸随。

重门击柝,以待暴客,盖取诸豫。

断木为杵,掘地为臼,杵臼之利,万民以济,盖取诸小过。

弦木为弧,剡木为矢,弧矢之利,以威天下,盖取诸睽。

上古穴居而野处,后世圣人易之以宫室,上栋下宇,以待风雨,盖取诸大壮。

古之葬者,厚衣之以薪,葬之中野,不封不树,丧期无数。后世圣人易之以棺椁,盖取诸大过。

上古结绳而治,后世圣人易之以书契,百官以治,万民以察,盖取诸夬。

此段的思想,大体分为三层。其一,庖牺氏观照天地人之象,展示其观象体系(分六类),以此王天下(《说文解字》引孔子曰"一贯三为王")而成为人文初祖。其二,《周易》建立的古史序列,最早推原至庖牺氏,以《易》的初创为文明起源。其三,陈列制器尚象十三卦(即十三"盖取"),生生不息地跟随演进,改善人类的生活,体现文明的进步。

中华的文明和文化,来自观象于天人,以神道设教而天下服。《易·贲彖》:"观乎天文以察时变,观乎人文以化成天下。"又《观彖》:"观天之神道而四时不忒,圣人以神道设教而天下服矣。"这里的神道并非其他,是阴阳变化的两方面。《系辞上》"阴阳不测之谓神",此致其用;又"一阴一阳之谓道",此立其体。而阴阳变化就是文,《系辞上》:"物相杂,故曰文。"又曰:"知变化之道者,其知神之所为乎。"庖牺氏创造八卦,作为最早的记录和演算符号,构成象数的起源。传说黄帝之史仓颉创造文字,逐步衍生渐多,构成文字的起源。

以庖牺氏创造符号为开端,推论还有以前,比如说燧人氏(《尚书大传》)。① 伏羲、神农(加上此前的燧人氏),为最初的创制,主要相应于自然。此后黄帝、尧、舜,为进一步的创制,主要相应社会。垂衣裳以设计等级制度,可以认为是政治的开端。在十三"盖取"中,以"刳木"为界,分前五后八,由简而繁,为后来居上的加速发展。最终文字产生,随后又创制经典,归结为"六艺"或"六经",标志政治文明体的形成。

《史记·五帝本纪》开始于黄帝,为划时代的巨大贡献,与传说中创造文字的时间相合。结束于尧舜,初步形成经典,为《书》和《诗》的起源。由尧舜而三代,殷商有祝宗卜史(《左传》定公四年,《礼记·礼运》作卜史祝宗),西周有史官。于春秋末出现孔老,官学进入民间。以《史记》为衔接古今的桥梁,其文献的主体,此前为经(其变化为子),此后为史(其变化为集),构成中国古代的文教体系。对此体系的总结,为《七略》或《汉书·艺文志》。《七略》于汉后演变为四部,不得不然,亦有得有失。而贯通源流,本末兼赅,则有"六经皆史"之说。②

于汉延续至清末,发生"三千年未有之大变局",③此文教体系所维护的政治文明体发生剧烈震荡,至今尚未停歇。为了重新辨认方向,提

---

① 《周礼·春官·外史》:"掌三皇五帝之书。"《庄子·天运》及《秋水》亦言三皇五帝。历代举三皇有多说,《尚书大传》以燧人、伏羲、神农为三皇,分系于天地人(《三五传》)。《白虎通义·号》:"三皇者,何谓也? 谓伏羲、神农、燧人也。或曰伏羲、神农、祝融也。"燧人、祝融皆相关火,或为其同。唐司马贞补《三皇本纪》,以伏羲、女娲、神农为三皇(《风俗通义·皇霸》引《春秋运斗枢》同),引入女性代表。兼列他说,以天皇、地皇、人皇为三皇,推原至三才之根。按《史记·秦始皇本纪》:"古有天皇,有地皇,有泰皇,泰皇最贵。"亦序天地人。于《易》泰当天地交,"泰皇"相应人皇。

② 章学诚《校雠通义》卷三《宗刘》,举四部不能返《七略》者五。见《文史通义校注》下册,叶瑛校注,北京:中华书局,2014,页1114。

③ 梁启超《李鸿章传》第六章,引李氏同治十一年五月《复议制造轮船未可裁撤折》:"臣窃惟欧洲诸国,百十年来,由印度而南洋,由南洋而中国,闯入边界腹地,凡前史所未载,亘古所未通,无不款关而求互市……此三千余年一大变局也。"又引光绪元年《因台湾事变筹画海防折》:"今则东南海疆万余里,各国通商传教,往来自如,麇集京师及各省腹地,阳托和好之名,阴怀吞噬之计,一国生事,诸国搆煽,实惟数千年来未有之变局。"梁评云:"由此观之,则李鸿章固知今日为三千年来一大变局。"梁启超,《李鸿章传》,武汉:湖北人民出版社,2004,页94—95。

高文明自觉,必须追溯世界各大文明的源流演变,也必须认识中华文明的源流演变。

于《系辞下》此章第一层思想,引用潘雨廷先生一段阐发:

> 若八卦之作,本诸外物。曰"仰则观象于天"者,今日天文学,包括气象学;曰"俯则观法于地"者,今日地质学,包括矿物学和水利;曰"观鸟兽之文"者,今日动物学,包括仿生学;曰"与地之宜"者,今日地理环境,包括植物学;曰"近取诸身"者,今日人类学,包括生理学、心理学和医学;曰"远取诸物"者,今日物理学,包括化学。当八卦既作,"以通神明之德"者,今日社会科学;"以类万物之情"者,今日自然科学。我国先秦之学者,能有如是明确概念,以分析宇宙中一切现象,文化之发达可喻,《周易》之价值亦可喻。①

可作图如下:

仰则观象于天	天文学
俯则观法于地	地质学
观鸟兽之文	动物学
与地之宜	植物学
近取诸身	人类学 { 医学 / 社会学 }
远取诸物	一切无生物

此节内容深邃,前引未尽之意,再引用潘雨廷先生另一段阐发:
其一:

> 此节中首宜注意王天下之"王"字,王者一贯三,三画各有所指,即上画为天,下画为地,中画为人,以一贯三者,以理贯天地人三才。人于天地,今日宇宙观,乃能改造宇宙,是为"王"字之真正含义。古者庖羲氏既王天下,乃分辨三才为六类……而八卦即本

① 《潘雨廷先生谈话录》,张文江记述,上海:复旦大学出版社,2012,页451。

此六类知识,准具体事物之变化,抽象其概念而作。若卦象之用,不外二方面。曰"以通神明之德"者,今曰"社会科学";曰"以类万物之情"者,今曰"自然科学"。①

其二:

此谓包犧氏所观之象,而文王系辞之取类,不外乎此。其本为天地犹阴阳,阴阳合德而刚柔有体,即盈天地之间者唯万物。物有阴阳,当生物与无生物,无生物即远取诸物。于生物中又有阴阳,当动物与植物,植物即与地之宜。于动物中又有阴阳,当人与禽兽,禽兽即鸟兽之文。于人又有阴阳,心与身是也。身即近取诸身,心所以作八卦。八卦之用二,亦为阴阳,阳以通神明之德,阴以类万物之情。通德者,人心上合天地而参焉,元亨利贞之正言当之。类情者,人心下化万物而备焉,吉凶悔吝厉咎之断辞当之。②

见下表:

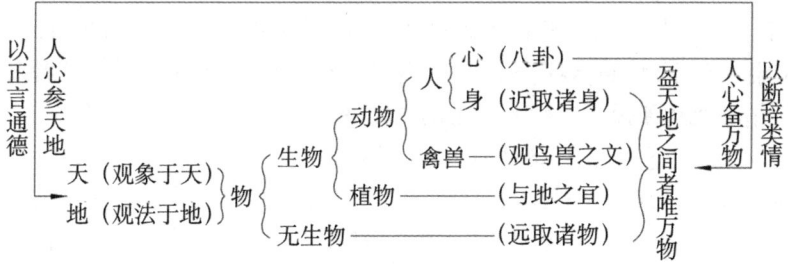

第二层思想,可排列如下:

伏羲,畜牧社会。(动物)
神农,农业社会的开始。(植物)

---

① 潘雨廷,《〈周易〉十讲》,见《易学史入门·论吾国文化中包含的自然科学理论》,上海:上海古籍出版社,2016,页93。
② 潘雨廷,《卦爻辞析义》,见《易学史入门·论吾国文化中包含的自然科学理论》,前揭,页201。

黄帝尧舜,此前以生产力为主,至此以生产关系为主,更兼及上层建筑。儒道两家皆由此演变而来。

据《皇极经世》,尧大致相当公元前2357年。

尧舜易,确立父系社会。

夏商易,确立家天下。

周易,传说由文王系辞;《系辞下》:"《易》之兴也,其于中古乎? 作《易》者其有忧患乎?"大约公元前1000年,距今3000年。

第三层思想,十三"盖取",先列前五,为根本性创制。次列后八,即制器尚象之八事,为更广泛发挥。

其中交通二,水陆。

生前死后二,宫室、营葬地。

应用二,文字和杵臼之利。

防卫二,守和攻。

此制器尚象之大用,各有其专门的知识。而于八之中,最后为三"后世圣人易之以",乃见生生进化之迹。《系辞上》云:"备物致用,立成器为天下利,莫大于圣人。"可当各类创制的总结,推衍之,发展之,其精神永远激励后人。所有创制中,最后一项是文字,为最重要的发明。"王天下"是秩序的建立,相应于八卦;"百官以治,万民以察"是社会的安定,相应于书契。始八卦而终文字,人类的经验得以保存,协作得以深化。《尚书·盘庚》:"人惟求旧,器非求旧,惟新。"标示古今两个向度。《吕氏春秋·君守篇》尚记录其他发明:"奚仲作车,仓颉作书,后稷作稼,皋陶作刑,昆吾作陶,夏鲧作城,此六人者,所作当矣。"(参见《世本·作篇》)此外还可指出四事:乐律;甲子;指南车;五行生克之理。①

秦汉结束三代,完成大一统疆域。汉初废除"挟书律"(公元前191年),得重新蒐集图书。"百年之间,天下遗文古事靡不毕集太史公"

---

① 潘雨廷,《上古三代易简论》,见《易学史丛论》,前揭,页35以下。八事,见页41。此外四事,见页42。

(《太史公自序》),为完成划时代巨著《史记》提供了条件。以后刘向(约前77—前6年)校订古书,完成《别录》。刘歆(前50—23年)继承其父亲编成《七略》。班固(32—92年)采用其主要内容为《汉书·艺文志》,对先秦至汉的书籍作出总结。汉代去古未远,《汉书·艺文志》收书大凡共六略,三十八种,五百七十六家,一万三千二百六十九卷,可谓琳琅满目,美轮美奂。所存书大半佚失,仍可窥见上古灿烂文化的一斑。

《汉书·艺文志》进一步采用《系辞下》此节,重新肯定《周易》的古史序列,并扩展至三代,完成对先秦文化的整体认识。以此书为中心,前二后二,尝试选五篇文献,贯通古今学术的流变(参见拙稿《中华学术的源流和演变》)。其后有"三千年未有之大变局",和西方文化的进入相应。由于科学技术的引进,兼中华地不爱宝,大量器物、文献相继出土,闻所未闻,见所未见,更新对上古文化的认识。今已大致理清殷周之际至汉的主要脉络,并上窥殷周以前。

《七略》的编排,以孔子和儒家为标准。此用《周易》三古的下古之说,以孔子上通尧舜。此书的编纂过程体现于总序,原文如下:

> 昔仲尼没而微言绝,七十子丧而大义乖。故《春秋》分为五,《诗》分为四,《易》有数家之传。战国从衡,真伪分争,诸子之言纷然淆乱。至秦患之,乃燔灭文章,以愚黔首。
>
> 汉兴,改秦之败,大收篇籍,广开献书之路。迄孝武世,书缺简脱,礼坏乐崩,圣上喟然而称曰:"朕甚闵焉!"于是建藏书之策,置写书之官,下及诸子传说,皆充秘府。至成帝时,以书颇散亡,使谒者陈农求遗书于天下。诏光禄大夫刘向校经传诸子诗赋,步兵校尉任宏校兵书,太史令尹咸校数术,侍医李柱国校方技。每一书已,向辄条其篇目,撮其指意,录而奏之。会向卒,哀帝复使向子侍中奉车都尉歆卒父业。歆于是总群书而奏其七略,故有《辑略》,有《六艺略》,有《诸子略》,有《诗赋略》,有《兵书略》,有《术数略》,有《方技略》。今删其要,以备篇籍。

以孔子和七十子为判断标准,孔子相应微言,七十子相应大义。经历世事的变迁动荡,《论语·述而》的"文学",由经传而及诸子,于是有秦之燔灭文章,汉之求遗书于天下,直至刘向校书而成《别录》,刘歆总群书而成《七略》，完成对古代文化的总结，开辟未来的途径。刘歆总结的"七略"如下：

辑略(总纲)

六艺略

诸子略

诗赋略(以上三略，刘向校)

兵书略(任宏校)

术数略(尹咸校)

方技略(李柱国校)

理解《汉书·艺文志》的结构，在于《辑略》和《六艺略》(后世称为经部)。《辑略》为根本的编辑思想，概括于诸篇序文。而《六艺略》为骨干性文献，而《易》为群经之首，其序文即引用《系辞下》此节，作为中华学术的结构所在。原文如下：

《易》曰："宓戏氏仰观象于天，俯观法于地，观鸟兽之文，与地之宜，近取诸身，远取诸物。于是始作八卦，以通神明之德，以类万物之情。"至于殷、周之际，纣在上位，逆天暴物，文王以诸侯顺命而行道，天人之占可得而效，于是重《易》六爻，作上下篇。孔氏为之《彖》、《象》、《系辞》、《文言》、《序卦》之属十篇。故曰：易道深矣，人更三圣，世历三古。及秦燔书，而《易》为筮卜之事，传者不绝。汉兴，田何传之。讫于宣、元，有施、孟、梁丘、京氏列于学官，而民间有费、高二家之说。刘向以中古文《易经》校施、孟、梁丘经，或脱去"无咎"、"悔亡"，唯费氏经与古文同。

此取《系辞下》此节之半，以"宓戏氏"(即"庖牺氏")为上古，当古史序列之始(《汉书·古今人表》亦以"太昊帝宓戏氏"为开端)。略过黄帝至尧舜的时代(《史记》有《五帝本纪》)，以及夏(传说有《连山》)和商(传说有《归藏》)，直至殷周之际。然后取文王的中古(传说编成《周易》)，加上孔子的下古(传说编成《十翼》)。形成三古之说，为《周易》古史序列的完整表达。

这段话的纲领是"三圣"、"三古"，二千年对易学的认识，全部在此范围之内。① 可示意如下：

三圣	三古
伏羲（宓戏）	上古
文王	中古
孔子	下古

《易》为六经之首，统摄其余五经，为中华文明的政教原则。汉以后王朝的绵延和更替（《六艺略》），皆未脱离此。子为经之变，由干而枝，由事而理（《诸子略》）。于古"六经皆史"（《史记》最初归入《春秋》类），并不另立史部。史部的确立，始于《隋书·经籍志》（继承《中经新簿》）。《诗赋略》演变为集，始于《楚辞》，为经子之余绪。以专家校其余三略（《兵书略》《数术略》《方技略》），为十三"盖取"的遗意。后世将其散入子部，或有损失。

于《六艺略》中，最初为《易》，于中华学术当六经之首，序文即引此章《系辞下》。引文见前。

其次为《书》，引《易·系辞》"河图洛书"为先导，亦由伏羲至孔子。其后引出今古文之争，又涉及真伪之辨，影响延续到清末。

其次为《诗》，引《书·舜典》发端。相对于《书》始尧舜，《诗》始文王。纯取周诗，上采殷，下取鲁。

其次为《礼》和《乐》，皆引《易》，前者引《序卦》"有夫妇父子"云云，后者引《大象》"先王作乐崇德"云云。

其次为《春秋》，述三代之礼，未直接引《易》。慎言行以修身。昭法式（王念孙谓当作法戒）以垂象，亦不脱离于《易》。

六经以下引申，又有三类。连同六经，开为九类，

《论语》记载孔子和弟子的言行，相当于六经的通论，是理解六经的入口。宋以后以此为核心而形成"四书"。

《孝经》也来自孔子和弟子，建立国和家的联系，稳定王朝的意识形态。"志在《春秋》，行在《孝经》"（《钩命决》），以《孝经》总会六经（《隋书·经籍志》引郑玄《六艺论》）。陈述天地人，未引《易》，亦由

---

① 潘雨廷，《易学史入门》，见《易学史入门·论吾国文化中包含的自然科学理论》，前揭，页4。

《易》而来。

最后一类,小学。接续《系辞下》末节,文字的创造及其演变,一切典籍皆基于此(乾嘉学派之失,或知小学而不知大学),传说中仓颉造字,天雨粟,鬼夜哭(《淮南子·本经训》)。文字的产生,祸兮福兮,倚伏未定,可不慎乎?引《易》亦出此节。

《六艺略》小结极精彩:

> 六艺之文,《乐》以和神,仁之表也。《诗》以正言,义之用也。《礼》以明体,明者著见,故无训也。《书》以广听,知之术也。《春秋》以断事,信之符也。五者,盖五常之道,相须而备,而《易》为之原。故曰:"《易》不可见,则乾坤或几乎息矣。"言与天地为终始也。至于五学,世有变改,犹五行之更用事焉。古之学者耕且养,三年而通一艺,存其大体,玩经文而已,是故用日少而畜德多,三十而五经立也。后世经传既已乖离,博学者又不思多闻阙疑之义,而务碎义逃难;便辞巧说,破坏形体;说五经之文,至于二三万言。后进弥以驰逐,故幼童而守一艺,白首而后能言;安其所习,毁所不见,终以自蔽。此学者之大患也。

经学由此形成整体,包含阴阳五行之象数。以《易》为根本,其核心以《系辞下》此节为根本。又,《系辞上》曰:"易与天地准,故能弥纶天地之道。"又曰:"范围天地之化而不过,曲成万物而不遗。"由《易》而五经,"言与天地为终始也"相应之。对五经的经意,有"存大体,玩经文"和"碎义逃难"两种解读方式。"存大体"(包含整体结构)来自"观象","玩经文"(透彻理解后活用)当指"玩辞"。若未能通经以致用,失去整体格局而"碎义逃难",则导致经学的堕落。

《汉书·艺文志》序六艺为九种,最后一种是小学,引于此作为补充。"六艺"和"五经",两者亦同亦异。以时间方向而论,六艺上出先秦,五经下及后世。六艺的根本在象数,而五经的基础在小学。"小学"类序文,以《系辞下》"上古结绳而治"开篇,即"制器尚象"的末节,可见衔接紧密。"盖取诸夬",宣扬王化,由治官而理民。且夬者,书契也,决断也。

> 《易》曰:"上古结绳以治,后世圣人易之以书契,百官以治,万

民以察,盖取诸夬。""夬,扬于王庭",言其宣扬于王者朝廷,其用最大也。古者八岁入小学,故《周官》保氏掌养国子,教之六书,谓象形、象事、象意、象音、转注、假借,造字之本也。汉兴,萧何草律,亦著其法,曰:"太史试学童,能讽书九千字以上,乃得为史。又以六体试之,课最者以为尚书、御史、史书令史。吏民上书,字或不正,辄举劾。"

六体者,古文、奇字、篆书、隶书、缪篆、虫书,皆所以通知古今文字,摹印章,书幡信也。古制,书必同文,不知则阙,问诸故老。至于衰世,是非无正,人用其私。故孔子曰:"吾犹及史之阙文也,今亡矣夫!"盖伤其寖不正。

《史籀篇》者,周时史官教学童书也,与孔氏壁中古文异体。《苍颉》七章者,秦丞相李斯所作也;《爰历》六章者,车府令赵高所作也;《博学》七章者,太史令胡毋敬所作也:文字多取《史籀篇》,而篆体复颇异,所谓秦篆者也。是时始造隶书矣,起于官狱多事,苟趋省易,施之于徒隶也。

汉兴,闾里书师合《苍颉》、《爰历》、《博学》三篇,断六十字以为一章,凡五十五章,并为《苍颉篇》。武帝时司马相如作《凡将篇》,无复字。元帝时黄门令史游作《急就篇》,成帝时将作大匠李长作《元尚篇》,皆苍颉中正字也。《凡将》则颇有出矣。

至元始中,征天下通小学者以百数,各令记字于庭中。扬雄取其有用者以作《训纂篇》,顺续《苍颉》,又易《苍颉》中重复之字,凡八十九章。臣复续扬雄作十三章,凡一百二章,无复字,六艺群书所载略备矣。《苍颉》多古字,俗师失其读,宣帝时征齐人能正读者,张敞从受之,传至外孙之子杜林,为作训故,并列焉。

由西汉而东汉,六经上通《易》,下通小学,完成学术的整体,稳定王朝的统治。中华学术几经摧折而屹立不倒,有其深厚的根源。以文字的繁衍,对应认识事物的繁衍,由《史籀篇》以下,传承不绝。东汉时许慎(约58—约147年)《说文解字》成书(121年由儿子许冲献于朝廷),蔚为大观。此书的核心是通经学,"五经无双许叔重"(《后汉书·儒林传》),绝非虚言。全书的根本在于《易》,始一终亥,收字9353个,重字1163个,共10516字,按540个部首排列,统摄天下古今之字,处处体现易象。主要思想表达于序言,和《七略》小学类一脉相承。原文如下:

古者包羲氏之王天下也,仰则观象于天,俯则观法于地,观鸟兽之文,与地之宜,近取诸身,远取诸物。于是始作《易》八卦,以垂宪象。及神农氏结绳为治,而统其事,庶业其繁,饰伪萌生。黄帝之史官仓颉,见鸟兽蹄远之迹,知分理之可相别异也,初造书契,"百工以乂,万品以察,盖取诸夬"。"夬,扬于王庭",言文者宣教明化于王者朝廷,君子所以施禄及下,居德则忌也。

仓颉之初作书,盖依类象形,故谓之文。其后形声相益,即谓之字。文者,物象之本;字者,言孳乳而浸多也。著于竹帛谓之书。书者,如也。以迄五帝三王之世,改易殊体。封于泰山者七十有二代,靡有同焉。《周礼》:八岁入小学,保氏教国子,先以六书。一曰指事。指事者,视而可识,察而见意,上下是也。二曰象形。象形者,画成其物,随体诘诎,日月是也。三曰形声。形声者,以事为名,取譬相成,江河是也。四曰会意。会意者,比类合谊,以见指撝,武信是也。五曰转注。转注者,建类一首,同意相受,考老是也。六曰假借。假借者,本无其字,依声托事,令长是也。

及宣王太史籀著《大篆》十五篇,与古文或异。至孔子书六经,左丘明述《春秋传》,皆以古文,厥意可得而说。其后诸侯力政,不统于王,恶礼乐之害己,而皆去其典籍。分为七国,田畴异亩,车途异轨,律令异法,衣冠异制,言语异声,文字异形。秦始皇初始天下,丞相李斯乃奏同之,罢其不与秦文合者。斯作《仓颉篇》,中车府令赵高作《爰历篇》,太史令胡毋敬作《博学篇》,皆取史籀大篆,或颇省改,所谓小篆者也。是时秦烧灭经书,涤除旧典,大发隶卒,兴役戍,官狱职务繁,初有隶书,以趣约易,而古文由此绝矣。

由八卦而书契,阐说文、字、书三者的关联,可见象数和文字的联系。"于是始作《易》八卦,以垂宪象",宪者,法也。《易》而六经,为中华文明的根本大法。"黄帝之史仓颉,见鸟兽蹄远之迹,知分理之可相别异也,初造书契,百工以乂,万品以察。"追根溯源,衔接《系辞下》和《说文解字》。"仓颉之初作书,盖依类象形,故谓之文;其后形声相益,即谓之字。文者,物象之本;字者,言孳乳而浸多也。"文者,象形也,象也("文者,物象之本",段玉裁注据《左传》宣十五年《正义》补)。字者,由文辗转相生,其不同组合方式,被称为"六书"。文字孳乳渐多,表现万事万物,可引《系辞上》为赞:"引而伸之,触类而长之,天下之能事毕矣。"

此序以下为秦汉之演变,姑且省略。最后录入末节,以见小学(文字学)和经学的联系:

> 《书》曰:"予欲观古人之象。"言必遵修旧文而不穿凿。孔子曰:"吾犹及史之阙文,今亡也夫!"盖非其不知而不问,人用己私,是非无正,巧说衺辞,使天下学者疑。盖文字者,经艺之本,王政之始,前人所以垂后,后人所以识古。故曰:"本立而道生","知天下之至啧而不可乱也"。
>
> 　　今叙篆文,合以古籀,博采通人,至于小大,信而有证。稽撰其说,将以理群类,解谬误,晓学者,达神恉。分别部居,不相杂厕。万物咸赌,靡不兼载。厥宜不昭,爰明以谕。其称《易》,孟氏;《书》,孔氏;《诗》,毛氏;《礼》,《周官》;《春秋》,左氏;《论语》、《孝经》,皆古文也。其于所不知,盖阙如也。

引《书·益稷》曰:"予欲观古人之象。"当追溯《周易》之观象体系。"遵修旧文",即《论语·述而》之"述而不作,信而好古",维护文明的传承。以文字为"经艺之本,王政之始",影响延续至清末。[①]"前人所以垂后,后人所以识古。"文明的存续和发展,当辨识其源流。"本立而道生",化用《论语·学而》;"知天下之至啧而不可乱也",化用《周易·系辞上》。圣人和君子,象数和文字,息息相通。

至于"分别部居,不相杂厕",或来自《易·同人》"类族辩物";"万物咸赌,靡不兼载",或来自《易·文言》"云从龙,风从虎,圣人作而万物睹"。回归群经诸家,"皆古文也",关涉东汉的时代,丰富经学的整体。"其于所不知,盖阙如也",相应《汉书·艺文志》"多闻阙疑"(语出《论语·为政》)。此为学习之道,亦为上出之道。

---

① 张之洞《书目答问》称:"由小学入经学者,其经学可信。由经学入史学者,其史学可信。由经学、史学入理学者,其理学可信。以经学、史学兼词章者,其词章有用。以经学、史学兼经济者,其经济成就远大。"见附二"国朝著述诸家姓名略总目",收于《书目答问补正》,范希曾编,上海:上海古籍出版社,2001,页258。

《奥德赛》中的 daimōn

潘亦婷

（重庆大学人文社会科学高等研究院）

摘　要： 古希腊 daimōn 一词含混多义，不同情形下可指代神明、命运、守护精灵或灵魂，尤其在基督教文化的影响下又有了魔鬼的含义。该词最早在荷马史诗中的使用就已造成释读问题，此前研究对于两部史诗中该词使用之异同还不够重视，而且史诗中的 daimōn 运动性突出，应考虑根据与之配合的动词的性质分类归纳的方法。《奥德赛》中的 daimōn 较之《伊利亚特》中的有继承亦有变化，在保留了运动性的基础上变得更缺乏确指性，负面色彩增强，且表现出《伊利亚特》中的 daimōn 罕有的心理活动和心理层面的影响力。如果把 daimōn 一词的多义看作是不同使用传统的体现，"神明"义可上溯至《伊利亚特》，《奥德赛》则已然为"魔鬼"义提供基础；"个人命运"的 daimōn 来自《伊利亚特》，而 daimōn 与内在精神明确的联系却始于《奥德赛》。

关键词： daimōn　《奥德赛》　荷马史诗　神

　　古希腊文献中的 daimōn(δαίμων)①一词模糊且多义，早期常指代神明或某种神力，有时又等同于命运或是个人命运的守护精灵，还可以指介于人神之间的某种存在，甚至可指代灵魂，最终尤其在基督教文化的影响下又有了魔鬼的身份。② 我们所知的最早使用了 daimōn 一词

---

① 由于文中将大量出现 δαίμων 一词，方便起见，除非必要，本文分析 δαίμων 一词（及其变格或衍生形式）时皆使用拉丁字母转写的形式 daimōn。

② 参见 Henry George Liddell & Robert Scott, *A Greek-English Lexicon*, Revised and augmented throughout by Sir Henry Stuart Jones with the assistance of Roderick McKenzie, Oxford：Clarendon Press, 1996, δαίμων 词条。关于基督教与 （转下页注）

的传世文献是荷马史诗,其中的使用相当奇异,往往给读者、译者和研究者带来疑惑和困扰。古典学者们对史诗中 daimōn 内涵之复杂早有认识,①虽不乏学者对 daimōn 产生兴趣,②甚至也有对史诗中 daimōn 一词的专门探讨,③但至今为止的研究通常把两部荷马史诗视为一个

（接上页注）daimōn 一词的魔鬼义,又见 Pierre Chantraine, Dictionnaire étymologique de la langue grecque: histoire des mots, Paris: Klincksieck, 1999, p. 246; Andréi Timotin, La démonologie platonicienne: histoire de la notion de "daimōn" de Platon aux derniers néoplatoniciens, Leiden Boston: Brill, 2012, p. 1 n. 1。

① 参见如 Joseph-Antoine Hild, *Étude sur les démons dans la littérature et la religion des Grecs*, Paris: Hachette, 1881, p. 2; Erik Hedén, *Homerische götterstudien*, Uppsala: K. W. Appelbergs boktryckeri, 1912, p. 81; Ulrich von Wilamowitz-Moellendorff, *Der Glaube der Hellenen*, Berlin: Weidmannsche Buchhandlung, 1931, p. 362; G. François, *Le polythéisme et l'emploi au singulier des mots Theos Daïmon: dans la littérature grecque d'Homère à Platon*, Paris: Les Belles Lettres, 1957, p. 53。

② 如 Louis Gernet, *Recherches sur le développement de la pensée juridique et morale en Grèce*, Paris: Ernest Leroux, 1917, pp. 316 - 319, 322; Ulrich von Wilamowitz-Moellendorff, *Der Glaube der Hellenen*, Berlin: Weidmannsche Buchhandlung, 1931, pp. 362-370; M. p. Nilsson, *Geschichte der griechischen Religion*, I. *Bis zur griechischen Weltherrschaft*, II. *Die hellenistische und römische Zeit*, Munich: C. H. Beck, 1941, pp. 201 - 206; E. R. Dodds, *The Greeks and the Irrational*, Berkely: University of California Press, 1951, pp. 11 - 13, 39 - 45; Walter Burkert, *Griechische Religion Der Archaischen und Klassischen Epoche*, Stuttgart: Kohlhammer, 1977, pp. 276-279,等等。更多文献可参考最近一部以 daimōn 为研究对象的专著,Andréi Timotin 关于柏拉图主义及新柏拉图主义 daimōn 概念的研究: Andréi Timotin, *La démonologie platonicienne: histoire de la notion de "daimōn" de Platon aux derniers néoplatoniciens*, Leiden Boston: Brill, 2012, pp. 4 - 11. 早期讨论可参见德国大保利百科全书:F. Andres, "Daimon", *Real-Encyclopädie der classischen Alterthumswissenschaft*, Suppl. 3, Stuttgart, 1918, pp. 267 - 322。

③ 如 Solko Tromp de Ruiter 的专著:Solko Tromp de Ruiter, *De Vocis Quae Est Daimon Apud Homerum Significatione Atque Usu*, Amsterdam: A. H. Kruyt, 1918。专著中的章节如 Joseph-Antoine Hild, *Étude sur les démons dans la littérature et la religion des Grecs*, Chapitre II 及 G. François, *Le polythéisme et l'emploi au singulier des mots Theos Daïmon: dans la littérature grecque d'Homère à Platon*, pp. 21-37,但后者只具体讨论了《奥德赛》中的六例 daimōn。另有中短篇论文如 Samuel E. Bassett, "ΔAIMΩN in Homer", *Classical Review* (Nov. - Dec., 1919); M. Untersteiner, "Il concetto di ΔAIMΩN in Omero", in *Atena e Roma*, serie III, anno （转下页注）

整体。因此,尽管有学者指出《奥德赛》中对此词的使用不同于《伊利亚特》,往往也较为粗略,缺乏专门的对比分析。①

预设两部史诗词语使用或观念内涵都一致的想法,并不利于对这个词语的真正认识。此外,两部史诗中配合 daimōn 一词使用的动词都颇为突出,但目前尚未见对这些动词的分类和整理。对两部史诗中的 daimōn 及与之配合使用的动词作全面分析后,我们会发现两部史诗对这一词的使用虽有相通之处,但亦有极为不同之处,需要我们区别对待。事实上,相比《伊利亚特》,《奥德赛》在 daimōn 一词的使用上发生了颇为可观的变化,认识这一变化将有助于我们理解此后作品中 daimōn 一词的使用。目前为止,学界尚缺乏对《奥德赛》与《伊利亚特》中 daimōn 用法的比较,且对 daimōn 的讨论主要还是集中在词义探讨,但当一个词如 daimōn 一般语义模糊且多义时,这种讨论有时不免陷入泥沼。通观史诗中的 daimōn,其不同寻常的特点是动作性极强,故对与 daimōn 相配合的动词进行分门别类的分析,亦将别有收获。

一 《奥德赛》中的 daimōn

《奥德赛》中的 daimōn 未见复数形式,三十三例全部以单数形式出现。通过《奥德赛》中对 daimōn 描述的方式与配合的动词类型,可以将所有《奥德赛》中出现的 daimōn 大致分为如下九种类型。

（接上页注）VII, fasc. 2-3, XVII, Firenze: Felice Le Monnier, 1939; F. A. Wilford, "ΔAIMΩN in Homer", *Numen*, Vol. 12, Fasc. 3 (1965) 等等。

① 如 Erik Hedén 虽然并未分别探讨两部史诗中的 daimōn,但对两部史诗中 daimōn 的差别较为重视,详见下文。Solko Tromp de Ruiter 的论文分别讨论了《伊利亚特》和《奥德赛》中所有 daimōn 的用例,虽然所述较为宽泛,对相关动词关注较少,但明确指出两部史诗使用此词有不同之处,参见 Solko Tromp de Ruiter, *De Vocis Quae Est Daimon Apud Homerum Significatione Atque Usu*, 1918, pp. 86-165。G. François 虽将《伊利亚特》和《奥德赛》分成两个章节分析,但似乎并未体现出要区分二者的明确意识,也并未对二者用词的差异进行专门的总结,参见 G. François, *Le polythéisme et l'emploi au singulier des mots Theos Daïmon: dans la littérature grecque d'Homère à Platon*, pp. 21-37。

1　谋划、给予灾难或厄运的力量

配合这一类型的 daimōn 的动词常常以"灾祸"——如 κακά [恶、苦]或 πῆμα [灾祸]为宾语。如第 2 卷特勒马科斯口中会送来灾难的 daimōn：

> 我怎么能强迫生育抚养我的母亲,把她推出家门呢? 况且我父亲远在异乡,是活着还是死了还不知道。如果我主动把我母亲送走……不但她父亲要叫我受到损失,上天(daimōn)还会降下(δώσει)其他灾祸,因为我母亲离开家的时候会召来复仇的厉鬼……(132-136 行)①

配合 daimōn 所用动词 δώσει 为 δίδωμι,本义"给予"。此处的"复仇的厉鬼"即复仇女神(Erinyes),与 daimōn 一前一后分头出现,二者之间可能有某种联系,但不能轻易地混为一谈。赫登(E. Hedén)认为此处体现了 daimōn 地下神明的性质,②弗朗索瓦(G. François)也将这一段与《伊利亚特》第 1 卷 453-457 行的 theōn 相联系,表示 daimōn 可能指地下神明或是统指神界。由于这一灾祸其实是由复仇女神引发,将daimōn 解释为命运也不妥。③ 第 11 卷中导致埃尔佩诺尔之死的daimōn 是否是命运之神难以确定,但它确实带来厄运,因为埃尔佩诺尔自陈自己的死因是饮酒过度及 daimōn(61 行)裁定的厄运。

第 3 卷中涅斯托尔向特勒马科斯叙说自己的遭遇,自知 daimōn(166 行)已在"策划"(μήδετο)送来灾难(κακά);第 12 卷中,daimōn(295 行)也为奥德修斯一行"谋设"(μήδετο)灾难。弗朗索瓦认为前一

---

① 本文所引《奥德赛》之译文及专有名词,如无特别说明,皆以王焕生先生的译文为本(荷马,《奥德赛》,王焕生译,上海:上海人民出版社,2013)。《伊利亚特》则参照罗念生、王焕生译本(荷马,《罗念生全集·第五卷·伊利亚特》,罗念生、王焕生译,上海:上海人民出版社,2004)。但此句 ἄλλα δὲ δαίμων δώσει (135行),直译即"daimōn 还会给予其他[灾祸]"(省上句的 κακά),为了体现原句本意,此处采用了杨宪益先生的译文,参见荷马,《奥德修纪》,杨宪益译,上海:上海译文出版社,1979,页 16。

② Erik Hedén, *Homerische götterstudien*, p. 85.

③ G. François, *Le polythéisme et l'emploi au singulier des mots Theos Daïmon：dans la littérature grecque d'Homère à Platon*, pp. 45-46.

daimōn 可能指雅典娜(见 135、145 行)或宙斯(见 132、152、160 行),后一 daimōn 则指赫利奥斯(见 320 行以下)。[1] 第 17 卷中安提诺奥斯叱问是哪位 daimōn(446 行)"遣来"($προσήγαγε$)灾难($πῆμα$)。第 19 卷中 daimōn(512 行)给佩涅洛佩"带来"($πόρε$)无限悲苦。

但 daimōn 带来的并不总是灾难,与第 2 卷 daimōn"给予"($δίδωμι$)灾难相对,第 4 卷 daimōn 也"给予"($ὀρέγω$)荣誉($κῦδος$):墨涅拉奥斯揣测是 daimōn 让海伦到木马旁考验他们,因为 daimōn"想赐给($ὀρέξαι$)特洛亚人荣誉"(4.275),虽然在墨涅拉奥斯看来,这一假想中的给予当然也意味着灾难。

2 运送、驱使人或物发生位移的力量

配合 daimōn 的动词多次体现 daimōn 使人或物发生位移的功能。就结果而言,当 daimōn 表现出是具有主观意识的力量,而且带来潜在的危机时,其实近似于第一种类型。第 6 卷中,奥德修斯向瑙西卡娅求助时,说是 daimōn(172 行)把他"扔来"($κάββαλε$),又说,他知道"诸神"($θεοί$)[2]还会给他"降下无穷尽的灾祸($κακόν$)"(6.173)。第 7 卷中奥德修斯向王后阿瑞塔说到自己被 daimōn(248 行)"送往"($ἤγαγε$)卡吕普索处,但当他具体讲到第十天晚上他如何被带到卡吕普索的海岛上时,"运送"($πέλασαν$)他的却是"诸神"(7.254)。

第 14 卷中,"送"($ἤγαγε$)奥德修斯前来的 daimōn(386 行)似乎也同时代表了一种监督担保的力量,在这种力量面前,人不可轻举妄动。是故欧迈奥斯以此提醒奥德修斯不要编谎(虽然除了确认奥德修斯在世并将返家这两点外,奥德修斯所言几乎都是编造)。作为回应,奥德修斯提议由奥林波斯诸神(theoi)见证誓约(14.394)。以上种种,除了证明 daimōn 常常表现出驱使人、物发生位移的功能外,亦可见 daimōn 与 theoi 之间密切的关系。

此外,这一类型的 daimōn,还有违背求婚者们的企图、把特勒马

---

[1] 参见 G. François, *Le polythéisme et l'emploi au singulier des mots Theos Daïmon*:*dans la littérature grecque d'Homère à Platon*, p.335。然而后一例若说可以指赫利奥斯,也完全可能指波塞冬,所以这两处仍然无法落实 daimōn 是否有实指。

[2] 由于 $θεός$[神]一词也将在文中多次出现,亦将使用其转写形式 theos(复数 theoi 等等)。

科斯"送回"(ἀπήγαγεν)家的 daimōn(16.370)。第 17 卷中,欧迈奥斯向水泉神女祈祝 daimōn(243 行)"引导"(ἀγάγοι)奥德修斯归来。第 18 卷中,奥德修斯向安菲诺摩斯预示凶险:愿 daimōn(146 行)把安菲诺摩斯"送"(ὑπεξαγάγοι)回家,不致与归家的奥德修斯冲突。第 21 卷中菲洛提奥斯亦向宙斯祷告 daimōn(201 行)"引导"(ἀγάγοι)奥德修斯归来。第 24 卷中安菲墨冬则向阿伽门农诉苦,说某个坏(κακός)daimōn(149 行)"引回"(ἤγαγε)了奥德修斯。配合这一系列 daimōn 的动词都是ἄγω[引领]及其复合词。最后,第 24 卷中奥德修斯假造身世,向老父说自己被 daimōn(306 行)违背己愿"赶到"(πλάγξε)此地。

3　阻碍的力量

比如每每泄干(καταζήνασκε)坦塔洛斯的水塘的 daimōn(11.587)。①

4　引发或中止运动的力量

第 5 卷中奥德修斯担心 daimōn(421 行)会放出一个海怪,原文使用的动词ἐπισσεύῃ本义是"启动"。第 18 卷中佩涅洛佩向诸求婚者哀诉,说 daimōn(256 行)使她承受了苦难(κακά),或按字面意思来说——daimōn 对她"启动"(ἐπέσσευεν)了苦难,用了同一个动词。相似的表达亦见于第 20 卷,佩涅洛佩悲叹 daimōn(87 行)为她"启动"(ἐπέσσευεν)恶梦(ὀνείρατα κακά)。② 第 19 卷,奥德修斯口中难伺候的(χαλεπός)daimōn(201 行)"激起了"(ὦρορε)狂风。与"启动"相对的,第 12 卷中的 daimōn(169 行)亦可"停止"(κοίμησε)风与浪涛。

5　辅佐人思考的力量

第 3 卷中由于特勒马科斯担心不知如何在老英雄涅斯托尔面前言

---

① Erik Hedén 认为此处体现了 daimōn 地下神明的性质,参见 Erik Hedén, *Homerische götterstudien*, p.85。

② 这两处,包括 18 卷 256 行、19 卷 512 行的 daimōn,G. François 都认为既可能指命运之神也可能指佩涅洛佩心中给她带来这些不幸的神明,参见 G. François, *Le polythéisme et l'emploi au singulier des mots Theos Daïmon: dans la littérature grecque d'Homère à Platon*, pp.46–47, 334。

辞得体,雅典娜鼓励特勒马科斯说:"你自己心里仔细考虑,daimōn 也会给你启示;①我深信不疑/你出生和长大完全符合诸神($\vartheta\varepsilon\tilde{\omega}\nu$)的意愿"(26-28 行),所用动词为$\acute{\upsilon}\pi o\vartheta\acute{\eta}\sigma\varepsilon\tau\alpha\iota$,本义为"置乎其下"。希尔德(Joseph-Antoine Hild)认为诸神是通过 daimōn 这种力量与特勒马科斯进行内在的沟通,②这种理解恐怕失之迂回,且尚无法从《奥德赛》中 daimōn 的其他用法中获得佐证。对照上下文,似乎此处的 daimōn(3.27)可以泛指关照特勒马科斯出生成长的神明。照奥德修斯的说法,daimōn(19.10)也可以在人心中"投入"($\acute{\varepsilon}\mu\beta\alpha\lambda\varepsilon$)想法。另一相似的例子在第 9卷,奥德修斯向阿尔基诺奥斯讲述自己和库克洛普斯搏斗时,daimōn(381 行)在他和他的同伴们心中"吹入了"($\acute{\varepsilon}\nu\acute{\varepsilon}\pi\nu\varepsilon\upsilon\sigma\varepsilon\nu$)巨大的勇气。佩涅洛佩还说是 daimōn(19.138)将织纺的念头"吹入"($\acute{\varepsilon}\nu\acute{\varepsilon}\pi\nu\varepsilon\upsilon\sigma\varepsilon$)她心中。

6 惑人心智的力量

第 14 卷,奥德修斯编造往事,说 daimōn(488 行)诱使他只穿了一件单衣,所用动词为$\eta\pi\alpha\varphi\varepsilon$[欺骗]。再如特勒马科斯不肯相信奥德修斯的身份,说是 daimōn(16.194)"蛊惑"($\vartheta\acute{\varepsilon}\lambda\gamma\varepsilon\iota$)他。

7 攻击性的力量

第 5 卷使用的比喻中,一位父亲受到一个"可怕的"($\sigma\tau\upsilon\gamma\varepsilon\varrho\acute{o}\varsigma$)daimōn(396 行)的攻击,而后诸神(theoi)又使他转危为安。这个例子似乎确实将 daimōn 与诸神对立,如弗朗索瓦指出的,法国比代(Budé)古典丛书中贝拉尔(V. Bérard)在原文中并无形容词$\acute{\alpha}\lambda\lambda o\iota$的情形之下译成"其他的神明们(les autres dieux)将其救出苦难"是欠妥的。③ 再有,奥德修斯一行被乱风吹回艾奥洛斯的岛上时,艾奥洛斯一家惊讶道:"什么恶的($\kappa\alpha\kappa\acute{o}\varsigma$)daimōn(10.64)攻击了($\acute{\varepsilon}\chi\varrho\alpha\varepsilon$)你?"同样用了$\acute{\varepsilon}\chi\varrho\alpha\varepsilon$这个动词,却难以将 daimōn 与诸神区分。另外,这两个例子都特

---

① 此句可直译为:"daimōn 则会提供($\acute{\upsilon}\pi o\vartheta\acute{\eta}\sigma\varepsilon\tau\alpha\iota$)其余。"

② Joseph-Antoine Hild, *Étude sur les démons dans la littérature et la religion des Grecs*, p. 47.

③ G. François, *Le polythéisme et l'emploi au singulier des mots Theos Daïmon:dans la littérature grecque d'Homère à Platon*, p. 333 n. 3。V. Bérard 译文见 Homère, V. Bérard (trad.), *L'Odyssée*, Paris:Les Belles Lettres, Tome I, 1924, p. 162.

意使用了负面色彩的形容词对 daimōn 的性质加以补充说明,似乎反而表明 daimōn 中性的本质,故可正可邪。

8 与言辞真实性有关的 daimōn

第 15 卷,特奥克吕墨诺斯请求特勒马科斯以祭祀和 daimōn(261行)的名义将出身相告:

> 我恳求你,以此番祭神的礼仪和神灵(daimōn)的名义①/看在你的头颅和随你同行的伙伴份上/告诉我,真实地告诉我,不要隐晦……

第 14 卷 386 行欧迈奥斯说,daimōn 送来了奥德修斯,这也显示出其监督言辞的权能。

9 罗织命运的 daimōn

第 16 卷中替奥德修斯"罗织"(ἐπέκλωσεν)命运②的 daimōn(64行)。弗朗索瓦认为这一 daimōn 既可能指命运之神,也可能指角色(欧迈奥斯)心中让人有种种遭际的神明。

二 《伊利亚特》与《奥德赛》中 daimōn 之异同

《奥德赛》中的 daimōn 看似种类繁多、用法多样,难以把握,但我们可将这种种 daimōn 与《伊利亚特》中的 daimōn 作一比较,得出颇为有趣的比较结果。首先,《奥德赛》中名词形式的 daimōn 共计三十三例,皆为单数,无一例外。《伊利亚特》中三个复数的例子在《奥德赛》中消失殆尽。对应《伊利亚特》中 daimōn 的使用情况(参文末附表),我们

---

① 王焕生先生译作"我便以你的祭牲、你所祭献的神明……",但原文 ὑπέρ θυέων καὶ δαίμονος 中 daimōn 与祭祀的关系并不完全明确,故此处采用了陈中梅先生的译文,参见荷马,《荷马史诗·奥德赛》,陈中梅译,上海:上海译文出版社,2018,页 285。

② 此处用陈忠梅先生的译文,以体现原动词之意,见荷马,《荷马史诗·奥德赛》,陈中梅译,前揭,页 299。

可以看出从《伊利亚特》到《奥德赛》,daimōn 一词的使用延续的部分和发生变化的部分。

1 与言辞的关系

在《奥德赛》中,daimōn 延续了监控誓言、言辞的关系。

在《伊利亚特》中复数形式的 daimōn 可以接受祭祀,pros daimonos 的表达说明 daimōn 可以是誓言的监控者,似也可解释《奥德赛》第 15 卷 261 行特奥克吕墨诺斯请求特勒马科斯以 daimōn 的名义将出身相告,只是用介词 ὑπέρ 替代了 πρός。第 14 卷 386 行的 daimōn 似乎也承担了某种监督担保的责任,在这种力量面前,人不可轻率妄言。因此,欧迈奥斯提醒奥德修斯不要编谎(但奥德修斯在他接下来的身世讲述中,除了自己尚在人世并即将返家这部分,其他都是编造的)。作为回应,奥德修斯提议以奥林波斯诸神(theoi)为誓约的监督,可见 daimōn 与 theoi 效力相当。

2 运送功能

《伊利亚特》中 daimōn 的运送功能在《奥德赛》中保留了下来。

《伊利亚特》中配合 daimōn 一词使用过的 ἄγω[引领]、πελάζω[使接近]等动词在《奥德赛》中再次被使用。[1]

在《奥德赛》中,当它运送的是人,看起来常是当事人不期望的情况。如奥德修斯自称是 daimōn 把他带到费埃克斯(6.172),也是被 daimōn 送往卡吕普索居所的(7.248)。[2] 第 16 卷中把特勒马科斯从求婚者手中送回家的 daimōn(370 行)当然使得诸求婚者企图落空。第 24 卷安菲墨冬向阿伽门农诉苦说某个坏 daimōn(149 行)把奥德修斯带了回来。第 24 卷中奥德修斯对父亲说自己被 daimōn(306 行)"悖逆己愿"赶至此地。但也有若干例外:欧迈奥斯向仙女祈祝 daimōn(17.243)引导奥德修斯归来,这自然是他所期望的情况,与之类似的是菲洛提奥斯向宙斯发出的祷告,希望 daimōn(21.201)引导奥德修斯

---

① 包括在《伊利亚特》中曾经使用的 βάλλω 的复合词(15.467-468)也在《奥德赛》中以另一种复合方式出现(19.10),若以这一处 ἔμβαλε 一词的使用而言,也可归入运送类。

② 当然如前所述,他之后又说是诸神把他送到卡吕普索的海岛上(7.254)。

归来。

因此，daimōn 更可能只是一种中性的有运送能力的力量，第 14 卷中送奥德修斯前来的 daimōn（386 行）可资证明——从欧迈奥斯的角度来看，既然他并不知道伪装过的奥德修斯的真实身份，奥德修斯的到来完全是偶然，不代表好运亦不代表厄运。奥德修斯对安菲诺摩斯说但愿 daimōn（18. 146）把他送回家，这是奥德修斯的期望，其实恐怕也会是安菲诺摩斯的期望，既然他预感到未来的不幸。

3 引发运动或中止运动的功能

daimōn 引发运动的功能在《伊利亚特》中已然可见。在《奥德赛》中除了"启动"佩涅洛佩情感，亦有另外两例：第 5 卷中奥德修斯担心某位 daimōn（421 行）会放出一个海怪，所用动词是 ἐπισσεύῃ［启动、激动］；第 19 卷奥德修斯口中的一个严厉的 daimōn（201 行）鼓起了（ὦροε）狂风。① 因此，daimōn 也拥有中止运动的功能，这完全合乎逻辑。如第 12 卷中停止了波涛和风的 daimōn（169 行）。

4 运动性减弱

如果与《伊利亚特》作一比较（参文末附表），可见《奥德赛》中的 daimōn 其实继承了《伊利亚特》中 daimōn 的运动性，且前述《奥德赛》中 daimōn 表现出的运送、引导的行为也延续了《伊利亚特》中 daimōn 的主要动作类型，但《奥德赛》中的 daimōn 却给人以运动性减弱的整体印象。这是由于《伊利亚特》中多次出现 daimoni isos［如 daimōn 一般］这个表达，用来描述狄奥墨得斯（5. 438；5. 459；5. 884）、帕特罗克洛斯（16. 705；16. 786）或阿喀琉斯（20. 447；20. 493；21. 18）势不可挡的攻击，还配合以力量极强的动词如 ἐπέσσυτο［冲向］、ϑῦνε［冲去］、ἔσϑορε［跳去］。这些动词并不直接用于形容 daimōn，而是形容这些最英勇的战士们，但既然他们"像 daimōn"一样，也就仿佛 daimōn 亲临战场发起猛攻，形象奇特，跃然纸上。不过，《奥德赛》中不再运用这一表达，

---

① G. François 认为这两处的 daimōn 可看作精灵（esprit, génie），参见 G. François, *Le polythéisme et l'emploi au singulier des mots Theos Daïmon: dans la littérature grecque d'Homère à Platon*, p. 333。但由于没有旁证，无法判断史诗中 daimōn 一词有此义。

daimōn 的动作全都施诸他者,自身不再具备强烈的动感。

5　复数形式缺席

　　复数形式的 daimōn 在《伊利亚特》中可以指代众神,《奥德赛》中却再无这种用法。在《伊利亚特》中有单数形式的 daimōn 指代具体神明的例子(3.420),而在《奥德赛》中,虽然学者们对部分 daimōn 的所指有猜测,①但普遍而言,并无确实证据,故可以说《奥德赛》中没有身份明确的 daimōn,daimōn 的用法较之《伊利亚特》也就显得更为宽泛。② 需要注意的是,乔根森(O. Jörgensen)③已经指出,史诗中多是角色使用 daimōn 一词,诗人作为叙述者较少使用,这是由于角色往往不知自己在与哪位神明打交道,用 daimōn 一词而不用 theos 也表现了这种不确定性。④

6　从外在到内在

　　多兹(E. R. Dodds)认为,《奥德赛》中的人物将各种意识或身体的事件归因于无名的 daimōn、神或诸神。⑤ 威尔福德(F. A. Wilford)已经看到史诗中 daimōn 的力量产生的结果有的是外在的,有的则是内在的,并据此进一步将之分成三类,最后一类 daimōn 的力量"对于个体思想和情感内在地发生影响",这一类他认为仅限于《奥德赛》。⑥

　　本文对《奥德赛》中 daimōn 的分析结果与他的这一论断一致,但威尔福德的最终目的在于论证 daimōn 与个体无意识之间的对应,⑦

---

① G. François, *Le polythéisme et l'emploi au singulier des mots Theos Daïmon：dans la littérature grecque d'Homère à Platon*, pp. 334–335.

② Solko Tromp de Ruiter, *De Vocis Quae Est Daimon Apud Homerum Significatione Atque Usu*, pp. 161, 168.

③ O. Jörgensen, "Das Auftreten der Götter in den Büchern der ι-μ Odyssee", *Hermes* 39 (1904), pp. 363–382.

④ 亦参 Solko Tromp de Ruiter, *De Vocis Quae Est Daimon Apud Homerum Significatione Atque Usu*, p. 167。

⑤ E. R. Dodds, *The Greeks and the Irrational*, Berkely：University of California Press, 1951, pp. 10–11.

⑥ F. A. Wilford, "ΔΑΙΜΩΝ in Homer", pp. 221–222.

⑦ Ibid. , p. 232.

故仅仅列举了《奥德赛》中一些章节却并未再作分析,最后的结论反而让《奥德赛》与《伊利亚特》在 daimōn 一词使用上的不同泯然不显了。

本文试图进一步说明《奥德赛》中 daimōn 的这一特点。我们应将《奥德赛》视为继承了《伊利亚特》部分表达习惯或颇受其影响的作品,但它独立于《伊利亚特》并有自身风格及用词特点。《伊利亚特》中 daimōn 更多是一种外在的、行动的力量:一种强劲的动力,或是带动不可遏制的运动的力量。虽然在涅斯托尔和帕特罗克洛斯口中(11.793;15.403),①daimōn 有改变人心意的能力,福尼克斯对阿喀琉斯的劝说(9.600)似乎也有类似的暗示,②但这仅有的三个例子似乎证明:在《伊利亚特》作者心目中,即便是这三个例子,恐怕也并不着重于思想或思维层面,仍然主要体现了 daimōn“撼动”和“引导”的力量——第 9 卷使用的动词τρέπω[转动、使……去]展示了 daimōn 常见的使事物发生位移的功能,第 11 卷及第 15 卷ὀρίνω[启动、激起]本身就清楚地指向 daimōn 引发运动的特点。但在《奥德赛》中,daimōn“内在”策动力无疑大大增加,而且出现了《伊利亚特》中不曾表现过的“思考”、“愿望”的 daimōn,我们可以从以下五个方面看到这一变化。③

首先,《奥德赛》中的 daimōn 可以筹谋(μήδομαι)凡人的厄运(3.166;12.295);也可以表现出自身的意愿——第 4 卷中墨涅拉奥斯揣测是某位 daimōn(275 行)把海伦送到木马旁考验他们,因为它“想”

---

① 涅斯托尔劝帕特洛克洛斯把阿喀琉斯带回战场:“说不定你这样劝告/能同 daimōn 一起(σὺν δαίμονι)/撼动(ὀρίναις)他的心。”(11.792-794)帕特洛克洛斯自己也说:“也许 daimōn(σὺν δαίμονι)会同我一起/劝动(ὀρίνω)他的心。”(15.403-404)

② “亲爱的孩子,别让我看见你心里这样想/别让 daimōn 引导(τρέψειε)你走上那条道路/保卫已经着火的船只,那是更困难。”(9.600-602) Hild 也认为第 9 卷600 行表现了 daimōn 对人的内心施加影响,见 Joseph-Antoine Hild, *Étude sur les démons dans la littérature et la religion des Grecs*, p. 57。

③ Joseph-Antoine Hild 注意到史诗中 daimōn 表现出对人心灵的影响力,见 Joseph-Antoine Hild, *Étude sur les démons dans la littérature et la religion des Grecs*, pp. 57-58。但他似乎并未将两部史诗区别对待,也似乎并未看出从《伊利亚特》到《奥德赛》,对这一影响力的描述大大增强了。

赐给(ὀρέξαι)特洛亚人荣誉。据此我们也可以看出所指不明的 daimōn 与宙斯之间可能有的联系——几乎完全相同的词句在《伊利亚特》第 11 卷 79 行中是用于描述宙斯的:"(众神)他们抱怨克罗诺斯之子黑云神,责怪他想把荣誉赐给特洛亚人";又如第 12 卷 174 行和第 15 卷 596 行也用了相似的表达,宙斯想把荣誉给予赫克托尔。事实上,《伊利亚特》中最常谋虑的神也是宙斯,μήδομαι 一词亦常伴宙斯,便是在《奥德赛》出现"筹谋"(μήδομαι)的 daimōn 的第 3 卷中,我们就会发现另两处的μήδομαι就是用于形容宙斯的(132 行及 160 行)。

其次,《奥德赛》中,daimōn 亦可对人的思考加以辅佐:雅典娜鼓励特勒马科斯自己思考,daimōn 则会补足其余(3.27)。

尤其值得注意的是,在《伊利亚特》中用于发动身体运动的动词在《奥德赛》中也"创造性"地多次用在"内部的"情感启动上:daimōn(19.512)给佩涅洛佩带来痛苦;第 18 卷中佩涅洛佩向诸求婚者哀诉 daimōn(256 行)使她承受了伤悲,或更确切地说,使悲伤启动(ἐπέσσευεν),第 19 卷 129 行亦同。佩涅洛佩悲叹 daimōn(20.87)为她启动的梦境也带着欺邪。有趣的是 daimoni isos 这个表达式从《奥德赛》中完全消失,但原本与之配合的动词ἐπισεύω保留了下来,仍与 daimōn 配合,但不再是对 daimōn 本身运动的描述,而作为 daimōn 实施的动作,展示了它对个体全然精神层面的影响。

具象化动词用于心理层面还体现在《奥德赛》中的 daimōn 能将勇气和念头送到人心中,《奥德赛》形象地使用了ἐμπνέω[吹入]这个动词。比如奥德修斯叙述自己在和库克洛普斯的搏斗中,是某位 daimōn(9.381)在他和他的同伴们心中"吹入"了巨大的勇气。第 19 卷中,佩涅洛佩则认为是 daimōn(19.138)将纺织的念头"吹入"她心中。《奥德赛》在使用βάλλω[投掷]这个具有很强肢体运动性的动词的复合词来描述 daimōn(6.172)把人送到(κάββαλε)某处的同时,也用另一复合词来描述 daimōn 在人心中"投入"想法或主意(19.10)。

《奥德赛》中的 daimōn 还表现为使人心智混乱的力量,比如第 14 卷中可以迷糊人心智(ἤπαφε)的 daimōn(488 行)和第 16 卷中有能力迷惑人(θέλγει)的 daimōn(194 行)。

7 新功能:赠予

在《伊利亚特》中,daimōn 曾作为"(死亡的)命运"(8.166),是被给予($\delta i \delta \omega \mu \iota$)的对象,在《奥德赛》中则成为给予者,当 daimōn 送来的是无形的概念,通常是令人担忧的灾难,比如第 2 卷 134 行(有趣的是,同样用了动词$\delta i \delta \omega \mu \iota$)、第 11 卷 61 行或第 17 卷 446 行送来灾难($\kappa \alpha \kappa \acute{\alpha}/ \pi \tilde{\eta} \mu \alpha$)的 daimōn。但 daimōn 也"给予"($\acute{o} \varrho \acute{\varepsilon} \gamma \omega$)荣誉(4.275)。

8　负面色彩增强

近似于《伊利亚特》中切断透克罗斯弓弦的 daimōn(15.468),《奥德赛》中泄干坦塔罗斯的水塘的 daimōn(11.587)也表现为阻碍的力量。另外,《奥德赛》中的 daimōn 继承了《伊利亚特》,仍可指代具有攻击性的力量,让人联想到《伊利亚特》中 daimoni isos[如 daimōn 一般]这一表达所蕴含的强大攻击力,但较之《伊利亚特》,《奥德赛》中的 daimōn 负面色彩明显增强了。这不仅表现在它引发的后果中不好(违背当事人愿望)的后果比例增大,还表现在它与"可怕、可恶"(如 $\chi \alpha \lambda \varepsilon \pi \acute{o} \varsigma$、$\sigma \tau \upsilon \gamma \varepsilon \varrho \acute{o} \varsigma$ 或 $\kappa \alpha \kappa \acute{o} \varsigma$)类形容词或灾难类名词(如 $\kappa \alpha \kappa \acute{o} \nu$、$\kappa \alpha \kappa \acute{\alpha}$ 或 $\pi \tilde{\eta} \mu \alpha$)配合频率的增加。① 如第 5 卷的比喻中老父受到类似病魔般可憎($\sigma \tau \upsilon \gamma \varepsilon \varrho \acute{o} \varsigma$)的 daimōn(396 行)的攻击,又或是艾奥洛斯所说的攻击了奥德修斯的"恶"daimōn(10.64),两例都用了动词 $\chi \varrho \acute{\alpha} \omega$[袭击],在前都特别加了有负面色彩的修饰词。前辈学者也早已注意到《奥德赛》更有意识地增加、突出了敌对类型的 daimōn。②

9　出现编织命运的 daimōn

《奥德赛》中出现了明确的编织命运的 daimōn。

《伊利亚特》中赫克托尔要给予对手的 daimōn 是第一个与个人命运(死亡)直接相关的 daimōn。③《奥德赛》中 daimōn 与命运发生联系

---

① 参见 Joseph-Antoine Hild, *Étude sur les démons dans la littérature et la religion des Grecs*, p.57。

② 参见 Erik Hedén, *Homerische götterstudien*, pp.87–88; Solko Tromp de Ruiter, *De Vocis Quae Est Daimon Apud Homerum Significatione Atque Usu*, p.172;F. Andres, "Daimon", p.281 等等。

③ Solko Tromp de Ruiter 将之与赫西俄德《劳作与时日》中的 daimōn(314 行)归为一类(见 Solko Tromp de Ruiter, *De Vocis Quae Est Daimon Apud Homerum Significatione Atque Usu*, p.8),笔者看法不同。

的方式不同,第 16 卷 64 行的 daimōn 像命运女神摩伊拉(Moira)①一样织就命线,让人猜想此处的 daimōn 是否就是指代命运女神。但不免令人介怀的是,此处使用的动词并非《伊利亚特》中命运女神 Moira(24.209－210)或 Aisa(20.127－128)罗织命运网线所用动词ἐπινέω,而用了《伊利亚特》中同样指"纺织命线"但配合诸神的动词ἐπικλώϑω(24.525)。②

10　呼格形式的形容词 daimonios

《奥德赛》像《伊利亚特》一样,使用了呼格形式的形容词 daimonios。

两部史诗中都出现了 daimōn 的形容词形式 daimonios,但仅限于其名词化的呼格形式 daimōn,两部史诗中这一形式的用法大体相近,只是与名词 daimōn 的情形相反,在《伊利亚特》中完全以单数形式出现的daimonios,在《奥德赛》中有了复数形式,与《伊利亚特》中的使用也不尽相同——这一呼格只局限于凡人与凡人相称,或传达愤怒,或表示埋怨,或劝说,或解释,但这一局限也许应归因于《奥德赛》中神明较低的出场频率。

关于这一形式,赫登认为体现了人被 daimōn 控制的原初观念。③多兹表示,"在某 daimōn 诫命之下行动的"是δαιμόνιος之初义,故这一形容词与 daimōn 早期不确指特定神明的用法相关。④ 布尔克特(Walter Burkert)进一步指出,这一呼格与名词 daimōn 的联系在于,daimōn 是一种驱使人作为的无名之力,但这一呼格形式往往用于无法理解对方行为的情境。⑤

布吕纽斯-尼尔松(E. Brunius-Nilsson)的研究显示,这个难以确切翻译的呼格形式在两种情形下被使用:一是意图激发对方能力的时候,

① 关于此处 Moira 单复数的问题,参见 Naoko Yamagata, *Homeric Morality*, Leyde:Brill, 1994, p. 110 n. 9。

② Joseph-Antoine Hild 虽然未从动词入手,但也注意到织就命运在史诗中一般是诸神的职责,见 Joseph-Antoine Hild, *Étude sur les démons dans la littérature et la religion des Grecs*, p. 56。

③ Erik Hedén, *Homerische götterstudien*, p. 89.

④ E. R. Dodds, *The Greeks and the Irrational*, pp. 12－13.

⑤ Walter Burkert, *Griechische Religion Der Archaischen und Klassischen Epoche*, p. 277.

二是意图阻止对方某种潜在力量发生作用的情况下。① 正与我们分析所见史诗中 daimōn"激发"和"阻碍"这两个方面的功能相一致。不过这一特点似乎在《伊利亚特》中比在《奥德赛》中更为突出。②

11　形容词 olbiodaimōn 未再被使用

《伊利亚特》中由 daimōn 构成的复合形容词 ὀλβιοδαίμων（3.183）并没有在《奥德赛》中出现，这似乎并非偶然，因为我们也完全无法像在《伊利亚特》（8.166）中一样，在《奥德赛》中再一次找到 daimōn 与其词源③"分配"或"份额"相关的"分当的命运"这一涵义的联系。

三　荷马史诗与 daimōn 的使用传统

以上便是对 daimōn 一词在《奥德赛》中全部用例的分析。由于 daimōn 的内涵模糊、用法复杂，无法凭借一剂灵丹妙药便解决所有翻译 daimōn 时遇到的所有疑难杂症，但如能对早期作品中 daimōn 的使用有全面的了解，必定能更好地结合情境揣测它的涵义。通过对《奥德赛》中 daimōn 使用的分析，我们可以肯定：整体而言，虽然这些用例中的 daimōn 表现出不同的功能和特点，但似乎都代表了某位神或某种神力，在中文翻译中我们也许不必特别译成"神力"，译成泛泛的"神"也并无影响。由于英法德语等语言中名词配有定冠词和不定冠词，史诗中 daimōn 一律没有定冠词这一点引发了学者的讨论和翻译的困难，学者们很早就提出 daimōn 近似拉丁文的 numen［神力、天意］

---

① E. Brunius-Nilsson, *ΔΑΙΜΩΝΙΕ-An inquiry into a mode of apostrophe in old Greek literature*, Uppsala: Almqvist & Wiksell, 1955, p. 49-50. 对这一研究的补充，又见 H. Paul Brown, "A Pragmatic and Sociolinguistic Account of δαιμόνιε in Early Greek Epic", *Greek, Roman, and Byzantine Studies* 51 (2011), pp. 498-528。H. Paul Brown 特别展现了这一呼格使用中所显示荷马式的社会关系包含的两个方面，即"亲密关系"与"地位优势"，有时这两个因素是交叉显现的。

② 比如《奥德赛》23 卷中 166、174 行两处这一用法的作用似不明显。

③ 其词源与动词 δαίομαι［分、切分］的关系参见 Robert Beekes, with the assistance of Lucien van Beek, *Etymological Dictionary of Greek*, Leiden: Brill, 2010, p. 297。另见 Pierre Chantraine, *Dictionnaire étymologique de la langue grecque: histoire des mots*, Paris: Klincksieck, 1999, p. 246。

的看法。① 但罗斯(Herbert Jennings Rose)的看法也值得重视,即相比中性、被动的 numen,daimōn 并非无人格的,只是身份不确定、不为人知。② 这一点也与两部史诗中的 daimōn 另一个特点相关,即运动性。

将两部史诗中的 daimōn 不加区别地统一看待,无助于我们理解daimōn 一词在具体情境中的具体涵义以及 daimōn 观念的演变。虽然两部作品中对 daimōn 的描述具有某些共性,但仍具有各自的特点,比如两部史诗中的 daimōn 都常常指代不明——关于这一点,首先需要明确这并非 daimōn 特有的用法,而且我们需要考虑史诗在使用不同人称口吻时用词之微妙,正如上文提到的乔根森③的观点:诗人自己的叙述中对神明的指称常常是具体明确的,而角色以第一人称的口吻说到某位神明对他的影响,则常常模糊地用 theos、daimōn、theoi 或"宙斯"替代。但即使在身份模糊这一特点上,从《伊利亚特》到《奥德赛》,daimōn 也不无变化。比如乌泽纳(H. Usener)表示,《奥德赛》中daimōn 的这种用法比《伊利亚特》更为普遍。④ 虽然乔根森对此不无修正,认为乌泽纳并未考虑到其他三个词(theos、theoi 及宙斯)的使用情况,而且《奥德赛》中对话比重更大,自然有更多机会让角色指称不确定的神明,但如赫登指出的,相比于《伊利亚特》,《奥德赛》中 daimōn 的身份的确变得更为不确定,也不再有明确指代奥林波斯神的daimōn,这都无可否认。⑤

我们在分门别类地分析过《奥德赛》中对 daimōn 的描述及与其配合的动词之后发现:daimōn 最重要的动力特点,从《伊利亚特》到《奥德

---

① 参见 Solko Tromp de Ruiter, *De Vocis Quae Est Daimon Apud Homerum Significatione Atque Usu*, p. 20；Louis Gernet, *Recherches sur le développement de la pensée juridique et morale en Grèce*, p. 317 等等。

② 参见 Herbert Jennings Rose, Pierre Chantraine, Bruno Snell, Olof Gigon, H. D. F. Kitto, Fernand Chapoutier, W. J. Verdenius, *La notion du divin*：*depuis Homere jusqu'a Platon*：*Vandoeuvres-Genève*, 8 – 13. *septembre* 1952, Genève：Fondation Hardt, 1954, p. 81。Rose 认为 daimōn 的词尾显示它应是施事者,不能与 numen 等同。

③ O. Jörgensen, "Das Auftreten der Götter in den Büchern der *ι-μ* Odyssee", p. 366.

④ H. Usener, *Götternamen. Versuch einer Lehre von der Religiösen Begriffsbildung*, Bonn：Verlag von Friedrich Cohen, 1896, pp. 291-292.

⑤ Erik Hedén, *Homerische götterstudien*, p. 87.

赛》也有了变化，即"内化"、"精神化"的发展——我们因此能看到如诗人品达所说的"daimones 的意愿"（《伊斯特米亚颂歌》之三/四，37 行）或埃斯库罗斯剧本中"欺骗了"（ἔɩευσας）波斯人和搅乱薛西斯神志的 daimōn（《波斯人》，472 行；724–725 行）典出何处。

此外，认为荷马史诗中 daimōn 总是面目不善①或认为单数的 daimōn 有"邪灵"之意无疑有失片面，前辈学者已有论述。② 需要补充的是，史诗中的 daimōn 如分析所显示的，具有双向性。但正因为并没有定性，正因为其力量的两面性，daimōn 确实具备了向恶魔、魔鬼方向发展的可能性。通过比较《奥德赛》与《伊利亚特》对 daimōn 一词的使用，我们注意到，从《伊利亚特》到《奥德赛》，将 daimōn 与"可怕"、"可恶"类形容词及"灾难"类名词联系起来的趋势增强了，这一发展也将在史诗之后的一些文学作品中得到延续，说明日后 daimōn"恶魔"、"魔鬼"的词义并非完全是受到基督教影响的结果。

由此可见，如果把 daimōn 一词的多义看作不同使用传统的体现，不同传统有不同的来源，那么其"神明"义固然可追溯至荷马史诗，但《奥德赛》却也为 daimōn 形成"魔鬼"义提供了土壤。作为个人命运的 daimōn 只在《伊利亚特》（8.166）中有所体现，但 daimōn 的内化、它与精神心智之间明确的联系（包括对人的内在发生影响）却始于《奥德赛》——从这一点来说，苏格拉底的 daimōn 或 daimonion 虽然奇特，却有其根源，虽然苏格拉底的 daimōn 或 daimonion 的根源并不止于《奥德赛》。

另外，耐人寻味的是，daimōn 在史诗中的形象特点正与两部史诗人物主体形象相吻合，《伊利亚特》中的 daimōn 凸显了身体力量及自身的运动性，正与以阿喀琉斯和赫克托尔为代表的战士在战场上展示的形象特点相一致。但《奥德赛》中 daimōn 不再进行力量作用于己身的运动，其力量施于他者，同时 daimōn 的力量向内发展，触及人的心智和人的内在世界，展现出其自身的思考能力及其对人内心的影响，难道不

---

① Joseph-Antoine Hild, *Étude sur les démons dans la littérature et la religion des Grecs*, p. 55.

② 参见 Solko Tromp de Ruiter, *De Vocis Quae Est Daimon Apud Homerum Significatione Atque Usu*, pp. 6–8, 171。亦参 Samuel E. Bassett, "ΔΑΙΜΩΝ in Homer", pp. 134–136。

正让人联想到以奥德修斯为代表的《奥德赛》式的人物么？这是巧合还是有意为之呢？如果用荷马史诗人神同性来解释，为何不是 theos，而是 daimōn 体现了两部史诗主要角色形象的差异呢？对此本文尚无解答，留待后来人。

附录:《伊利亚特》中 daimōn 用例一览表

名词 daimōn

	类型	亚类	卷.行	配合施事者 daimōn 的动词	相关动词	daimōn 的涵义推测
复数	明确的奥林波斯众神		1.222			似等同"诸神",theoi 的近义词
	祈祷/祭祀的对象		6.115		*ἀρήσασθαι*,即 *ἀράομαι* [祈祷]	
	惩罚伪誓者的神明		23.595			
单数	pros daimona [与 daimōn 对抗]		11.98			神(?)
			11.104			
	pros daimonos [凭 daimōn]——惩罚伪誓者的神明		19.188		*ἐπιορκήσω*,即 *ἐπιορκέω* [发伪誓]	神(?)
	裁判者		7.290	*διακρίνῃ*,即 *διακρίνω* [分开、判决]		神(?)或宙斯
			7.377	*διακρίνῃ*		

（续表）

	类型	亚类	卷.行	配合施事者 daimōn 的动词	相关动词	daimōn 的涵义推测
	裁判者		7.399（复述7.377）	*διακρίνη*		
	命运		8.166		*δώσω*，即*δίδωμι*[给予]的宾语	份属个人的（死亡的）命运
单数	动力 daimōn	daimoni isos[如 daimōn 一般]	5.438		*ἐπέσσυτο*，即*ἐπισεύω*[冲向]	神(?)
			5.459		*ἐπέσσυτο*	
			5.884		*ἐπέσσυτο*	
			16.705		*ἐπέσσυτο*	
			16.786		*ἐπέσσυτο*	
			20.447		*ἐπέσσυτο*	
			20.493		*ϑῦνε*，即*ϑύνω*[冲去]	
			21.18		*ἔσϑορε*，即*εἰσϑρώσκω*[跳去]	
		导引/搬运者	9.600		*τρέψειε*，即*τρέπω*[转动]	神(?)
			11.480		*ἤγαγε*，即*ἄγω*[引领]	
			3.420		*ἦρχε*，即*ἄρχω*[引领]	

（续表）

类型	亚类	卷.行	配合施事者 daimōn 的动词	相关动词	daimōn 的涵义推测
单数	动力 daimōn				
	导引/搬运者	15.418	ἐπέλασσε，即 πελάζω [使接近]		
		21.93	ἐπέλασσε		
	syn daimoni [与 daimōn 一起]	11.792		ὀρίναις，即 ὀρίνω [启动、激起]，引申作"撼动、劝动"	神(?)
		15.403		ὀρίνω	
	阻碍者	15.468		κείρει，即 κείρω [破坏]	神(?)

daimōn 的衍生词

	出现频次	卷.行	数	性	使用特点
形容词名词化呼格 δαιμόνιε/δαιμονίη	13	1.561；2.190；2.200；3.399；4.31；6.326；6.407；6.486；6.521；9.40；13.448；13.810；24.194	仅单数	阳/阴性	使用情境多样、情绪多样；与对话者关系多样（人-人/人-神/神-神）；可能与 daimōn 早期不确指特定神明的用法相关，往往用于无法理解对方行为的情境。功能似在激发或阻止对方的某种能力。
形容词 ὀλβιοδαίμων	1	3.182	仅单数	阳性	与另外两个近义词 μάκαρ [快乐的] 和 μοιρηγενές [受命运女神眷顾的] 并列，从构词来看，应表示"个人命运是富足的"。

哲学与修辞术之争

柏拉图《高尔吉亚》序幕的戏剧式解读

柳孟盛

（浙江理工大学马克思主义学院）

摘　要：《高尔吉亚》这篇对话显示了哲人视域下的修辞问题的复杂性，以及哲人对该问题的一种双向思考路径，既否定修辞术，又肯定修辞术。把握这种双向路径，只靠哲学义理的逻辑分析尚不足够，启用文本发生学的考据论证更是难见成效。文学视角的介入，将牵连出文本创作的历史语境，可体现《高尔吉亚》的浓烈政治色彩，进而表明双向路径所指向的政治与哲学之争。尤其在序幕部分，通过篇名、时间、人物、地点等的戏剧式解读就可发现，斗争欲十足的修辞术注重享乐的感官旨趣，却因斗争之故导致个体的痛苦经历和集体的政治衰退。由此表明，哲人之所以转用修辞术，既在于修辞术具备强力，又在于修辞术缺乏知识。

关键词：柏拉图　《高尔吉亚》　修辞术　争斗

引　言

学界普遍认为，《高尔吉亚》(*Gorgias*)是柏拉图早期作品当中成书最晚的，或者说是处于早期与中期之间的过渡作品。至于其成书年份，尚无准确定数，推测是在公元前387—前385年左右。20世纪初期的学者大多表示，《高尔吉亚》成书于苏格拉底去世后的几年。比如，维拉莫威兹(Wilamovitz-Moellendorff)表示，《高尔吉亚》成书于公元前393年之前(他从抄本上的一处书写谬误入手，即《高尔吉亚》484b处引用的品达诗句，联想到利巴尼乌斯[Libanius]所记载的公元前393年波利克拉特斯[Polycrates]驳斥苏格拉底的册子上亦有同样谬误，于是推断后者是基于《高尔吉亚》的内容进行创作)。泰勒(Taylor)虽不太认可维拉莫威兹的论据，但仍同意他的结论，甚至认为时间年限还可往前推(泰勒首先断定《王制》[*Republic*]成书早于学园成立的时间,即公元前 387 年,因此要将早于《王制》成书的《高尔吉亚》的创作年限大大推前,同时,他认定柏拉图的后期对话皆成书于其 60 岁之后,即公元前 367 年,这会得出:柏拉图在 40 岁到 60 岁的 20 年间几乎没有进行写作,唯有教学而已)。① 但他们的观点遭到了后来学者的批判。比如,多兹(Dodds)认为泰勒的做法不符常理,他另取路径,基于《墨涅克塞诺斯》和《高尔吉亚》创作时间相近,以及《墨涅克塞诺斯》中阿斯帕西娅(Aspasia)的讲演提及《大王合约》(公元前 387 年)并且只讲到这个时间点就没往后讲了,故而推测《高尔吉亚》大约在公元前 387—前385 年。②

若是如此,我们可以猜测《高尔吉亚》是当时学园的“招生宣传片”:柏拉图于公元前 387 年创建学园,而雅典那时最具热度的学校为高尔吉亚的学生伊索克拉底所创办,柏拉图很可能出于招生之故,写了这么一篇令人遐想的对话作品,通过揭对手之短而扬己家之长。

相较之下,书中故事的发生时间更难确定。先略微罗列文中的几条线索:

一、苏格拉底在雅典与高尔吉亚进行对话(公元前 427 年,高尔吉亚作为林地尼的外交使者来到雅典)。

二、503c 处卡利克勒斯说伯利克勒斯刚去世(伯利克勒斯死于公元前 429 年)。

三、481d 处苏格拉底提及卡利克勒斯的情人德摩斯,结合上下文

---

① 关于二者的观点陈述,参见 A. E. Taylor, *Plato : The Man and His Work*, London : Methuen & Co. Ltd, 1955, pp. 103 - 104。

② 多兹还介绍了其他论据,参见 E. R. Dodds, *Plato : Gorgias*, Oxford : Clarendon, 1959, pp. 24 - 30。不少学者支持多兹的结论,参见 W. K. C. Guthrie, *Plato the Man and his Dialogues : Earlier Period*, Cambridge : Cambridge University Press, 1975, p. 285; T. Irwin, *Plato : Gorgias*, Oxford : Oxford University Press, 1979, p. 8; W. L. Benoit, “Isocrates and Plato on Rhetoric and Rhetorical Education”, in *Rhetoric Society Quarterly*, Vol. 21 (1991), pp. 60 - 71; C. H. Kahn, *Plato and the Socratic Dialogue : the Philosophical Use of a Literary Form*, Cambridge : Cambridge University Press, 1996, p. 127; 麦科米斯基,《高尔吉亚与新智术师修辞》,张贵如译,长春:吉林出版集团有限责任公司,2014,页 5 - 8。

可以看出苏格拉底的口吻是友善的(公元前 423 年众人还称赞德摩斯貌美,但到了公元前 422 年就说他愚蠢了①)。

四、470d 处珀洛斯让苏格拉底评论当时的成功人士阿克劳斯(阿克劳斯于公元前 413 年发迹)。

五、472a 处苏格拉底说阿里斯托克拉底会支持珀洛斯(阿里斯托克拉底死于公元前 406 年)。

六、485e 和 506b 处提及欧里庇得斯的《安提俄珀》(该剧创作于公元前 408 年左右)。

七、473e 处苏格拉底说他去年抽签当选了大会主席(公元前 406 年,阿吉努萨战役失败后雅典公民大会投票判决八位将军死刑,而时任大会主席的苏格拉底力劝公民不要作此决定)。②

这些线索皆暗示,对话发生于伯罗奔半岛战争期间(公元前 431—404 年)。但具体时间着实无法追究,根据第一、二、三条线索,我们大致可以推断故事发生于公元前 427 至前 423 年间,但这与第四、五、六、七条甚有抵牾,况且,第七条线索与前五条也明显不兼容。据此可见,《高尔吉亚》的书写存在诸多年代混乱之处,若以历史考据的严格标准寻求其发生年代,无异于方枘圆凿。③

但需要注意的是,这些年代错乱对于当时的雅典读者而言并非难以察觉。柏拉图本人显然也非常清楚雅典诸多事件的发生时序。对于

---

① J. K. Davis, *Athenian Propertied Families* 600-300 *B. C.*, New York: Oxford University Press, 1971, p. 330.

② E. R. Dodds, *Plato: Gorgias*, pp. 17-18; T. Irwin, *Plato: Gorgias*, pp. 109-110; R. E. Allan, *The Dialogues of Plato Vol.* 1, New Haven: Yale University Press, 1984, p. 189; S. Benardete, *The Rhetoric of Morality and Philosophy*, Chicago: The University of Chicago Press, 1991, p. 7; C. H. Tarnopolsky, *Prudes, Perverts, and Tyrants: Plato's* Gorgias *and the Politics of Shame*, Princeton: Princeton University Press, 2010, p. 31.

③ 柏拉图的书写有许多歪曲史实之处,最为人所知的莫过于《墨涅克塞诺斯》中伯利克勒斯的情妇阿斯帕西娅(Aspasia)所作的演讲,演讲提到公元前 387 年的《大王合约》,而苏格拉底、伯利克勒斯、阿斯帕西娅在那时皆已过世很长时间。关于柏拉图作品中歪曲史实的列表,参见 L. Méridier, *Platon: Oueuvres Complètes*, *V.* 1: *Ion, Ménexène, Euthydème*, Paris: Société d'Édition 'Les Belles Lettres', 1931, pp. 59-64,相关论述亦可参见 P. Vidal-Naquet, *Politics Ancient and Modern*, Lloyd Janet trans. , Cambridge: Polity Press, 1995, pp. 23-28。

他那年代混乱的书写现象,因此存在一种更好的解释,那就是他有意为之。凡涉及重大政治事件的年代混乱,有学者表示是柏拉图的政治参与,旨在批评反思当时雅典的民主政治。① 而在《高尔吉亚》中,柏拉图的篡改式书写与其说是政治参与,不如说是时事评论。《高尔吉亚》的关键人物高尔吉亚、珀洛斯、卡利克勒斯称不上是雅典政坛的风云人物。他们是当时雅典的名流俊士,从文化、教育等路径对政治产生影响。柏拉图对于这些人物年序的公然篡改,更像是某种希腊谐剧式的讽刺创作,既有写实又有虚构,以此达到严肃的批判效果而又避免堕入过分认真的人身攻击。②

《高尔吉亚》主要描绘了苏格拉底的三场对话,对话者依次为高尔吉亚、珀洛斯和卡利克勒斯,加上开场的铺叙以及结尾的独白,其行文结构恰似古希腊的"五场剧"。限于篇幅,本文将选取《高尔吉亚》的序幕部分进行一番解读。

一 为何是高尔吉亚?

文本之展开,首先入眼帘的便是标题。柏拉图为何选取"高尔吉亚"作为篇名?

通常的回答是:高尔吉亚是这篇对话的主角之一,且是五位对话者中名望最高的一位,最为重要的是,他乃修辞术(该篇对话的核心话题)的宗师人物。关于高尔吉亚,其生平事迹不详,目前确知的是,他于公元前427年作为林地尼的外交使者来到雅典。③ 他的辩才令时人

① Vlastos, *Platonic Studies*, Princeton: Princeton University Press, 1973, pp. 190 – 203; M. Schofield, *Plato: Political Philosophy*, New York: Oxford University Press, 2006, p. 74.

② 参见亚里士多德在《诗学》1449b 处对喜剧的描述:"喜剧摹仿低劣的人……滑稽的事物,或包含谬误,或其貌不扬,但不会给人造成痛苦或带来伤害。"(亚里士多德,《诗学》,陈中梅译,北京:商务印书馆,1996,页58)

③ 此时的高尔吉亚大概有六七十岁了(Guthrie 认为六十岁,参见 W. K. C. Guthrie, *The Sophists*, Cambridge: Cambridge University Press, 1971, p. 270; Enos 认为大概七十三岁,参见 R. L. Enos, *Greek Rhetoric Before Aristotle*, Anderson: Parlor Press, 2012, p. 126)。据说,他是恩培多克勒的学生,并留下一部《论技艺》的修辞著作。他或许也曾向科拉克斯和提西阿斯学习过。他的学生(转下页注)

叹为观止,也正是从那时起,修辞术渐成雅典之显学。不过,就古典修辞学的传承谱系而言,古今学者并不怎么提及高尔吉亚,却常提及另一位与高尔吉亚同时的修辞大师提西阿斯(Tisias)。值得注意的是,提西阿斯也为柏拉图所知。比如,他在《斐德若》(Phaedrus)267a 处写道:

> 难道我们应该让提西阿斯和高尔吉亚在一边歇着?他们看到,看似如此的东西比真实的东西更值得看重。凭靠语词的力量,他们能搞得让渺小的东西显得伟大,让伟大的东西显得渺小,把新东西搞得陈旧,把陈旧的东西搞得很新。①

据说,提西阿斯还当过高尔吉亚的老师。于是,我们不禁追问:在这篇以修辞术为主题的对话作品中,柏拉图为何把高尔吉亚作为主角,而不选取提西阿斯?

上文提及《高尔吉亚》作为学园的"招生宣传片",有可能将伊索克拉底的学校作为竞争对手。而伊索克拉底又是高尔吉亚最为著名的学生,柏拉图不好直接批判同胞伊索克拉底,②便通过批判高尔吉亚的修辞术来间接批评伊索克拉底的教学内容。然而,根据普鲁塔克(Plu-

---

(接上页注)有珀洛斯、伊索克拉底、阿尔基达慕斯、安提斯泰尼(犬儒学派的奠基人,后跟随苏格拉底学习)等人。他在雅典的声名甚高,修昔底德、伯利克里、克里底亚、阿尔喀比亚德、阿伽通等人对他很是敬仰。参见 K. Freeman, *The Pre-Socratic Philosophers*:*A Companion to Diels*,*Fragmenter der Vorsokratiker*, Oxford:Basil Blackwell, 1966, pp. 354-356;W. K. C. Guthrie, *The Sophists*, pp. 269-274;R. L. Enos, *Greek Rhetoric Before Aristotle*, pp. 123-128。高尔吉亚流传至今的文字主要为《海伦颂》和《为帕拉墨得辩护》,以及恩披里柯摘录的《论存在或论自然》。关于高尔吉亚的作品,希腊原文参见 DK 82;英译文参见 Rosamond K. Sprague ed. , *The Older Sophists*:*A Complete Translation by Several Hands of the Fragments in Die Fragmente der Vorsokratiker*, Columbia:Universtiy of South Carolina Press, 1972。高尔吉亚的相关概述及部分译文亦可参见汪子嵩等,《希腊哲学史》第二卷,北京:人民出版社,1993,页 71-77、116-130、264-282。

① 中译文(稍有改动)引自柏拉图,《柏拉图四书》,刘小枫编译,北京:生活·读书·新知三联书店,2015,页 372。另参见《斐德若》273a-274a 处关于提西阿斯的论述。

② 况且柏拉图对伊索克拉底也没有恶意,参见《斐德若》结尾 278e-279b 的描述。

tarch)的记载(*Moralia* 836F),伊索克拉底不但是高尔吉亚的学生,还向提西阿斯学习过。若该记载属实,那么就"为什么是高尔吉亚而不是提西阿斯"而言,这个说法尚不能提供最好的解释。换言之,这个说法作为答案是不充分的,尽管它能为我们的问题提供某种补充说明。

或许,古代历史学家的说法能提供一些线索。公元1世纪西西里的历史学家狄奥多罗斯(Diodorus)如此描述高尔吉亚:"他是他那个时代最有辩才的人。他最早教授修辞规则,他那智慧精湛的演说如此闻名,以致他的学生每人给他一百迈纳作为酬金。"①高尔吉亚被视为那个时代的修辞第一人,柏拉图确定人选的时候很可能考虑到了这点。对此,我们还可继续追问:高尔吉亚和提西阿斯的修辞观点大体相仿,为何高尔吉亚的声名就盖过了提西阿斯?要回答这个问题,须从当时的政治语境讲起。

公元前5世纪,西西里岛最有影响力的城邦当属科林斯人建立的践行僭主政治的叙拉古,而在其他一众小城邦中,卡尔基斯人建立的奉行民主政治的林地尼则最为人所知。二者矛盾不断。公元前427年,叙拉古围攻林地尼,双方皆向雅典寻求支持。高尔吉亚作为林地尼的外交使者来到雅典,同期,提西阿斯则代表叙拉古出访雅典。该事件的最后结果是高尔吉亚成功地说服了雅典人,而提西阿斯未能赢得雅典人的认同。

高尔吉亚之所以取得成功,除了个人的能力之外,主要得益于林地尼与雅典的政制相同,以及卡尔基斯人与雅典人自古以来的亲密关系。② 二人的声誉和运势在此分野,盛者愈盛,衰者愈衰:高尔吉亚顺势坐上修辞术的头把交椅,在希腊各大城邦巡回演说授课,赚得大量的金钱和荣誉。提西阿斯则声名受损,甚至遭到了同胞叙拉古人的质疑,以致多年之后被母邦放逐,客死他乡。毋庸置疑,对致力于追逐幸福的希腊人而言,高尔吉亚比提西阿斯更具吸引力,柏拉图因此选择高尔吉

---

① Diodorus Siculus, *Library of History* 12.53–54, C. H. Oldfather trans., Cambridge: Harvard University Press, 1950. 1 迈纳 = 100 德拉克马,当时一个普通雅典人一年的基本生活费用大约为 120 德拉克马。

② 卡尔基位于优卑亚岛,与雅典同是爱奥尼亚城邦;而科林斯则是多利亚城邦。鉴于"科林斯—叙拉古"VS"雅典—林地尼"的关系,提西阿斯几乎是在承担一份不可能完成的任务。参见 R. L. Enos, *Greek Rhetoric Before Aristotle*, p. 105。

亚做其笔下的对话人物:修辞家的个人际遇可谓一种充分合理的解答。但需注意的是,这并非唯一的解答。

关注西西里的地缘政治,我们还会发现另一种更具深意的可能解释。高尔吉亚虽为林地尼赢得雅典的支持,但在公元前 422 年,林地尼城邦内部的党派斗争使得叙拉古趁虚而入并实际控制了林地尼。公元前 415 年,雅典发动西西里远征,却被叙拉古打败,继而元气大伤,直接影响了伯罗奔半岛战争的最后结局。前文已表明,《高尔吉亚》年代错乱的书写特征使得对话发生的具体时间根本无法确知。柏拉图很可能通过年代错乱来达到某种间离效果,一方面暗示对话发生于伯罗奔半岛战争期间(前 431—前 404 年),提醒雅典读者回溯那个由盛转衰的动荡年代;另一方面又避免让读者陷入历史细节以致无法关注城邦的整体幸福。也就是说,柏拉图希望读者关注那些更为宏大的主题。

选取高尔吉亚作为对话主角,不仅会让当时的读者想到身边近乎泛滥的修辞活动,还会让人通过林地尼的兴衰去设想雅典自身的兴衰(林地尼亲缘于雅典,两者具有诸多相似,尤其在政治制度方面)。哲人多次表明,政治衰败的最大原因在于内斗。① 但哲人的分析并不止步于此,他继续思考斗争发生的根本原因。

毕竟,没有什么比身体及其欲望更引致战争、争纷和争斗。因

---

① 比如,《王制》第八卷 545d 关于政治衰败的著名分析如是开启:"政治制度的变动全都是由领导阶层的不和而起的。"不过,这种看法并非哲人独有,许多有识之人皆持类似立场,比如修昔底德:

> 民众的领袖将雅典人引入国内,寡头派则引入拉刻代蒙人,到处都是你争我夺……内乱给希腊城邦带来了很多可怕的灾难。只要人性不变,像这样的灾难将会一直发生。只不过由于在具体事件上情况有所不同,其程度或重或轻,其形式也有所变化而已……一个接一个的城邦爆发了内乱……由于追名逐利而产生的对权力的喜好,是所有这些罪恶的根源。(修昔底德,《伯罗奔尼撒战争史》,何元国译,北京:中国社会科学出版社,2017,页 198—199)

对内斗的思考最后又落实到对政治制度(寡头制和民主制的二极对立)的思考,参见 R. G. Osborne, "Changing the Discourse," in *Popular Tyranny*, K. A. Morgan ed., Austin: University of Texas Press, 2003, pp. 251—270。

为,所有战争无不出于为了获取财物,而由于身体的缘故,我们被迫获取这些财物,做侍奉身体的奴隶。①

修辞术又与欲望、争斗密切关联。在政治衰败和人性堕落的下降过程中,它的身影随处可见。于是,选取高尔吉亚就会延伸出这么一条回环的思索线路:从高尔吉亚至林地尼,从林地尼的衰败至雅典的衰败,衰败之因从内斗至欲望,最后又落至高尔吉亚煊赫显扬的修辞术。

当然,在书写这么一篇以批判修辞术为主旨的作品时,对于选取哪位修辞家作为批判对象,柏拉图可能无意为之,只在诸多大师级别的人物中随意挑取了高尔吉亚;也可能有意为之,或隐射伊索克拉底的学校,或考虑雅典读者的兴趣,或潜藏一份精细曲折的思量,因而特意选取了高尔吉亚。需要说明的是,上文给出的解答并非致力于还原所谓的"历史真相",而是试图为《高尔吉亚》的现代读者开启阅读与思考的更多可能。其实,"柏拉图为何选取高尔吉亚作为篇名"是个极小的问题,但即使这么细小的问题,也可能隐伏着哲人进行思考的某些线索,对这些线索的追踪或许能达到出其不意的效果。

二 对话的戏剧场景

《高尔吉亚》出现的对话人物有五位,即苏格拉底、高尔吉亚、凯瑞丰、珀洛斯和卡利克勒斯。苏格拉底众人皆知,毋须赘言。高尔吉亚前文已有说明,亦不再复述。此处将略微介绍凯瑞丰、珀洛斯和卡利克勒斯三人。

凯瑞丰生于公元前 467 年,逝于公元前 401 年。公元前 404 年,三十僭主执政后放逐了一批民主人士,凯瑞丰就在放逐名单之中;三十僭主倒台后,他重回雅典。凯瑞丰是苏格拉底最为亲密的老友之一。他为人热情,但又有些咋咋呼呼的。《卡尔米德》(*Charmides*)153b 处,苏格拉底这样描述凯瑞丰:

---

① 《斐多》66c-d,中译文引自刘小枫,《柏拉图四书》,前揭,页 425-426。《王制》也特别将此作为战争之源(373d-374a,3723-373c),更将此作为遍及城邦私人生活和公共生活的罪恶之源(373e,473d,501e)。

> 昨天傍晚我从驻扎波得代亚的部队里回来……凯瑞丰疯疯癫癫，从人群里一跃而起，向我跑来，抓着我的手说："苏格拉底啊，你从战场上怎么跑出来的？"①

凯瑞丰的这种性格使得他经常成为谐剧作家笔下的诙谐人物。比如，阿里斯多芬在《云》(Clouds)的结尾处描述苏格拉底几乎要被火烟闷死之后，随手加了一笔，让凯瑞丰从着火的屋子中破窗而出，呜呼自己要被烧死了。② 谐剧家往往通过表现凯瑞丰的喜感来强化苏格拉底的喜感，最终呈现出其所在哲学圈子的诙谐一面。而色诺芬则注意到凯瑞丰及哲学圈子的严肃一面，

> 他们听苏格拉底讲学并不是为了做雄辩家伙律师，而是为了做光荣可尊敬的好人，能够对他们的家庭、亲属、仆从、朋友以及他们的国家与同胞行事端正、无可指责。③

相较之下，柏拉图的书写似乎兼具诙谐与严肃。《苏格拉底的申辩》21a 处对凯瑞丰的描写尤其体现了此点：

> 你们知道凯瑞丰是怎样一种人，知道他无论做什么事时，都是多么莽撞。有一次他到了德尔斐，竟敢提出来了这个问题……他问，是否有人比我更智慧。④

---

① 中译文引自柏拉图，《柏拉图对话集》，王太庆译，北京：商务印书馆，2004，页72。
② 《云》中还有几处关涉凯瑞丰的情节，比如苏格拉底和凯瑞丰测量跳蚤所跳的距离，讨论蚊子的叫声从嘴里发出还是从尾巴上发出，参见阿里斯多芬：《云》104，144ff.，503-4，831，1465。此外，凯瑞丰还出现于阿里斯多芬的《马蜂》(1480ff.)和《鸟》(1296，1564)，以及其他谐剧作家的作品中(Cratinus fr. 202K；Eupolis frs. 165，239K)，参见 E. R. Dodds, *Plato*: *Gorgias*, p. 6。谐剧家们往往将凯瑞丰描绘成苏格拉底的跟班，参见 J. A. Arieti and R. M. Barrus, *Plato*: *Gorgias*, Newburyport：Focus Publishing, 2007, p. 17。
③ 色诺芬，《回忆苏格拉底》，吴永泉译，北京：商务印书馆，2009，页 17。
④ 中译文引自柏拉图，《苏格拉底的申辩》，吴飞译疏，北京：华夏出版社，2007，页 77-78。

　　凯瑞丰对于自己所疑惑或感兴趣的问题是相当执着的,这份执着有时让人起敬,有时又让人生笑。在《高尔吉亚》中,凯瑞丰的这些特质皆有所体现。比如,苏格拉底在向卡利克勒斯解释自己为何错过高尔吉亚的讲座时,说道:"都怪这个凯瑞丰,你竟迫使我们在市场上消磨时光。"①

　　进入交谈阶段后,苏格拉底有意让凯瑞丰向高尔吉亚率先发问,苏格拉底之所以这么做,显然是因为他知道凯瑞丰会紧紧盯住问题。就此而言,凯瑞丰就像苏格拉底的一个分身,对于疑惑皆有打破沙锅问到底的精神。不同的是,苏格拉底提出问题,而凯瑞丰转述问题。或许,凯瑞丰的激情秉性在某种程度上阻滞了他的理性发展,使他在智识方面远远低于苏格拉底。可以想见,若要追问真正有效地进行,还得苏格拉底本人上场。因此,凯瑞丰的发言并不多,在《高尔吉亚》中所占篇幅甚小。不过,换个角度来看,他的行为和言辞又总能引出苏格拉底的思考,就像某种"催化剂"②:《苏格拉底的申辩》中他的求谶让苏格拉底不断追问自己为何是最智慧的,《卡尔米德》中他向苏格拉底引见自己的堂弟卡尔米德,继而让苏格拉底展开一场关于明智的讨论,《高尔吉亚》中他与珀洛斯的问答起了先导作用,从而为苏格拉底接手对话做了铺垫。

　　珀洛斯生平不详,已知的是他来自西西里的阿克拉伽斯。他师从高尔吉亚,是一名注重教学的修辞家。根据《高尔吉亚》462b 和《斐德若》267b-c 的记述,他很可能写过论述修辞术的文章或册子。正如他的名字所暗示的(Polus 意为"小马驹"),他的个性相当躁烈,说起话来富有攻击性。他之于高尔吉亚,就像凯瑞丰之于苏格拉底,在对话中试图为老师分忧解难,但随着对话不断深入,又困于自身实力不足而退出对话。与苏格拉底授意凯瑞丰提问不同的是,珀洛斯主动介入对话并有其系统思考。可以看出,珀洛斯与高尔吉亚之间的差距没有凯瑞丰与苏格拉底之间的差距大。而这或许暗示了哲人认为修辞术不具知识,因为有知者与无知者差别甚大,而无知者和无知者之间似乎没有什

---

① 《高尔吉亚》447a。本文引用的《高尔吉亚》中译文大体上采用李致远的翻译,特此表示感谢。参见李致远,《修辞与正义:〈高尔吉亚〉绎读》,中山大学博士论文,2009。

② J. A. Arieti and R. M. Barrus, *Plato: Gorgias*, p. 17.

么大的差别。

卡利克勒斯则是个谜团。格思里曾言,"卡利克勒斯这个人物有些神秘,除了在柏拉图的对话作品中作为一人物角色出现之外,他在人们所记载的历史中没有留下任何痕迹"。① 关于这个人物是否真实,学界大致有三种看法:一、纯粹虚构;二、名字虚构,但人存在,指涉柏拉图不好直接言说的某个人;②三、真实存在。

三种看法皆有各自的解释难点。看法一的难点在于:除了卡利克勒斯,柏拉图对话中有名有姓之人皆是历史可考;纵然后期对话作品中的异乡人(比如《治邦者》中的爱利亚异乡人和《法义》中的雅典异乡人)带有强烈的虚构色彩,柏拉图却从未表明这些异乡人叫什么名字;况且,《高尔吉亚》487c 和 495d 处谈及的卡利克勒斯之同伴又都是真实可考的人物。看法二的难点:学者提供的那些人选或多或少都出现于柏拉图的对话中,甚至是某些对话的主要人物;很难想象是什么样的特殊语境会使得柏拉图在这篇对话中刻意回避此人姓名,而在其他对话中却直呼其名。看法三的难点:根据柏拉图的描述,卡利克勒斯出身高贵,既有智识,又有政治野心,他的所作所为想必会在历史上留下痕迹,结果却是查无此人。为此,多兹提供了一个可行的猜想:

> 在伯罗奔半岛战争令人绝望的最后几年,更不消说在战争结束之后的革命岁月,如此雄心壮志并且对此又这样危言直白的人很可能早就命丧黄泉了。我推测卡利克勒斯——这篇对话中的他正在着手一种积极向上的事业(515a)——死得太早以至于无人铭记,若不是柏拉图记得他的话。③

不过,多兹对该猜想并非把握十足,他同时在某种程度上附议了耶格尔(W. Jaeger)等人的看法:卡利克勒斯其实是柏拉图本人的化身,

① W. K. C. Guthrie, *The Sophists*, p. 102.
② 不同的学者提出了不同的人选,比如 Charicles、Critias、Alcibiades、Isocrates、Polycrates、Demos,但这些人选皆受质疑,参见 E. R. Dodds, *Plato：Gorgias*, p. 12。
③ E. R. Dodds, *Plato：Gorgias*, p. 13.

卡利克勒斯对于强力的无限追逐恰恰隐射了柏拉图内心的强力属性，尽管柏拉图十分警戒这种不受限制的争斗欲。① 总而言之，关于卡利克勒斯的信息缺失，解释是开放的。② 但关于他的性情和见识，学者们意见相仿：他就像古代的尼采，激烈而直白地面对世界，在辨析自然、礼法二分的基础上，推崇自然意义上的强者学说。③ 古代卡利克勒斯与现代尼采在思想旨趣上的这种相似性能为我们解读文本带来莫大的助益，但同时也要求我们在阅读的过程中更加谨慎，避免用尼采的思想去覆盖卡利克勒斯的言说。

关于人物，我们暂且说这么多，接下来对时间与地点作些论述。

前文已经表明《高尔吉亚》的故事大致发生于伯罗奔半岛战争期间。至于故事在具体哪一天，乃至于一天之中的哪个时间段，以及哪个场景内发生，柏拉图皆未说明。与卡利克勒斯的谜团一样，这篇对话在时间、地点上的含糊不清也显得有些异常。柏拉图的对话通常都有具体的戏剧时间和地点，比如，《王制》的对话发生在夜间，克法洛斯的家里；《会饮》(Symposium)的对话发生在夜间，阿伽通的家里；《普罗塔戈拉》(Protagoras)的对话发生在上午，卡利阿斯的家里。

---

① E. R. Dodds, *Plato*: *Gorgias*, p. 267. Also see W. Jaeger, *Paideia*: *The Ideals of Greek Culture Vol.* 2, Gilbert Highet trans., Oxford: Basil Blackwell, 1947, pp. 137–138.

② 比如，有学者认为可能是卡利克勒斯这个人完全无关紧要：此人夸夸其谈，然而在行动上完全无能，于是可以想象他直到晚年都默默无闻，参见 M. Schofield, *Plato*: *Political Philosophy*, p. 93 n. 56；T. Griffith, *Plato*: *Gorgias*, *Menexenus*, *Protagoras*, Cambridge: Cambridge University Press, 2010, p. 1。或许，《高尔吉亚》所描述的这个人在历史上犯了重罪，以致被城邦抹去了有关他的所有记录，人们也不得公开谈论他，于是柏拉图只能用"卡利克勒斯"(希腊名源自 καλος，意为美好、优秀、高贵)来指代之？不过，这种古埃及和古罗马常见的"除名毁忆"(Damnatio Memoriae)惩罚在古希腊并不多见。最为人熟知的案例就是公元前 356 年 Herostratus 为求留名历史纵火烧毁了以弗所的亚底米神庙，以弗所当局不仅处死了他，还明令禁止城邦公民记载关于他的任何事迹；然而，这件事还是被历史学家记录了下来。

③ 当然，二者亦有很大不同。多兹是这样评议的："相比柏拉图笔下的卡利克勒斯，尼采具有更为精细的分析智识和更为敏感的道德性情，他在更深的层次上思考他那个时代的道德问题。卡利克勒斯想必更喜欢自己学说当中纯粹破坏性的一面……对于卡利克勒斯在 494a 处转而依靠的粗糙的享乐主义，尼采想必会鄙夷地拒斥之。"参见 E. R. Dodds, *Plato*: *Gorgias*, p. 391。

为此,我们只能根据那少得可怜的线索来猜测这出戏剧的时间和地点。《高尔吉亚》只有一处提及时间的概念,就是开头 447a 处苏格拉底说自己"来晚了",因为和凯瑞丰在市场上消磨时光以致错过了高尔吉亚的演说。由此看来,苏格拉底离开市场时天还是亮的。那时高尔吉亚已经展示完演说,准备进入问答环节。如果《普罗塔戈拉》中描述的讲座布置是普遍的,那么高尔吉亚很可能也是早上开讲,苏格拉底到来的时间便是上午(临近中午)。如果高尔吉亚选择午休后开讲,那苏格拉底到来的时间便是下午(近乎黄昏)。

一般说来,雅典人比较注重上午和夜晚两个时间段,当普罗塔戈拉和高尔吉亚这样名声显赫的外邦人来到雅典,雅典人应该会隆重待之。因此,高尔吉亚的讲座很可能在上午进行。不过,有学者注意到,《高尔吉亚》中几乎不见众人的动作和神情,①整个场景显得漆黑一片,没有光的状态近似于"冥府"。② 这或许是柏拉图有意为之,或许无意为之,营造出幽暗模糊的气氛:黑夜可以靠人造光点亮,白昼可以靠封闭空间弄暗,柏拉图在《高尔吉亚》中的书写抛却了外在时空之设定,而进入内在心理之情境。具体地点在哪也就显得不重要了。柏拉图也的确没有交代对话发生在哪个场所,③但他却暗示高尔吉亚没有发生位移(458b6),是苏格拉底和凯瑞丰等人进入了那个封闭空间与高尔吉亚进行对话(447c8)。

不管《高尔吉亚》的戏剧时间与地点多么晦暗不明,但有一点是确定的,即苏格拉底从市场而来,来的时候天色未暗。市场的希腊文为

---

① 在柏拉图的作品中,经常可见人物动作及神情的细节描写,比如《普罗塔戈拉》312a 处描写希珀克拉底因羞愧而脸红。

② A. Fussi, "Why Is the 'Gorgias' so Bitter", in *Philosophy & Rhetoric*, Vol. 33 (2000), pp. 39-58;李致远,《〈高尔吉亚〉:柏拉图虚拟的冥府》,《西北大学学报(社会科学版)》2009 年第 3 期,页 10-13。

③ 有不少人认为对话发生在卡利克勒斯的家中(例如 p. Friedländer, "Gorgias", in *Plato : True and Sophistic Rhetoric*, K. V. Erickson ed., Amsterdam: Radopi, 1979, pp. 91-127),因为卡利克勒斯在路上碰到苏格拉底时说:"无论何时,只要你们愿意,就到家里来找我,因为高尔吉亚就在我那落脚,他还会给你们展示。"(447b)但这很可能表示高尔吉亚当下不在卡利克勒斯的家中,不然的话,卡利克勒斯会邀请苏格拉底即刻就去他家,参见 E. R. Dodds, *Plato : Gorgias*, p. 188。

ἀγορά，源于动词*ἀγείρω*［集合］，且引申出*ἀγοράζω*［逛市场、买东西］和*ἀγορεύω*［发言］两个动词。其实，"市场"是个不充分的译法，世界各地皆有市场，但雅典的*ἀγορά*除了市场，还是公民大会召开的场所之一，议事厅、神庙、健身馆等公共建筑环绕四周，可谓城邦真正的核心。到市场上去，会有"那种集做生意、交谈和散步于一体的愉快休闲的混合物的感觉"。①

在柏拉图、色诺芬、谐剧作家、后世记录者的笔下，我们经常看到苏格拉底出没于市场。② 这当中有其家庭的影响（他的父亲是雕刻匠，母亲是稳婆），但更多的是因为他酷爱对话。在这鱼龙混杂的地方，许多人在意商品的交换，而他注重思想的交流。然而，愉悦有序的背后也隐伏着某种混乱，市场因其开放驳杂的性质不仅可以美化生活还能藏污纳垢，用布克哈特（J. Burckhardt）的话说：

> 在这个民族的像阿戈拉（*ἀγορά*）这样的生活方式中，拥有一种无法分离的伟大和渺小，善与恶的混合物。③

苏格拉底就是从这样一个开放的善恶交织的地方来到了高尔吉亚所在的封闭空间：一个独尊修辞术的空间。

三　哲学与修辞术之争

《高尔吉亚》的开篇之辞是"战争且战斗"（*πολέμου καὶ μάχης*），出自卡利克勒斯之口。这不仅暗示了说话者的争斗喜好，也无意间为这篇对话作品定下了对抗性的基调。而这一基调贯穿整个对话录，从渺远的战争背景，到捉对厮杀的言说方式，再到个体自我的思辨，形成一个个对抗性的变奏，最终，则交缠、融汇为一个丰满而又主题凝聚的多

---

① 布克哈特，《希腊人和希腊文明》，王太庆译，上海：上海人民出版社，2012，页103。

② 市场在苏格拉底的生命中扮演着重要角色，他的生活不仅在此度过，他的审判亦在此举行。尤其参见 M. L. Lang, *Socrates in the Agora*, Princeton: American School of Classical Studies at Athens, 1978。

③ 布克哈特，《希腊人和希腊文明》，前揭，页103。

重奏。

首先,故事发生于伯罗奔半岛战争期间。那是一个动荡的年代,"是希腊人的历史中最大的一次骚动,同时也影响到大部分非希腊人的世界,可以说,影响到几乎整个人类"。① 血与死亡是这场战争的直接后果,最终的代价却是希腊整体走向衰亡。对于如此重大的事件,《高尔吉亚》中的对话者们几乎闭口不谈,施特劳斯为此解释道:"因为来自西西里地区勒翁提尼的高尔吉亚在场,雅典帝国主义的主要行动就是西西里远征。"②施特劳斯的弟子伯纳德特则更进一步,他注意到修辞家不但对这场战争保持沉默,也不谈论城邦内部修辞家之间的竞争。在他看来,修辞家在其构建的空间里不谈战争,是因为"最好的修辞家是否能够得胜也不得而知"。③ 然而,尽管众人回避谈论这场战争,但战争的阴影却一直萦绕不散,似舞台后边幽幽传来的背景音一般。

其次,苏格拉底与修辞家的三场对话充满了对抗性质。哲人的闯入使得修辞家可以暂时不用考虑彼此之间的竞争问题,而将矛头共同指向哲人。高尔吉亚虽然自傲,但尚显克制;珀洛斯和卡利克勒斯则言辞激烈,攻讦起来不留余地。面对强势的修辞家们,哲人没有示弱,④以辩驳之法揭露对手的矛盾之处,向他们表明看似强悍的修辞术实际上并不强悍。通过这三场对话,柏拉图抽丝剥茧般地呈现了哲学和修辞术的激烈对抗:知识与经验的对立、真实与虚假的对立、善与快乐的对立,在古希腊人最为关注的"何为幸福"的问题中,这些对立又突显为哲学生活与政治生活的对立。

这三场对话构成了《高尔吉亚》的主体部分。在此,我们将视野暂时拉宽,从书写整体的角度对哲人和修辞家的对抗稍作分析。关于修辞术,柏拉图在《智术师》(Sophist)222e 中作如是描述:

---

① 修昔底德,《伯罗奔尼撒战争史》,前揭,页 2。
② 施特劳斯,《修辞、政治与哲学:柏拉图〈高尔吉亚〉讲疏(1963 年)》,李致远译,上海:华东师范大学出版社,2017,页 232。
③ S. Benardete, *The Rhetoric of Morality and Philosophy: Plato's Gorgias and Phaedrus*, p. 8.
④ 亦参见《斐多》68a-69e 的描述:唯独哲人不怕死,也只有哲人称得上真正的勇敢。

在酬金赚取术当中,其中一个通过恩惠与人交际,纯粹用快乐作为诱饵,为他自己的生计而营取酬金……我们所有人都会断言它是"奉承术"或某种"取悦术"。①

他在《高尔吉亚》中更是多次提及修辞术实为奉承。对于柏拉图所言的"奉承",我们可以从四个方面进行理解。一为"虚假",奉承意味着掩饰真实,述说假话。二为"快乐",通过诉诸听众的激情和欲望制造快乐的感官体验。三为"金钱",奉承术属于酬金赚取术的一种,获取金钱乃其直接目的。四为"自私",奉承者的最终目的是为了获得私利,不在乎公义的损益。这便勾勒出一幅异常生动的政治画面:修辞术的运用者们为了获得一己之利,讲述动听言语让听众感到快乐,听众便在激情和欲望的引导下做出奉承者们所期的政治决定。

在哲人这里,奉承的四个维度具有极强的关联,染指其中一者就会顺带沾上另外三者。若要表现得高贵纯粹,就得避免奉承。然而,奉承批判终究止步于修辞术的外在表现,而没有触动它的内在根基。在修辞术的三位拥护者看来,哪怕奉承指责成立,那也无关大碍。因为他们坚信奉承的背后伏着修辞术的立身之本,即通过说服技艺成为政治强者。为此,哲人深化批判。他毫不客气地指明修辞术缺乏知识:修辞术根本不是技艺,它只是制造"动听言语"和"快乐"的老练技巧而已(462c);或者说,它只是真正技艺的影像而已。柏拉图在《斐德若》261d-273a 中写道:

> 凭靠它,一个人就得以把每个能够显得相同的东西搞得与每个能够与之相同的东西相同——而且,当别人搞这种相同并隐藏其所为时,一个人凭靠技艺也能够让它暴露在光天化日之下……这叫做看似如此,想要凭技艺说话的人必须专注于这个。甚至于有的时候啊,如果事情发生得并非看似如此,也必须别说事情的发生本身,而是说看似如此的东西——指控和辩护都如此。在任何情况下说话,都必须求取这个看似如此,然后对真实多多道几声:再见吧。因为,这个看似如此通过通篇讲辞已经达成,这门言说的

———————

① 中译文引自柏拉图,《智者》,詹文杰译,北京:商务印书馆,2012,页14。

技艺整个儿也就到手啦。[1]

技艺具有理性(465a),这意味着当中某些事物确定不变,不会"爱怎样说就怎样说";它追求真实,而非某种逼真。在哲人看来,修辞术缺乏的知识正是对"好"的认识,或者说对"幸福"的认识。该批判可谓釜底抽薪,其激烈程度远甚于早前的奉承指责。哲人认为奉承不单是修辞术的外在表现,更是其内在本质。也就是说,修辞术从里到外只有奉承,没有知识。正如烹饪术关注美味却声称像医术那样关注健康,修辞术只是某种奉承,却声称像正义术那样践行正义。

在苏格拉底设想的画面中,技艺和奉承之间的冲突极为强烈:医生和厨子在孩童或无知如孩童的大人跟前竞逐,厨子提供美味却有损健康的食物,医生提供苦涩而有利健康的药水(464d-e)。显然,不论是医生还是厨子,二者提供的东西皆没能兼顾美味和健康。厨子和医生的对立于是转化成了美味和健康——即欲望和理性——的决然对立。当对话进入第三场时,即对话者换成卡利克勒斯之后,这种对立又深刻地呈现为政治和哲学的对抗。

卡利克勒斯批评哲学的实践者缺乏男子气概:逃避在公共场合表现自己,而在角落中与年轻人交头接耳。所谓男子气概,就是强者气质。卡利克勒斯之所以如此理直气壮地批评哲学,正是因为他认为哲学不具备强者气质。修辞术到了卡利克勒斯这里,已经褪去了"快乐"这层糖衣,从而赤裸裸地呈现出它的坚硬内核。卡利克勒斯原以为自己真实陈述的高贵瞬间足以让对手沉默,不料苏格拉底毫不示弱地进行回应:政治强者不见得是真强者。真正的强者不在于统治他人,而在于统治自己(491b-492e)。至此,卡利克勒斯和苏格拉底皆非常坦率地表明了自己的观点以及立论的依据。

苏格拉底强调哲学的内在强者路线,卡利克勒斯强调政治的外在强者路线。然而,不论哪条路线,皆无法涵盖另一条路线:(1)自我统治者不一定能统治他人,诚如卡利克勒斯批评哲人在法庭上无力保护自己;(2)统治他人者也不一定能实现自我统治,诚如苏格拉底批评僭主们无法控制自己的欲望。若言辞激烈些,修辞家可以将内在强者降为自制驯服的奴隶,哲人可以将外在强者降为贪婪放纵的野兽。两种

---

[1]　中译文引自刘小枫,《柏拉图四书》,前揭,页358、386。

强者的对峙成了修辞术和哲学的尖峰对决。同时，在这个节骨眼上，哲人对于修辞术的复杂考量也就逐渐明晰起来。

回到序幕呈现的争斗多重奏。对话个体对争斗有着不同的情感反应。以卡利克勒斯和凯瑞丰为例，二者皆是性情炽烈之人，但前者倾向于寡头政治，后者支持民主政治。不过，政治倾向的不同并没有引起二人之间的敌意。也就是说，"性情相投"在此的效用远远超过了"政治异见"。这种以血气或激情为主导的性情可以回溯至诗人笔下的英雄人物。英雄们"要永远成为世上最勇敢最杰出的人"，[1]而战争能为他们的自我实现提供得天独厚的机会。于是，卡利克勒斯等人对于争斗的热爱就不难理解了。尽管失败的可能性一直存在，他们仍以积极的态度面对斗争。

为此，我们还可以从另一种更为广阔的视角来看待二人的相似秉性：争斗热爱与政治暴力紧密结合，不论是在寡头政治之中，还是在民主政治之中。寡头政治的暴力属性显而易见，而看似温情脉脉的民主政治其实也暗含了超出界限之外的狂暴力量。伯利克勒斯曾当面向雅典公民指出："事实上你们是靠暴力来维持这个帝国的。"[2]众人对伯罗奔半岛战争三缄其口正是忌讳去揭露雅典民主政治的暴力属性。

在哲人看来，暴力之所以产生，根源不在于寡头政治或民主政治，而在于不受理性控制的欲望和激情。这导致了堕落。在此，"性情相投"穿透了"政治异见"，也就是说，卡利克勒斯和凯瑞丰看似政治立场不同，但在政治衰败的过程中，二人其实没有什么不同。若要说有些不同，就得脱离这个大视角，来看二人的个人经历。卡利克勒斯正处于人生轨迹的上升期，充满朝气地怀揣争斗的崇高理想，且不知失败的真正滋味。凯瑞丰则不同，暂不论他的流放经历，他与众人交好，却唯独同他的兄弟凯瑞克拉底（Chaerecrates）不和。[3] 试想一下，如果一个人跟兄弟难以相处，那他很可能更难跟其他人相处。凯瑞丰在最亲密的私人关系上品尝到了争斗的消极后果。若说争斗给卡利克勒斯带来了希望和甜蜜，那么在凯瑞丰身上则展现了某种忧伤和苦涩。这或许也是

---

[1]　荷马，《伊利亚特》，罗念生、王焕生译，上海：上海人民出版社，2012，页305。
[2]　修昔底德，《伯罗奔尼撒战争史》，前揭，页148。
[3]　参见色诺芬，《回忆苏格拉底》，前揭，页56。

现代学者将《高尔吉亚》描述为"一篇特别苦涩的对话"的原因之一吧。①

最后,苏格拉底用"盛宴"(ἑορτή)替换了"战争"。当卡利克勒斯借用谚语调侃苏格拉底在战争结束后才来到战场时,苏格拉底也用谚语回应说自己没有赶上盛宴(447a)。两人的开场寒暄很有意思。卡利克勒斯要表达的是苏格拉底很聪明,晚到就可避免伤亡,然而晚到的战士终究不是一个好战士。苏格拉底却用众人喜闻乐见的盛宴置换了既可能好(荣誉)又可能坏(死亡)的战争,表明自己至多是个不怎么热心的宾客。② 如伯纳德特所见,卡利克勒斯似乎在指责苏格拉底怯懦,而苏格拉底明白战斗其实根本就没有发生,卡利克勒斯谈论战争和战斗只不过是要掩饰自己在倾听修辞过程中所感到的快乐。③

苏格拉底的置换看似温和,实则在更深的层次上揭露了卡利克勒斯等修辞家们的感官旨趣。若说此乃无意之举,那么在之后的对话中,苏格拉底明确指出修辞术只关注快乐。而这势必引来修辞家的反扑。于是,盛宴与战争交替出现:对话者之间时而友朋相称,时而剑拔弩张。从修辞术的角度来看,"盛宴"和"战争"恰是说服技艺的两个极端表现。在公元前4、5世纪的雅典,修辞术的运用无外乎公民大会之商议、公义法庭之论辩和节庆典礼之发言,用亚里士多德的话说,即审议式、

---

① 参见施特劳斯,《修辞、政治与哲学》,前揭,页36;F. M. Cornford, *The Republic of Plato Translated with Introduction and Notes*, London: Oxford University Press, 1945, p. 21; A. E. Taylor, *Plato: The Man and His Work*, p. 103; E. R. Dodds, *Plato: Gorgias*, p. 19; A. Fussi, *Why Is the Gorgias so Bitter*, pp. 39–58。

② 二人谈论的内容不禁让人想起《亨利四世》(上)第四幕第二场末尾处福斯塔夫的台词:"To the latter end of a fray and the beginning of a feast, Fits a dull fighter and a keen guest[一场战斗的残局,一席盛筵的开始,对于一个懒惰的战士和一个贪馋的宾客是再合适不过的]。"参见《莎士比亚全集》第三卷,朱生豪译,北京:人民文学出版社,1994,页189;亦参见 E. M. Cope, *Plato's Gorgias*, London: Bell and Dalby, 1864, p. 1; E. R. Dodds, *Plato: Gorgias*, p. 188; J. H. Nichols, *Plato: Gorgias*, Ithaca, N. Y.: Cornell University Press, 1998, p. 25. 值得注意的是,《会饮》中苏格拉底也是姗姗来迟,但众人并不介意,仍热诚地欢迎他(175c)。因此不难看出,筵席来晚算不上是交际场上的大失误,相反,倒能体现出晚到者对酒食之类的享乐不甚在意。

③ S. Benardete, *The Rhetoric of Morality and Philosophy: Plato's Gorgias and Phaedrus*, p. 8.

诉讼式、炫耀式三类修辞(《修辞学》1358b)。炫耀式修辞在盛宴一端,诉讼式修辞在战争一端,审议式修辞则处于中间位置(既可走向盛宴,也可走向战争)。

值得注意的是,柏拉图在《高尔吉亚》中略去了高尔吉亚的炫耀式修辞,转而描述了修辞家与哲人之间带有强烈诉讼特征的对话(尤其是珀洛斯与苏格拉底的那场对话)。或许,苏格拉底的本意是想以审议的方式与修辞家交谈,却奈何修辞家执意以诉讼的方式对待哲人。这篇对话没有显示诉讼的最终结果,但将修辞术的场景切换至民主政治的场景,结果就出来了:《苏格拉底的申辩》中苏格拉底本可凭借诉讼修辞免除刑罚,却坚持使用理性审议的方式进行诉说,结果被判处死刑。① 如此看来,进入修辞术乃至其代表的政治空间,不管早到还是晚到,哲学本身对"真"(真诚、真实、真理)的要求皆会让哲人陷入非生即死的战争境地。

四　苏格拉底的问题

当然,将哲人的言说方式与审议式修辞对应起来只是一种粗略的做法。不少学者试图将二者统一起来,要么将雅典民主的审议修辞上升到哲学高度,认为民主审议是以理性原则为基础的共同参与式的真理探索;要么将哲学的多声部对话下降到政治层面,认为柏拉图作品中的不同发言人通过对话进行语义交锋。② 这种做法有其吸引人的地方,但同时有其风险:要么将政治哲学化,要么将哲学政治化。从柏拉图全集的角度出发,这种做法在很大程度上是可行的,并且富有启发性;但只从排斥性批评的《高尔吉亚》入手,这种做法的风险就会被放大,因为苏格拉底在此强调哲学的私人对话和政治的公共修辞之间存在巨大的差异。公共修辞伴随着民众的统治,哲人将其视为在聚众跟前竞逐权力的手段。也就是说,修辞术的公共性只是一层外衣,包裹着个人的私利欲望;而哲学看似围绕私人展开,实际上却因聚焦真理而摒

---

① 《高尔吉亚》因此被视为另外一篇《苏格拉底的申辩》,而这(让人想到苏格拉底之死)也是《高尔吉亚》特别苦涩的原因之一,参见 J. H. Nichols, *Plato: Gorgias*, pp. 11-15。

② 相关论述参见 M. Schofield, *Plato: Political Philosophy*, pp. 55-59。

弃世俗私利。

为此,我们不妨将论证的强度降低一些,只在类比的层面上思考哲人言说与修辞术的相似之处:《高尔吉亚》重点呈现了修辞术作为奉承技艺的快乐特征、作为追逐权力的精明手段,以及作为英雄强者的斗争属性,而这大致可以对应源自诗歌传统的炫耀式修辞、民主政治之主要内容的审议式修辞,以及与诡辩传统密切相关的诉讼式修辞。接着,又可大致对应哲人的三种言说方式,即不停反驳的辩驳术(ἔλεγχος,另有耻辱、谴责之义)对应争斗之诉讼,问答形式的辩证术(διαλεκτική)对应理性之审议,采用神话、高贵谎言等样式的言辞(μυθολόγος)对应愉悦之炫示。① 如图所示:

传统维度	诗歌 / 乐	政治 / 力	前苏格拉底哲学 / 反
修辞术	炫耀式修辞	审议式修辞	诉讼式修辞
哲学	高贵言辞	辩证术	辩驳术

这里涉及辩驳术和辩证术的关系问题。一般说来,二者在许多情况下可以通约。辩驳术是狭义的辩证术,广义的辩证术(辩证法)则涵括了驱使理性上升的一切言辞形式。换言之,要想把握辩证法,辩驳术是必经的初始阶段。苏格拉底经常以辩驳术的方式开启对话,但需要注意的是,他在辩证法的观照下使用辩驳术,最终是为了促使对话者(包括他在内)的理性状态得以提升。修辞家们没有认识到这点,习惯性地将苏格拉底的辩驳术等同于他们拿手的诉讼式修辞,认为苏格拉底先挑起争端,故而以牙还牙。明晰了这层意思之后,让我们回到《高尔吉亚》的序幕。

苏格拉底从一开始就表明了他的问题,但问法稍有不同。(1)他最早向卡利克勒斯说道:

> 我愿意向他本人(高尔吉亚)打听,男儿技艺的力量是什么,

---

① 亚里士多德的三分法与修辞术的应用场所密切相关,但二者之间并非严格的对应关系,比如,法庭虽以诉讼修辞为主,但不排除审议修辞;公民大会上虽以审议修辞为主,也不排除炫耀修辞和诉讼修辞。同理,哲学的三种言说方式与三种修辞(以及三个维度)也并非严格的对应关系。故本文强调这些对应只在整体类比的层面上进行。

此外,他宣扬和教授的东西是什么?①

(2) 接着,他让凯瑞丰问"他(高尔吉亚)是什么"。② 凯瑞丰以为苏格拉底问高尔吉亚是谁,一下子没反应过来。苏格拉底继而以鞋匠为例,说明该问法关注的是高尔吉亚的技艺。③ 在此,凯瑞丰用医生(高尔吉亚兄弟的职业)和画师(阿里斯托丰两兄弟的职业)替换了鞋匠,询问高尔吉亚精通哪门技艺,理应叫他什么。④ 珀洛斯代替老师进行了回答(448c4-9):

> 凯瑞丰噢,多数技艺在人们中间已经从各种经验里通过经验被发现出来(ἐκ τῶν ἐμπειριῶν ἐμπείρως ηὑρημέναι):因为,经验使我们凭借技艺走完人生,无经验则使我们凭借机运走完人生。从这些技艺里,不同的人们以不同的方式分得每门不同的技艺,最好的技艺属于最好的人(τῶν δὲ ἀρίστων οἱ ἄριστοι);这些人里就有这位高尔吉亚,他分享这些技艺中最美好的技艺(τῆς καλλίστης τῶν τεχνῶν)。

---

① 447c1-3, βούλομαι γὰρ πυθέσθαι παρ' αὐτοῦ τίς ἡ δύναμις τῆς τέχνης τοῦ ἀνδρός, καὶ τί ἐστιν ὃ ἐπαγγέλλεταί τε καὶ διδάσκει.

② 447d1, Ὅστις ἐστίν. 英译为 What he is 或者 Who he is. 公元 6 世纪的奥林匹奥多罗在注释这句话时,援引了亚里士多德《后分析篇》89b35 的说法:"当我们确定它们存在后,我们就进而问它的'是什么',例如,神是什么? 或者,人是什么?"参见 R. Jackson, K. Lycos and H. Tarrant, *Olympiodorus: Commentary on Plato's Gorgias*, Leiden: Brill, 1998, p. 74. 苏格拉底显然已知高尔吉亚"是/存在"(is),继而询问高尔吉亚"是什么"(is what),用现代术语来说,这是个本体论的提法。

③ 施特劳斯对此有一别开生面的见解:首先,鞋子是为了保护脚的,制鞋术因而是一种保护性的技艺;其次,鞋子保护身体的最低部分,制鞋术因而是最低限度的保护性技艺;另外,制鞋术被视为一种特别没有男子气概的技艺。总之,制鞋术是非常低等的技艺,但又非常重要,因为保护看起来是相当重要的。参见施特劳斯,《修辞、政治与哲学》,前揭,页 33。

④ 凯瑞丰的替换很有意思:一来鞋匠未免太低端,以此比拟高尔吉亚多少有些轻薄之意,故而替换;二来替换的例子皆由"兄弟"引出,对照他本人的兄弟不和,可见他对"兄弟"的在意程度。

珀洛斯用最高级来形容高尔吉亚的技艺,这是一种很强的表达。但苏格拉底立马指出珀洛斯答非所问,"怎么样"并不等同于"是什么"。他转而直接向高尔吉亚询问:(3)"必须叫你什么,基于你所知晓(ἐπιστήμονα)的什么技艺?"①值得注意的是,之前珀洛斯用"经验"一词来描述技艺,但到了苏格拉底这里,技艺却与"知识"(ἐπιστήμη)关联起来。哲人敏锐,立马意识到了哲学与修辞术在认识论上的分歧。不过,苏格拉底没有紧接着就此分歧展开对话。

在高尔吉亚表明其知晓修辞术并叫修辞家(ῥήτωϱ)之后,苏格拉底转而询问:(4)修辞术是否可教? 高尔吉亚恰恰宣称他有能力使其他人成为修辞家。真正的对手戏还未上演,修辞家的第一处自相矛盾就暴露了出来:如果技艺等同于经验,而基于个体的经验体悟无法言传,那么技艺不可教;如果修辞术可教,那么修辞术并非经验,而是某种知识(知识具有普遍性,超越个体经验,故而恒定不变,可以言传)。

"知识"可谓是苏格拉底四连问的核心要旨。对智慧的热爱促使哲人不断思考知识为何以及如何获得知识。苏格拉底自谓无知之人,最终目的是要获得真知,但获得真知的前提是辨别真知,正如收货之前需要验货。辩驳术/辩证术便是哲人的验货手段,若经得起一轮又一轮的拷问,那便是真货。所以,苏格拉底在开启与修辞家的三场对话前,事先规定了交谈的方式:一问一答,但要简短,不要长篇大论(449b8)。众人对交谈方式达成共识后,苏格拉底就开始用自己擅长的辩驳术不停地拷问修辞家。

*杭州市哲学社会科学规划课题《柏拉图〈高尔吉亚〉研究》(Z20JC058),浙江理工大学科研启动基金项目(18132262-Y)。

---

① 449a3-4, τίνα σε χϱὴ καλεῖν ὡς τίνος ἐπιστήμονα τέχνης.

智术师教诲中的死亡与谎言

柏拉图《欧蒂德谟》282d4-286b6 绎读

万 昊

（广东省社会科学院哲学与宗教研究所）

摘 要：《欧蒂德谟》中苏格拉底对待智术师的暧昧态度造成了理解哲人与智术师关系的困难。尽管对话中的二位智术师显得不如典型智术师来得聪敏，但苏格拉底始终给予其正面评价，并劝说好友克力同与自己一同前去跟随他们学习。《欧蒂德谟》的中间位置 282d4-286b6 恰好安排了智术师进行严肃的对话，话题一度涉及爱智慧、死亡与谎言。智术师提出爱智慧就意味着死亡，令在场的听众大为震惊，有可能通往爱智慧的进程也遭到打断。对话只展示了这种爱智慧的起点与终点，没有机会填充这个过程。文本的细读显示，智术师与爱智慧的距离未必遥远，他们甚至对自身的限度也有所意识。苏格拉底会在对话中配合甚至保护智术师，因为他认为这样的智术师并非是爱智慧和哲人的敌人。

关键词：苏格拉底 智术师 爱智慧 死亡

《欧蒂德谟》(*Euthydemus*) 中登场的欧蒂德谟与狄俄尼索多罗斯 (Dionysodorus) 兄弟，看似并不具备如普罗塔戈拉 (Protagoras)、普罗狄科 (Prodicus) 等典型智术师的巧思与渊博，但他们仍然声称自己可以"最美且最快地将德性教给别人"(273d5)。① 这提醒读者留意对话中的智术师兄弟是否当真具备才能：无论是爱智慧的才能，抑或身为智术

---

① 下引《欧蒂德谟》译文均为笔者自己的译文。翻译依据的希腊文校勘本为 Ioannes Burnet, *Platonis opera: Tomus III*, Oxford: Oxford Classical Texts Press, 1903, pp.271-307，英文笺注本主要参考 E. H. Gifford, *The Euthydemus of Plato*, Oxford: The Clarendon Press, 1905, 以及 R. S. W. Hawtrey, *Commentary on Plato's Euthydemus*, Philadelphia: American Philosophical Society Press, 1981。

师的才能。与此同时,比起对待典型智术师,苏格拉底对待这对智术师兄弟的态度也显得更为晦暗不明,这提醒读者留意对话中的苏格拉底抱持这种暧昧态度的原因:是放任智术师自行演绎从而彰显其谬误,抑或另有目的而为智术师有所保留。

苏格拉底在《欧蒂德谟》中为克力同(Crito)转述了昨日的五场对话,五是一个奇数,这意味着必定会出现一场孤立没有对应的中间对话,即决不能忽略的第三场对话。色诺芬笔下的苏格拉底说,作战的时候要将老弱病残藏在中间,则他们要么会由打头阵的精英带着走,要么会由殿后的精英推着走,便能在战事中照样发挥出威力。[①] 这也提醒读者,文本的开头和结尾往往引人注意,中间部分却容易被忽略。恰恰在这处于中间位置的第三场对话中,苏格拉底接过克忒斯珀斯(Ctesippus)的话头,分别对狄俄尼索多罗斯与欧蒂德谟兄弟轮番发问,最终令他们被自己先前造出的言辞击溃。在这几轮问答中,尽管欧蒂德谟兄弟花样百出的驳斥在苏格拉底的追问下明显乱了阵脚,但苏格拉底依然坚称这对智术师兄弟是在刻意掩藏最高的东西,不愿展示惊人的智慧。认真的读者值得继续追问苏格拉底:智术师兄弟当真是在刻意掩藏吗? 最高的东西究竟是什么?

一 苏格拉底的期待

历经前两场有如舞蹈与游戏的对话后,克莱尼阿斯(Cleinias)提前说出自己会为了爱欲智慧而竭尽全力。这让苏格拉底很高兴,也让他可以充满信心地转向欧蒂德谟与狄俄尼索多罗斯,不必像开启他与克莱尼阿斯的对话前那般谨小慎微,担心遭受嘲笑。

苏格拉底提前完成了他请求欧蒂德谟二人去做的事,所以他那无比谦虚的语气变得稍显得意;那个请求欧蒂德谟二人变得严肃,并在与克莱尼阿斯的对话中也的确足够严肃的苏格拉底,稍微驱散了对话"严肃"的氛围。前文中苏格拉底喊出欧蒂德谟与狄俄尼索多罗斯的名字时,总是会把欧蒂德谟放在前面(274d4、278c7),但这一回,他喊的是"狄俄尼索多罗斯与欧蒂德谟(282d5)"。苏格拉底告诉他们这就是自己想听到的劝告言辞,希望他们二人中无论哪个人都好,请"运用

---

① 色诺芬,《回忆苏格拉底》,吴永泉译,北京:商务印书馆,2001,页86。

技艺来为我们展示同样的事情"(282d8)。假若他两不想这样做,那也可以在苏格拉底打住的地方继续推进。在前一轮对话中,对于有待进一步讨论的问题,苏格拉底既有所保留,也有所提示,尽管克莱尼阿斯并未意识到这些提示。

苏格拉底说克莱尼阿斯在这些事情上仍然需要结论,"对他来说是否有必要掌握所有的知识,抑或是,为了变得幸福并成为好人,是否必须掌握某一种知识,而那种[知识]又是什么"(282e1-4)。之所以希望他们能够将这个问题继续下去,苏格拉底再次强调,是因为他们都盼望克莱尼阿斯变得"既智慧又好"。克莱尼阿斯需要变得"既智慧又好",意味着他现在并非既智慧又好,哪怕在克力同眼中的他已然"既美且好"(271b5)。早些时候,苏格拉底对智术师兄弟说的是他们都盼望看到克莱尼阿斯"变得尽可能优秀"(275a8-9);此时,苏格拉底将"优秀"这种期望具体化为:智慧。

随后,苏格拉底专门提醒克力同,他与克莱尼阿斯的对话结束了,接下来的事情需要克力同全神贯注,"考察他们用何种方式把握言辞,以及他们从哪一点开始鼓励这位少年操持智慧与德性"(283a2-4)。此处被认为是整篇对话的转折点,①陪同克力同进入智术师的言辞,苏格拉底自身也进行了转换:将自己从刚刚结束对话的参与者,转变为一个观察者;将刚刚在与克莱尼阿斯的关系中类似老师的身份,转变为要全神贯注听取欧蒂德谟二人言辞的近似于学生的身份。接下来苏格拉底继续讲述,他们中年长的狄俄尼索多罗斯首先开启了言辞(283a5)。在场的人"全都注视着他,仿佛这样就能马上听到惊人的言辞"(283a7),狄俄尼索多罗斯确实没让大家失望,旋即带来了真正惊人的言辞。

此时苏格拉底再次提醒克力同,"这值得你聆听,因为这是一场鼓励人朝向德性的言辞"(283b3-4)。在整部对话伊始为克力同进行转述前,苏格拉底已率先表达了自身的专注;此处他再次表达完毕后,并不认为克力同会因此而当真保持专注,于是不得不专门提醒克力同,"这值得你聆听"。在文本的中间位置,在"智慧"已经登场,"智慧能够在任何地方都让人变得好运"(279a5)已经成为共识的当下,为了确保

---

① 列奥·施特劳斯,《柏拉图式政治哲学研究》,张缨等译,北京:华夏出版社,2012,页106。

克力同彻底明白自己的意思,苏格拉底不惜一再地重复、一再地强调接下来的内容需要倾注最高的注意力。

二 爱智慧与死亡

经过充分铺垫,狄俄尼索多罗斯在苏格拉的转述中发问了,这一次他发问的对象不再是克莱尼阿斯,而是苏格拉底和其余在场的人。他问他们,是闹着玩地说渴望克莱尼阿斯变得聪明,"还是你们当真如此渴望,你们是严肃地[说]"(283b5)。这是智术师兄弟二人首次提到"严肃",似乎在此之前,严肃是一种与他们毫不相干的状态。听到狄俄尼索多罗斯提问,苏格拉底明白了他们闹着玩地进行舞蹈与游戏的原因:他们认为苏格拉底等人也是在闹着玩。因此苏格拉底再次强调自己的态度惊人地严肃,希望这样能令狄俄尼索多罗斯足够重视。

狄俄尼索多罗斯没有马上继续探讨,而是再次提醒苏格拉底好好想想,一旦好好想过这件事,"恐怕你要收回你现在所说的话了"(283c3)。苏格拉底并未在意这番提醒,而是说自己已经想过了,什么话都不会收回。狄俄尼索多罗斯的回应轻浮而略带不屑,他先说"哦是嘛",再问苏格拉底是否希望克莱尼阿斯变得智慧,对此苏格拉底回答得很肯定。

他接着问苏格拉底,克莱尼阿斯现在是智慧还是不智慧。苏格拉底说他自己说自己不智慧,"而他不是一个夸夸其谈的人"(282c8)。苏格拉底的回答表明,克莱尼阿斯的确不智慧,同时他意识到了自己这种不智慧。但经过与苏格拉底的前一轮对话,克莱尼阿斯确实已经开始自我省察,走向苏格拉底式的"无知之知"。至少在知道自己不智慧这件事情上,克莱尼阿斯已经比许多人来得更为智慧。狄俄尼索多罗斯再次问苏格拉底,他们是不是希望克莱尼阿斯变得智慧,"不要成为一个无知的人"(283d1),苏格拉底确凿无疑地回答了这个问题,"我们都说是的"(283d2)。

顺应大家的答案,狄俄尼索多罗斯点明了问题的关键,"那是不是你们都希望他成为一个不是他的人,而他也不再是他现在之所是"(282d2-3)。这个问题终于让苏格拉底感到了惶惑,狄奥尼索多罗斯立刻逮住了这种惶惑。接续苏格拉底的情绪,狄俄尼索多罗斯终于说出了惊人的言辞：

> 你们想让他不再是现在的他，那么你们想要的除了他的死亡
> 以外，还能是别的什么呢？这样的朋友和情人还真是可贵啊，为了
> 让被他们爱的人死亡，什么都愿意做。(283d5-8)

需要时刻谨记，正在听苏格拉底转述的人是克力同。在《斐多》
64a4-5处，同一个苏格拉底便是对着同一个克力同，说出了"那些碰巧
正确地把握热爱智慧之人，他们所践行的不过就是去死和在死"。[①]
《斐多》中的克力同由于天性使然，很遗憾地没有认同苏格拉底的说
法，所以直到苏格拉底生命的最后时刻，他仍然在关心苏格拉底的肉
身，问苏格拉底该以什么方式安葬他(《斐多》115c2-3)。苏格拉底意
识到自己没能说服克力同，克力同仍然以为他是那个即将作为一具尸
体的苏格拉底，而不是真正的苏格拉底(《斐多》115c5-d1)。《斐多》
中苏格拉底所说的是，作为一个哲人，必须超脱出根植于他作为肉身存
在所特有的感觉与"听和看"的视角，才能免于在认识事物的时候遭遇
偏见与阻碍(《斐多》65c2-d2)，从而不被身体欺骗，触及到真实。只有
脱离于肉身的时候，灵魂才能拥有智慧。

智慧只能为灵魂所有，同时必须摆脱肉体。克莱尼阿斯这位年
轻而头脑简单的少年，并不会为自己的死亡伤感，因为他已经打定主
意要为爱欲智慧竭尽全力。死亡这件事虽然会让他的灵魂与肉体分
离，却是他可能寻得他所追寻之事的唯一途径。苏格拉底的惶惑并
非惊讶于死亡这件事，他已有预感狄俄尼索多罗斯将要说出死亡；问
题是在场的克莱尼阿斯的爱欲者们，尤其是"傲慢的"(273b1)克忒斯
珀斯，苏格拉底同样预感到了克忒斯珀斯听见死亡后的反应，这令他
感到惶惑。

继智慧之后，死亡也登场了，昨日对话的哲学意味及严肃性渐趋浓
厚，进行到这里，狄俄尼索多罗斯没有辜负苏格拉底的嘱托，的确为他
们展示了严肃的部分。但是这份严肃未能维持，一如尚未开启的哲学
讨论很快夭折。狄俄尼索多罗斯关于死亡的说法引起了在场的克忒斯

---

① 刘小枫译文，见柏拉图，《柏拉图四书》，刘小枫编译，北京：生活·读书·新知
三联书店，2015，页420。

珀斯的愤怒。① 作为克莱尼阿斯的爱欲者,而且是其中特别的一位,克忒斯珀斯"为了自己最爱的人勃然大怒"(283e1),直呼狄俄尼索多罗斯为"图里俄伊来的异邦人"(283e2),并说如果不是因为太野蛮而难以启齿,那么他就会诅咒狄俄尼索多罗斯"掉脑袋"(283e3),他称狄俄尼索多罗斯是在撒谎,捏造自己和其他人希望克莱尼阿斯死掉。克忒斯珀斯用诅咒死亡的方式,反驳那个他希望自己的爱人死亡的说法。他的辩白表明,如果他希望在场的哪一个人死亡,那个人必定不是克莱尼阿斯,而是狄俄尼索多罗斯。

三　通往爱智慧道路的中断

克忒斯珀斯打断了狄俄尼索多罗斯与苏格拉底的对话,同时也打断了昨日对话通往哲学的进程。作为一位"天性十分美且好,只是有着像他这般年纪的年轻人常有的傲慢"(273a8)的少年,爱欲打断了他通往哲学的道路。克忒斯珀斯的插话令狄俄尼索多罗斯退出了对话,取而代之的是欧蒂德谟在回应克忒斯珀斯。

欧蒂德谟问他,撒谎是不是一件有可能做到的事情。克忒斯珀斯在第一次回答中,就以"凭宙斯"起誓,并说除非他疯了。他没有直接回答问题,而是回以一个否定式的论断。此时的克忒斯珀斯仍处于勃然大怒之中,血气上涌,理性荡然无存,做不到完整地进行回答。

欧蒂德谟仍然从这个答案中明白了克忒斯珀斯的意思,他说的是除非疯了,否则当然有可能做到,所以欧蒂德谟接着问,是一个人"说着言辞所指的事物时,还是没有说着它时"(283e9-284a1),才能撒谎。面对这个问题,克忒斯珀斯的怒气似乎消退了,所以他平静地给出了答案,告诉欧蒂德谟是说着那个事物时才能撒谎。欧蒂德谟的下一个问题是,是不是一个人说着一件事物的时候,"便没有说除了他所说的这个事物以外的任何其他存在"(284a1-2),见识过智术师技艺的克忒斯

---

① 如果说《斐多》中的格贝和辛弥亚无法理解苏格拉底所说的爱智慧作为死亡练习,是因为无法理解其背后的灵魂不朽概念,不理解包藏其中永恒不变的存在到底是什么;那么与之相比,此处克忒斯珀斯无法理解智术师所说的爱智慧就是要克莱尼阿斯死去,则更多地是因为孩子般的死亡恐惧。参吴飞,《〈斐多〉中的存在与生命》,《哲学研究》2019 年第 2 期,页 83。

珀斯反问欧蒂德谟,这个人如何能说其他事物。这回轮到欧蒂德谟回答,"他所说的[事物的]存在,就是与其他[事物]区别开来的那一个"(284a3-4),对此克忒斯珀斯肯定地说当然。克忒斯珀斯的第一个回答因愤怒的驱使而理直气壮,在第三个回答中却已经懂得进行反问,让自己转变为提问者,理性似乎占据了上风。

欧蒂德谟再次回到提问者的身份,"一个人说的是[事物的]存在吗,在他说[某个事物]的时候"(284a4-5),克忒斯珀斯说对,于是欧蒂德谟得出结论:当一个人说起存在时,他说的是真实的存在,那么刚才"狄俄尼索多罗斯如果他真的说了[某种]存在,那便是真实的存在,因而没有用任何[虚假的存在]欺骗你"(284a6-8)。对于这个问题的回答,克忒斯珀斯再次彰显了自己与克莱尼阿斯的不同,他一面肯定了欧蒂德谟的前半句话,一个人说起存在时说的便是事物真实的存在;一面又否定了欧蒂德谟的后半句话,说狄俄尼索多罗斯刚才说着这些事情的时候并没有说着事物的存在。

克忒斯珀斯的表现说明,虽然同为年轻人,但他的头脑恐怕不像克莱尼阿斯一开始那么简单,警惕性也比克莱尼阿斯来得强。面对智术师兄弟,他的起点要高于克莱尼阿斯。能够让他站在这个更高起点的人,恰恰正是克莱尼阿斯:克莱尼阿斯通过自己的屡屡摔倒,让克忒斯珀斯得以先行见识智术师兄弟的技艺;克忒斯珀斯出于对克莱尼阿斯的爱欲,让他在尚未回答欧蒂德谟时就满怀敌意,从而保持了足够的警惕。面对有备而来的克忒斯珀斯,欧蒂德谟再次使出了他熟稔于胸的技艺。

欧蒂德谟问克忒斯珀斯,他刚才说狄俄尼索多罗斯并没有谈到事物的存在,那是不是意味着"那些事物是'不存在',而不是任何存在"。克忒斯珀斯回答说它们不是任何存在,不过他并没有表示同意前半句,即那些事物是"不存在"。欧蒂德谟并未在意克忒斯珀斯的保留,直接问他是不是"不存在"的事物在哪里都不存在(284b5),克忒斯珀斯表示同意。

欧蒂德谟将问题推进为:对于"不存在"的事物,任何人对其做任何事,都无法造出它来使其变得存在。这个论断也得到了克忒斯珀斯的肯定,"在我看来不可以"(284b7)。欧蒂德谟接着以演说家为例,证明演说家在演说的时候,既"做了"(prattousi)些什么,也"造了"(poiousi)些什么,所以演说这件事便是既"做"又"造",克忒斯珀斯表示同意。欧蒂德谟再次摆出结论:没有人能说"不存在"的事物,否则便是已经"造出"了某物,但是没有人能够"造出""不存在"的事物——因此,没有人能说出虚假的事物。所以"如果狄俄尼索多罗斯确实在说话,那么他所说的就既是真实[的事物]也是存在[的事物]"(284c5-6)。克忒斯珀斯察觉到这一点无法直接反驳,但是他并不认同这个说法,所以他再次以"凭宙斯"起誓,并喊出欧蒂德谟的名字,对他说,狄俄尼索多罗斯"所说的事物是以某种形式存在,而不是它们所呈现出来的那样[真的存在]"。

四 智术师的困境

尽管克忒斯珀斯喊的是欧蒂德谟的名字,但回应他的却是一开始激怒他的狄俄尼索多罗斯,他问克忒斯珀斯到底在说什么,并问他"是有人会依照[事物]呈现的形式来说话吗"(284d1)?克忒斯珀斯对这个问题的回答非常老练,他说确实有,但是那些"既美又好的人,以及那些说真话[的人]"。

克忒斯珀斯的回答机锋暗藏,他既肯定了"有人会依照事物呈现的形式来说话"这个推论本身的正确,同时又强调了这个推论得以成立的前提是那个人"既美又好"而且"说真话";恰好他刚刚指责过狄俄尼索多罗斯撒谎,那么狄俄尼索多罗斯显然不属于"说真话"的人,因此狄俄尼索多罗斯也不属于依照事物呈现的形式来说那个事物的人,他说的便是以"某种形式"比如说"谎言"存在的事物。在克忒斯珀斯看来,狄俄尼索多罗斯依然在撒谎,这与欧蒂德谟得出的结论并不矛盾,欧蒂德谟未能给自己的兄弟开脱成功。

但克忒斯珀斯并未反驳欧蒂德谟之前的结论,即"撒谎这件事是造出不存在的事物因此无法做到",那么在克忒斯珀斯自以为进行的反驳之中,这个结论依然发生作用。克忒斯珀斯无法为自己的论证找到"狄俄尼索多罗斯在撒谎,因此他不是一个说真话的人"这样的起点。他所面临的问题就是无法论证"狄俄尼索多罗斯确实是以某种形式在说着某物,而不是依照事物所呈现出来的形式在说着某物",反之,狄俄尼索多罗斯便是依照事物所呈现出来的形式在说着某物。依照事物所呈现出来的形式说着某物,意味着没有造出不存在的事物,也就是没有撒谎。欧蒂德谟成功地为自己的兄弟开脱,证明了他没有撒谎,因为撒谎这件事是无法进行的。

　　狄俄尼索多罗斯却没有注意到自己兄弟的成功,他仍在继续证明自己没有撒谎,所以他问克忒斯珀斯,是不是好东西就呈现为好的形式,坏东西则相反,接下来的问题则是既美又好的人说话是不是会依照事物原本呈现的形式,这些都得到了克忒斯珀斯的同意(284d6)。取得这些共识后,他问克忒斯珀斯,"对于坏东西,是不是好人也要依照它们呈现出的形式,坏地说坏东西"(284d6-7)。这一回克忒斯珀斯不但回答得信心十足,更是转过来教育起了狄俄尼索多罗斯。他再次以"凭宙斯"起誓,先说"绝对是这样,至少坏人[都是这样]",借此讽刺狄俄尼索多罗斯,说如果他听自己的,就会"小心谨防成为他们,以免好人[会]坏地说起[你]";然后才回答这个问题,说"好人会坏地说起坏的东西"(284d7-284e1)。克忒斯珀斯的回答充分显示出,他认为自己在问答的过程中,不会被这两个人、尤其是狄俄尼索多罗斯带着走,而是总能在关键的时刻守住自己,甚至予以回击。

　　欧蒂德谟代替了狄俄尼索多罗斯继续与克忒斯珀斯对话,他听出了克忒斯珀斯话中明显的讽刺,所以打断了对话,以免这些讽刺确实地落在自己兄弟身上。他问克忒斯珀斯人们是不是会"大地说起大的东西,热地说起热的东西",克忒斯珀斯说"他们还会非常冷地说冷的东西,并且认为自己的谈话也很冷"(284e4-5)。[①] 克忒斯珀斯这更进一步的讽刺引起了狄俄尼索多罗斯强烈的反应,他没有等自己的兄弟回话,就插入对话指责克忒斯珀斯这是在谩骂(284e6)。而克忒斯珀斯"凭宙斯"起誓自己没有在谩骂,他喊了一声狄俄尼索多罗斯,并且告诉他,自己是他的朋友,所以如果狄俄尼索多罗斯也将自己看作同伴,那便再也不要说出自己想让最在意的人去死这样粗野的话(284e9-285a1)。

五　克忒斯珀斯的沉默

　　苏格拉底告诉克力同,"因为看到他们彼此谩骂太过粗野"

---

① psychrous[冷]一词的原意除了"冷"以外,还有"徒劳"、"愚蠢"、"无能"等含义。克忒斯珀斯接续着欧蒂德谟所说的"大"与"热",举出了"冷"的例子,同时通过"冷"所包含的其他贬义,攻击欧蒂德谟与狄俄尼索多罗斯。对于同时使用同一个语词所包含的多重含义这样的技艺,克忒斯珀斯变得越来越熟练,使用技艺的时机也把握得恰到好处。

（285a2），他就对克忒斯珀斯开了个玩笑。他劝克忒斯珀斯接受外邦人所说的，如果他们愿意施与，那便不需要争执（285a6）。就像他为克莱尼阿斯将欧蒂德谟与狄俄尼索多罗斯对他的提问解释为舞蹈和游戏一样，苏格拉底为克忒斯珀斯揭示了狄俄尼索多罗斯一开始所说的让克莱尼阿斯"死亡"究竟是怎么一回事。①

在这个玩笑中，他说欧蒂德谟他们"懂得如何毁灭那些无用的和无所意识的人，并将他们造得有用并明智"（285a8），我们得承认这个；然后请他为了我们而摧毁克莱尼阿斯，"接着把他造得明智，也对我们剩下所有人这么做"（285b7）。如果包括克忒斯珀斯在内的少年们对此感到害怕，苏格拉底愿意当他们的"卡里亚士兵"（Carian），来冒这个险，把自己交给狄俄尼索多罗斯，哪怕他是美狄亚（Medea）也不要紧，苏格拉底不怕被煮，甚至不怕被施加任何事，只要他能将自己造得有用（285c6）。

苏格拉底插话的目的在于中止克忒斯珀斯与狄俄尼索多罗斯的谩骂。他刚刚见识过克忒斯珀斯的愤怒，希望抚平这位少年的情绪。因此苏格拉底先解释了狄俄尼索多罗斯所说的"死亡"意味着什么，让那显得不是一件坏事，接着说如果能够因此变得有用、成为好人，他自己也很乐意去承担"死亡"的危险。在苏格拉底自称的这个玩笑中，他先举了卡里亚士兵这个来自现实的例子，将自己比作克莱尼阿斯们的雇佣兵，替他们承担风险，好让他们得以保存自己；他再举了美狄亚这个来自神话的例子，将狄俄尼索多罗斯比作魔力深湛的女巫，任凭他切碎自己甚至烹煮。苏格拉底既展示了勇敢，也展示了决心。在说出乐意交出自己之前，苏格拉底还专门提到"如果你们这些少年们害怕"（285c1），他便会挺身而出。克忒斯珀斯当然不是一个会在自己爱欲的克莱尼阿斯面前承认胆怯的人，一如他刚才毫不犹豫地插入对话表达愤怒，也如他在对话开始前跳起来站在坐着的欧蒂德谟他们面前。苏格拉底说愿意把自己交给狄俄尼索多罗斯之时，早已摸清克忒斯珀斯的脾性，示之以危险反而会让克忒斯珀斯跃跃欲试，而不是徒然愤怒

---

① 苏格拉底的辩护显得拉近了自己与智术师的位置，这样一种近似在涉及死亡这个散发危险气息的字眼时也变得充满危险。参 Ann N. Michelini，"Socrates Plays the Buffoon：Cautionary Protreptic in *Euthydemus*，" in *The American Journal of Philology*，Vol. 121，No. 4（Winter，2000），pp. 509-535。

而继续谩骂。

克忒斯珀斯不甘藏在苏格拉底身后,他告诉苏格拉底也可以把自己交给这些外邦人,"哪怕他们想剥我的皮,比他们现在剥我剥得更狠"(285c8-9),只要那被剥下的皮不成为酒囊,而是成为德性。① 这个举例暴露了他言辞的不足。他说可以让他们剥自己的皮,只要皮最终成为德性即可,但哪怕他们能将剥下的皮制成德性,皮已剥离身体,德性已不属于他。苏格拉底前面举了两个例子,克忒斯珀斯效仿这个做法,也想通过举例展示勇敢和决心,但他无法正确表达自己真正想表达的意思。如果说哲人的勇敢才是可以理解为智慧的勇敢,常人或智术师的勇敢只是意见而非智慧,②克忒斯珀斯希望效仿的显然是前者,但事实上却难免成为后者。克忒斯珀斯将马尔绪阿斯比作自己的同时,狄俄尼索多罗斯便顺理成章被比作马尔绪阿斯与之竞赛的阿波罗。苏格拉底的玩笑里,狄俄尼索多罗斯只是被比作一位巫女;但在克忒斯珀斯的举例中,智术师却被比作一位神明——掌管理性、掌握智慧的神明。

克忒斯珀斯接着解释了自己的举动,他告诉苏格拉底自己刚才没生狄俄尼索多罗斯的气,那只不过是一种反驳,他希望"生来高贵的狄俄尼索多罗斯",不要将这种反驳当成完全是另一回事的谩骂(285d4-6)。狄俄尼索多罗斯没有在意这番解释,只是继续追问。他问克忒斯珀斯,是不是在"造出这样的言辞,仿佛'反驳'存在",克忒斯珀斯说当然是这样,而且确定无疑,他反问狄俄尼索多罗斯是不是认为不存在着反驳。对于这个反问,狄俄尼索多罗斯告知,克忒斯珀斯没有办法"证明你曾经听到过任何人反驳任何人"(285e4),克忒斯珀斯有些怀疑狄俄尼索多罗斯是不是当真要这样说,因为"就在此刻,你就会听到克忒斯珀斯在反驳狄俄尼索多罗斯"(285e5-6)。

狄俄尼索多罗斯叫克忒斯珀斯为此提供言辞论证,克忒斯珀斯欣

---

① 提到酒囊时,克忒斯珀斯举了马尔绪阿斯(Marsyas)为例。马尔绪阿斯与阿波罗竞赛失败而被后者剥去了皮,克忒斯珀斯此处的引用,似乎在说剥下的皮被制成了酒囊。这是唯一一处交代马尔绪阿斯被剥下的皮去处的古典文本,无法判断这是克忒斯珀斯自己的说法,抑或是当时普遍认同的说法。

② 林志猛,《智术师的勇敢:柏拉图〈普罗塔戈拉〉349d-351b 绎读》,载《兰州大学学报(社会科学版)》2012 年第 2 期,页 30。

然领受,于是狄俄尼索多罗斯继续发问。这回的问题是,是否每个存在都有言辞与之对应,克忒斯珀斯表示同意,接下来要解决的则是,这每个存在所对应的言辞指的是它是存在的,还是它不是存在的,克忒斯珀斯说是存在的。这时狄俄尼索多罗斯提醒克忒斯珀斯回到他们之前已经证明的:没有人说不存在的事物,没有人依照不存在的形式来说话。

克忒斯珀斯对此表示同意,但他说这不会让他们俩之间的"对立有丝毫的减少"(286a4)。狄俄尼索多罗斯仍未在意克忒斯珀斯的情绪,而是利用他提及的"对立"继续问:当两人"对同样的事物说着同一番言辞",他们仍然对立,还是说的其实是一回事(286a5-6)。克忒斯珀斯同意后者。狄俄尼索多罗斯将这个问题倒转方向再问:当两人"都不说关乎这个事物的言辞",那时候他们仍然对立吗,还是他们"根本未曾在考虑这个事物"。这个问题让克忒斯珀斯有些犯糊涂,他表示同意,但没有明确表示同意的是前者还是后者;从后文看,他同意的是狄俄尼索多罗斯所说的他们"根本未曾在考虑这个事物"。克忒斯珀斯不肯给出明确的答复,他隐约察觉狄俄尼索多罗斯的问题即将得出自己无法反驳的结论,但推论进行到这个地步,自己已无法做出符合常理的反驳。

狄俄尼索多罗斯终于问出了最后一个问题,他问克忒斯珀斯,"当我说的言辞关乎一个事物,而你[说的关乎]其他事物,那时候你我便对立了? 还是说当我在说着这个事物时,你其实完全没在说[它]? 一个没说的人如何能与一个说了的人相对立"(286b4-6)。这个问题让克忒斯珀斯陷入了沉默,就像第一轮提问过后包括苏格拉底和克忒斯珀斯在内的所有人,全都陷入了沉默那样。沉默证明克忒斯珀斯至此已经无话可说,尽管在上一轮的问答中,克忒斯珀斯并不认为自己处于下风,但在此时,克忒斯珀斯能给出的唯一回应就是沉默。

令克忒斯珀斯沉默的结论是:一个没说到某物的人,无法与一个说到某物的人,在某物的问题上相对立。沉默等同于没有说话,即没有说到某物,沉默的克忒斯珀斯等同于"一个没说的人";刚刚说完话的狄俄尼索多罗斯当然是"一个说了的人"。克忒斯珀斯认为双方的对立并未减少,因此他沉默的时候就是作为"一个没说的人"而与狄俄尼索多罗斯相对立。问题随之而来:保持沉默就无法开口说话,所以他没有任何办法让其他人意识到,他的沉默乃是"一个没说的人"与"一个说了的人"相对立的方式。没有被说出来的对立,就是"尚未造出"的对立,尚未造出的对立无法构成对立,这就是克忒斯珀斯的进退两难。

沉默标志着克忒斯珀斯陷入困境,沉默也给苏格拉底留下了插入对话的空间。

六 以死亡为始终的爱智慧

不先探究智术师这一哲人的伪装,就没法探究哲人,①辨识狄俄尼索多罗斯的面相不仅在于厘清苏格拉底与智术师的关系,更在于看清苏格拉底自身。尽管看起来比欧蒂德谟拙劣,但这一场对话的主角毋庸置疑仍是狄俄尼索多罗斯。这位出场时与欧蒂德谟密不可分的哥哥,脱身而出,在这场对话中作为年长者主动开启言辞。尽管苏格拉底在对话过后仍然再度请求智术师兄弟严肃起来,事实上,出现在狄俄尼索多罗斯言辞中的主题并不轻松。

狄俄尼索多罗斯首先提到了死亡,这个问题毫不意外地激怒了克忒斯珀斯。从克忒斯珀斯自右边走到四人面前开始,从空间上看,位于最左边的狄俄尼索多罗斯与从右边而来的克忒斯珀斯距离原本隔得最远;克忒斯珀斯让自己更接近克莱尼阿斯的行动,必定同时是一次更接近狄俄尼索多罗斯的行动。从时间上看,狄俄尼索多罗斯比欧蒂德谟年长,是两位智术师中与克忒斯珀斯距离最远的一位;与苏格拉底以外的其他人相比,他又是与死亡距离最近的一位。当说到死亡的时候,狄俄尼索多罗斯说起的其实是一件离自己并不算远的事物,在他看来这件事不至于引起太多的惊讶。同为年长者的苏格拉底的确没有因为狄俄尼索多罗斯提到克莱尼阿斯的死亡而流露出类似克忒斯珀斯的情感,尽管他也关心克莱尼阿斯。

狄俄尼索多罗斯提到死亡所引起的愤怒,把血气上涌的克忒斯珀斯带入了这场对话。这原本应该是一场引导克莱尼阿斯朝向爱智慧并关心德性的对话。因此,同为年轻人的克忒斯珀斯也走上了爱智慧的道路。克忒斯珀斯用狄俄尼索多罗斯激起的愤怒来为自己开路,支撑起勇敢与决心,将自己也纳入了与克莱尼阿斯同行的进程中;同样是这种愤怒,随即赶走了将他引导进来的狄俄尼索多罗斯。

---

① 张爽,《辨识哲人的亲缘:柏拉图〈治邦者〉开场绎读》,载《重庆大学学报(社会科学版)》2011 年第 3 期,页 16。

说到死亡以后,狄俄尼索多罗斯暂时退出了对话,与克忒斯珀斯进行问答的实际上是他的弟弟欧蒂德谟。狄俄尼索多罗斯在退出对话前留下的句子其实是结论性的:想让克莱尼阿斯不再是现在的克莱尼阿斯,就等于是想让现在的克莱尼阿斯死亡。狄俄尼索多罗斯再次进入对话的时机,是在克忒斯珀斯说狄俄尼索多罗斯所说的事物并不像它们所呈现出来的那样确实存在,而是以另外的某种形式存在之时。在克忒斯珀斯之前,欧蒂德谟事实上已经给出了狄俄尼索多罗斯所说的事物既真实又存在的结论。但克忒斯珀斯对这个结论既准备接受,又打算否定。

目睹了克忒斯珀斯的矛盾,狄俄尼索多罗斯选择再次进入对话,他希望能纠正克忒斯珀斯,让他能够认识事物的形式,并懂得如何对事物的形式进行正确的描述。遗憾的是,这回再次进入对话的行动被克忒斯珀斯并不承认的谩骂所终结,狄俄尼索多罗斯再次退出对话。经过苏格拉底开导,克忒斯珀斯的怒气得以平息,决定接受狄俄尼索多罗斯这位美狄亚的切割和烹煮。这时候,在"生来高贵"这样的前缀的呼喊下,狄俄尼索多罗斯再次进入这场原本就属于他的对话,这是他第三次进入这场对话,也是他首次可以与克忒斯珀斯完整地讨论完一个问题。这个问题让容易愤怒、情绪激昂的克忒斯珀斯陷入了沉默。在狄俄尼索多罗斯引领而至的路上,狄俄尼索多罗斯本人的真正现身,让刚刚走上这条路的克忒斯珀斯停止了脚步,首先经历一场沉默。

苏格拉底在沉默的空当中现身,与克忒斯珀斯相比,狄俄尼索多罗斯对待苏格拉底少了许多耐心,甚至不愿意用语词来带着他绕弯,只是一再让苏格拉底"反驳自己"、"回答问题"。狄俄尼索多罗斯引导那位距离自己最远的克忒斯珀斯的任务,在上一个沉默中已经完成。所以他不愿意与苏格拉底过多地纠缠,而是抛出继死亡之后另一个严肃的主题,让苏格拉底接着,这就是狄俄尼索多罗斯结束他此轮对话发言前最后说到的灵魂(287d7)。

如果说苏格拉底在前一轮对话中的示范与请求的确产生了作用,那么确实可以看到,狄俄尼索多罗斯在这一轮对话伊始就显得足够严肃,再三提醒苏格拉底要想清楚。他也的确在努力将克莱尼阿斯引导朝向爱智慧。只不过,如果真的有狄俄尼索多罗斯式的爱智慧,其起点便是死亡;一如他的名字是"酒神的礼物",酒神狄奥尼索斯在刚出生不久,便首先经历了死亡——肉体的彻底毁灭。狄俄尼索多罗斯式爱智慧的终点，则是灵魂；一如他名字中的那位狄奥尼索斯，便是因为灵魂重新进入肉体而得以复活，最终成为永生不朽的神明。尽管在这场属于他的对话中，狄俄尼索多罗斯多次进入又退出，但他未曾忘记要展示自己的爱智慧，必须推进直到将灵魂的问题抛出，他才可以完全退出这场对话。

　　回到本文开头的追问，狄俄尼索多罗斯当真是在刻意掩藏最高的东西吗？狄俄尼索多罗斯式爱智慧的起点，被克忒斯珀斯的愤怒所打断，未能真正开始；其爱智慧的终点，也让苏格拉底早已准备好的反驳打断，未能真正终结。在这场对话中，多次退出又进入的狄俄尼索多罗斯，实际上未能完成他的应有之份。就其本人而言，他并未打算回避、隐藏而不去展示自己的智慧，因为他所处的位置，恰好正是对话中最安全的位置——彻底的中心，前后各有其他几场对话隔断了危险：只有在这样的位置上，讨论死亡与灵魂这样容易招致危险的话题，才不至于引起真正的危险。然而危险并不总是来自外界，即使狄俄尼索多罗斯这个第三场对话有前两场与后两场的押前与殿后，但是就在其中，尚有愤怒的克忒斯珀斯需要安抚。

　　狄俄尼索多罗斯没有违背苏格拉底的要求，的确进行了严肃的展示，也展示了严肃的内容，只是他给出的是一场过于匆忙的、失败的展示，只来得及显露他的爱智慧的起点与终点，而来不及引导克莱尼阿斯，如何从这个起点出发，又应该如何抵达这个终点。从苏格拉底手中，狄俄尼索多罗斯主动接下了引导克莱尼阿斯的接力棒，而在自己遭遇失败的当下，狄俄尼索多罗斯便要将这个接力棒交还给苏格拉底；引导他交还接力棒的人，正是苏格拉底本人。

余　论

　　从昨日对话回到今日对话，苏格拉底的对话者仍是克力同。在苏格拉底一再强调需要倾注所有注意力去听取的这场对话结束后，克力同究竟收获了什么？再从狄俄尼索多罗斯式爱智慧就是要让一个人死亡，回到《斐多》中的爱智慧作为死亡练习，进而考察两次听到这个说法的克力同的态度，可以发现，无论是在《欧蒂德谟》抑或《斐多》中，他都未能意识到死亡与重塑，以及由此带来的灵魂的净化与永存，是属于爱智慧的关键问题。因此在《欧蒂德谟》的结尾可以看到，克力同在思考克里托布罗斯(Critobulous)的教育时,就像完全没有听过这个严肃说法般依然懵懂。

克力同作为《欧蒂德谟》中常人形象的代表,历经苏格拉底转述的智术师教诲以及苏格拉底本人的教诲,仍然未能走向通往爱智慧的路。这意味着哪怕指明了方向,哪怕拥有领路人——甚至这个人是苏格拉底,爱智慧之路依然不对所有人开放。

作为《欧蒂德谟》中的智术师形象,尤其是能够说出爱智慧就是死亡的年长者狄俄尼索多罗斯,他是否当真了解爱智慧之路的去向?从文本的最终形象看,狄俄尼索多罗斯兄弟显然称不上是哲人。那么智术师与爱智慧注定背道而驰吗?智术师与常人不同,他无法停驻于对世界的懵懂,而必须寻求至少能够说服自己的解释,哪怕是扭曲的解释。在他们的论证中,说谎是无法做到的,这样看来,至少狄俄尼索多罗斯自己笃信,必须经历肉体的死亡,才能达致灵魂的爱智慧。智术师兄弟可能是因为认识到了这一点——有如他们姿态严肃地为在场人进行的介绍——才保有了审慎;也正是因为认识到了自身的限度——天资有限且缺乏勇敢——才保持了节制,最终没有选择走上这条道路。

因此在《欧蒂德谟》中,柏拉图或许呈现了智术师的其中一个面相:一度窥见过爱智慧之路,但并不踏入其中的门外人。这样的智术师,对城邦而言至少不是最坏的人(305d5)。但也恰恰因为智术师们未曾真正朝向爱智慧,所以他们所有的教授只能是对爱智慧的通俗化和庸俗化,[1]与爱智慧擦肩而过却渐行渐远的智术师们,最终伤害了爱智慧本身。

---

[1] 程志敏,《论古希腊哲学启蒙运动的现代性》,载《现代哲学》2013 年第 2 期,页64。

亚里士多德《政治学》与古今政治教育的分野

崔　嵬

（北京第二外国语学院文化与传播学院 中华文化研究院）

摘　要：在现代政治教育影响之下，现代人未曾走向真正的政治成熟，反而不断陷入盲目的政治情绪之中。这一难题迫使我们反思现代政治教育，考察古典政治教育与现代政治教育的差异，并从古典智慧之中寻找新的方案。古典政治教育的方案本身就存在分歧，柏拉图与亚里士多德之间的论述看起来并不一致，让后学莫衷一是。但细究两者外在的思想龃龉，最终可发现古典政治教育的内在一致性，从而认清现代政治教育对古典思想的误读。由此表明，古典政治教育之中的"哲人王"教育，既是柏、亚思想内在一致的落脚点，亦是现代政治教育思想与古典政治教育思想的分歧之所在。

关键词：亚里士多德 《政治学》 古典政治教育 哲人王

公元前399年，雅典人在经过了合法的审判程序之后，民主投票判处苏格拉底死刑。苏格拉底之死成为西方自由民主价值不可回避的史实性原罪，血淋淋地记录着自由民主价值与雅典文明之间的矛盾冲突。克力同在苏格拉底最后一天哭诉雅典的自由民主暴行，不愿亲见恩师被不义地处死；苏格拉底却笑言："难道你愿意见我被正义地处死。"①苏格拉底之笑令雅典民主制下的庸众迷惑不解，就像他们同样无法理解苏格拉底的哲学追求一样。虽然他们智识不足，愚昧无知，不求上进，却权力在握；他们无法理解苏格拉底的生活方式，更无法理解苏格拉底之笑，于是便有了对难解之事或智慧之人的

---

① Xenophon, *Memorabilia Oeconomicus Symposium Apology*, trans. by E. C. Marchant O. J. Todd, Harvard University Press, 1923, p.659.

义愤。① 苏格拉底的性命荒诞地掌握在了民主制的城邦民手中。

柏拉图曾用医生之例来比喻这种处境:当我们生病之时,我们会请专业人士(医生)指导,不会抓一群人来民主投票决断如何用药;然而,当我们在处理政治问题之时,我们却把权力交给那些并无政治学专业知识的庸人们。政治学领域与医学领域一样,需要专门的知识方能决断。只是政治领域与医学领域不同,常人对医学领域兴味索然,却难减对政治的热情。既有盲目的热情,又少有专门的知识,雅典民主制的危险来源于此。

苏格拉底之后,众门徒开始著书立说,操弄文字,目标却仅系于一尊,即政治教育。既然人人都会对政治领域有言说的兴趣,接受政治专业的训练当然十分必要。若让非专业的政治诉求形成邪恶的浪潮,后果当然是灾难性的。当年,纳粹势力借助欧洲人的反犹情绪赢得选票,让后世之人意识到简单的普选根本无法扼制政治中的邪恶。政治问题的复杂性远远超过了普通人的知识范畴与把控能力。吊诡的是,普通人对政治生活的热情与政治知识的掌握全然不成正比。既然如此,如何恰如其分地施行政治教育才是解决现实问题的关键。

一 古典政治教育的含混

若我们带着现实政治教育的问题回到古典文本之中,聆听古代先贤的指引,却会遇到一个政治思想史上的窘境:柏拉图在《王制》(旧译《理想国》)中借苏格拉底之口所讲之话,与亚里士多德《政治学》卷 2 中的论述,彼此冲突,难以融合,我们应该跟谁学习或应该如何从事政治教育? 苏格拉底是柏拉图的恩师,而亚里士多德则是柏拉图的弟子,为何亚里士多德要反驳自己的师祖?

不仅是具体的政治举措,柏拉图传世的文字与亚里士多德《政治学》也截然不同。柏拉图的现存作品,多为剧作,另有少量书信,均属文学体裁,比起亚里士多德的哲学式直呈文字而言,柏拉图作品文笔曲折,涵义隽永,内在意图隐而未彰。在《斐德若》中,柏拉图以为,文字

---

① 多年以后,英国文学家斯威夫特重复了这种"不受人妒是庸才"的说法,参 Christopher Fox eds. , *The Cambridge Companion to Jonathan Swift*, Cambridge University Press, 2003, p. 1。

一旦写下,就不再懂得如智慧之士那样,随语境及人物不同,修饰语言,调节语义,以适应复杂的人世生活。① 既然如此,亚里士多德为何要违背恩师的做法?

学者们研究亚里士多德《政治学》卷 2 与柏拉图《王制》内容之间的龃龉,或可解答这一思想史上的难题。在《王制》中,苏格拉底谈及极端公有政治,恰如高度精确的数学知识,既美且真,却于人世生活无益。城邦的高度统一正如数学之抽象,需要忽略具体属人的特征,以便寻觅永恒共性的存在。亚里士多德据此认为,苏格拉底的错误正在于强化了城邦统一化的程度。实质上,亚里士多德在《形而上学》《欧德谟伦理学》《政治学》《动物的生成》《物理学》和《尼各马可伦理学》等多部作品之中,均论述了城邦、家庭与个人的"一"与"多"的问题,并非全然背离恩师的教诲。

然而,在政治理论方面,"一"与"多"的问题,似乎已属苏格拉底文辞与亚里士多德论述的张力所在;用最贴近的例子论述此理论,就是"妇女"与"儿女"的问题。妻子与儿女"属我",排斥他人,成为政治共同体中的"多";人与人之间的情感(philia)则需要以事物的共同感为基础,又离不开"一"。政治共同体中的绝大数多人需要以属己之情铺就日常生活,但同时又离不开共同的生存情感。"多"与"一"纷繁复杂,纠缠交织。抽象的"一"洁净精微,道通唯一,勾联起共同体的"多",但因无属己之感,又离生活太远;抽象的"一"不正是哲学思辨力图打开的玄妙之门吗? 哲学的非属己性质与政治生活的属己情感存在着永恒的张力,就像"一"与"多"之间所存在的张力一样。

哲学要引导人关注超越于属己情感的事物,而政治生活则要以属己的情感为基础。"一"与"多"的辩证方案既是哲学的入门,同样又是政治知识的根本——民主地处理"多"的问题与集中地解决"一"的问

---

① 柏拉图的戏剧写作,涉及针对不同灵魂言说的问题。戏剧的情节性设计,让不细心的读者无法领略其中的要旨。学界已经关注到柏拉图写作的灵魂问题,但灵魂之间差异仍然是研究的难点。参樊黎,《柏拉图论人类灵魂的起源:以〈斐德若〉为中心》,载《哲学动态》2019 年第 4 期,页 78-85;另参拙著,《修辞学在哲人与伪哲人爱欲转变中的双重作用:柏拉图〈斐德若〉绎读》,载《江西社会科学》2018 年第 9 期,页 22-30;就此问题最完整的论述,可参柏格,《为哲学的写作技艺一辩:柏拉图〈斐德若〉疏证》,贺晴川、李明坤译,北京:华夏出版社,2016。

题在政治领域之内并未消亡。政治生活的两难处境要求治邦者拥有双重品性,既要懂得属己之情感,又要懂得在超越的"一"之中摆脱属己情感的束缚。在政治共同体至关紧要的财产问题之上,若实行共有,则会失去生活基础,但若实行私有,则需要掌握财政大权的人士具备慷慨大方的品质。哲学追求超越属己情感之物,恰好可用于政治人物品行的培育。在面对政治生活的两难处境方面,亚里士多德并未与柏拉图及其笔下的苏格拉底有什么不同。他们深切体会到政治生活的复杂之处,因此古典政治教育的含混状绝非故弄玄虚。①

"一"与"多"的内在张力决定了政治生活本身的复杂,于是古今智慧之士不得不为真正的智慧穿上外衣。柏拉图的戏剧式写作与孔子的春秋大义,无不强化了文学对智慧的保护作用。从最浅层的意义上讲,即是不让那些疯狂之士接触到最具杀伤力的知识:举例而言,不能让希特勒分子知晓原子弹的知识,也不应让三聚氰胺的知识流入失德之人的手中。② 知识要对不具备"温柔敦厚"品质的人保密,毕竟唯有极少数贤能之辈拥有决断"一"与"多"的智慧及魄力。

亚里士多德的一生是作为沉思哲人的一生,勤勉耕耘,思及寰宇,后世思想受其影响者不可胜数。作为哲人,亚里士多德深知沉思生活具有的超越性品质,懂得如何运用沉思的阶梯,攀登形而上的巅峰。③哲人陟彼高岗的意志力本与常人的信仰无涉,毕竟道不同,不相与为谋。据称,亚里士多德的传世文字,尽为当年讲稿,并非直接对外言说的作品。亚里士多德亦未曾料想他学园式的讲稿竟会流传后世,对常人、对信仰形成干预。④ 毕竟,亚里士多德深知学园中的学生与学园外之人存在着重大差异。这一流传的后果便是,那些凡事昭假神明的宗教人士,不得不面对神明启示的神圣永恒秩序与哲人揭示的偶在无穷性之间的张力。

古典政治教育深知政治生活的复杂性,凡人借助视听、言辞及理智

---

① 参戴维斯,《哲学的政治:亚里士多德〈政治学〉疏证》,郭振华译,北京:华夏出版社,2012 年,第 25 页。

② 毒奶粉事件,可参 2007 年 1 月《南方周末》所刊《可怕的牛奶》以及 2007 年 4 月《焦点访谈》的《牛奶掺假揭秘》的相关报道。

③ Matthen D. Walker, *Aristotle on the Uses of Contemplation*, Cambridge University Press, 2018.

④ Carlo Natali, *Aristotle: His Life and School*, Princeton University Press, 2013.

触碰关于世界的知识,这些知识即便经历了最大程度的抽象,最高程度的概括,它同样只是属人的直观概念,无法获取永恒的实在性。苏格拉底据此提出"无知之知"的著名论断。知识的不确定状态引来的是政治生活的无序。哲人发现人生在世的偶在性决定了政治无序的无穷性。哲学追求要突破知识的此时此地偶在性,实现对绝对实在的体悟;政治生活却要以自身所见所知的感觉为根本,据此实现与他者的理解与整合,于是政治的知识与哲学的知识在属人的层面上交织融合,难解难分。从这个意义上讲,理解思想家们的政治思想的差异的确是最便捷地抵达思想家幽深思想的便途。①

二 《政治学》与现代政治教育问题

现代政治生活并非完全不提供政治教育,恰恰相反,现代政治教育显得比古典政治教育的普及程度更广,为何在现代社会之中反而出现无知的政治浪潮?据称,现代政治教育的开创者霍布斯"明确与传统彻底决裂",成为首个"近代政治哲学"的代言人。② 理解了霍布斯的问题,也就理解了现代政治教育的问题。霍布斯的现代政治立场与他对亚里士多德《政治学》的理解紧密相关。③ 然而,若要理解霍布斯如此这般理解《政治学》的缘由,则需要关注他作为思想者的独特性——霍布斯如何以及为何如此这般理解亚里士多德。

霍布斯(1588—1679)自幼天资聪颖,15 岁就读于牛津摩德林学院

---

① 研究政治问题,既是实现政治教育的基础,同时又是理解古典思想的门径,学者斯塔雷(R. F. Stalley)曾编译过亚里士多德的《政治学》,还为柏拉图的《法义》写过导言,相关论述能为深入理解该问题提供方便,参 R. F. Stalley eds. , *Aristotle Politics*, trans. by Ernest Barker, Oxford World's Classics, 2009;R. F. Stalley, *An Introduction to Plato's Laws*, Hackett Publishing Company, Inc. , 1983;他在 1991 年发表了一篇《亚里士多德对柏拉图〈王制〉》的批评,收录于《亚里士多德〈政治学〉指南》一书之中,颇有研读的必要,参 R. F. Stalley, *Aristotle's Criticism of Plato's Republic*, in David Keyt and Fred D. Miller eds. , *A Companion to Aristotle's Politics*, Blackwell Publishing, 1991, pp. 183-199。

② 参施特劳斯,《霍布斯的政治哲学》,申彤译,南京:译林出版社,2001,页 1。

③ J. Laird, "Hobbes on Aristotle's 'Politics'", in *Proceedings of the Aristotelian Society*, New Series, Vol. 43 (1942—1943), pp. 1-20.

（Magdalen College），曾翻译了修昔底德《伯罗奔半岛战争志》。如此聪慧之士，应能准确理解亚里士多德古典政治教育思想。然而，修昔底德的地缘政治学学问倾向，[1]为霍布斯后来拒斥终极的目的和至高之善打下了基础。[2] 他的政治哲学思想主要分布在他的《法律要义：自然法与民约法》（1640 年）、《论公民》（1642 年）以及《利维坦》（1651 年）三部著作之中。[3] 若我们留意此三部作品的出版时间，不难发现它们与英国内战的紧密关系。霍布斯敏锐地发现，苏格拉底、柏拉图、亚里士多德、塞涅卡、塔西佗、普鲁塔克、西塞罗和希腊罗马的无政府鼓吹者等古典传统的政治教诲，在战争状态之下完全失效，因而他觉得应全盘否认古典政治教诲，重新找到一条属于现代政治生活的路。[4]

在霍布斯所提的这些古典教诲之中，西塞罗和希腊罗马的无政府鼓吹者两类传统政治哲学最为特殊。[5] 为将哲学引入罗马的政治生活，西塞罗模仿前人，笔耕不辍；他坚信，政治生活之中不能缺少哲学的追求，否则政治生活会沦入盲目的机械运动之中。[6] 与西塞罗不同，希腊罗马的无政府鼓吹者则走向另一极端，后者以为哲学生活可直接取代政治生活，直接在尘世共同体之中追求至善，以图否认人的在体性缺陷，突破"人是政治的动物"命定论限制。所谓的希腊罗马的"无政府鼓吹者"不过就是"非政治化"运动中的智术师们，他们是柏拉图作品中的重要组成部分，亦是重要敌手。[7] 西塞罗将哲学生活引入政治之中，即是将"一"置入"多"的语境之中，以便在罗马的政治生活构筑张

---

[1]　参奥伯胡默尔，《拉采尔之前的政治地理学及其最新发展》，收于《地缘政治学的历史片段》，娄林编，北京：华夏出版社，2018，页 4。

[2]　参霍布斯，《利维坦》，黎思复、黎廷弼、杨昌裕译，北京：商务印书馆，2017，页72。

[3]　参霍布斯，《论公民》，应星、冯克利译，贵阳：贵州人民出版社，2003；《法律要义：自然法与民约法》，张书友译，北京：中国法制出版社，2010。

[4]　参霍布斯，《论公民》，应星、冯克利译，前揭，页 122。

[5]　施特劳斯在《自然权利与历史》一书中转引该部分内容之时，故意省略了这两类古典政治哲人，参施特劳斯，《自然权利与历史》，彭刚译，北京：生活·读书·新知三联书店，2003，页 167。

[6]　参施特劳斯，《西塞罗的政治哲学》，于露译，上海：华东师范大学出版社，2018。

[7]　柏拉图笔下的苏格拉底，对待智术师的态度存在着具体差异，学者就此已有争论，参 David D. Corey, *The Sophists in Plato's Dialogues*, State University of New York Press, 2015。

力;这正是苏格拉底运动虽源起于哲学,却不同于智术师运动之处。[1]无政府鼓吹者则意图以"一"取代"多",以求消解两类生活之间的张力;后者正是霍布斯思想的出发点,亦成为霍布斯解读《政治学》的思想基础。

不过,引起我们深思的问题是:霍布斯及智术师、无政府鼓吹者们为何要选择消解两类生活之间的张力?霍布斯历经战火洗礼,目睹人世混乱不堪以及生命的脆弱与无力;哲学生活所追求的至善,虚无飘渺,不再有说服力。古典政治哲学所倡导的政治德性担当在霍布斯眼里脆弱不堪。无论是古典哲学的追求,还是古典宗教的宣教,都无法一劳永逸地解决政治生活之中的困境和难题:人世的苦难难免引起情绪化的反应,它们永远大于理智的追求。古典精神要求古典智识人以坚毅的德性担当起承重墙的重任,影响并管制身边那些情绪化的反映与行动。只是这种德性担当,苦不堪言,常人心性难以忍受。

霍布斯在战乱之中的无力感,让他觉得可以尝试建立起一种新的政治哲学,彻底解决自苏格拉底以来均没有解决的政治难题,从而免除智识人的德性担当,不再陷入政治生活的冲击之中。[2] 现代智识人也不必再像西塞罗那样在政治生活之中,孤独而决绝地追求哲学生活,而是只需要像一枚螺丝一样,生活在一团完整的机器之中;尘世的生活不再需要中流砥柱般的坚毅,而智识人的生活亦会轻松许多。霍布斯为代表的现代智识人追求生活的轻逸,而非勇于承担命定的沉重。霍布斯的轻逸心性,而非他的睿智与聪明决定了他理解《政治学》的维度。

霍布斯看到了亚里士多德对《王制》"理想政体"的批判,又承袭了修昔底德的现实主义目光,彻底丢开柏拉图文本与亚里士多德文本的差异,不愿再为理解文本付出辛劳。[3] 柏拉图《王制》绝非简单述及最佳政体,而是在极端化的推衍之中恰当地呈现政治的本相。亚里士多

---

[1] Paul A. Vander Waerdt eds. , *The Socratic Movement*, Cornell University Press, 1994.

[2] 关于霍布斯心性的分析,参沃格林,《政治观念史稿(卷七):新秩序与最后的定向》,李晋、马丽译,贺晴川、姚啸宇校,上海:华东师范大学出版社,2019,页70-72。

[3] 细读文本,理解前圣之思,所付出的辛劳,看来似乎并无价值,但在这类的阅读与理解之中,养成的细致、耐劳及持之以恒的政治品格,却不能为人所忽视。古典政治教育所依赖的文本阅读是政治德性培育的法门。

德亦非对此毫无体察,而是意图在学园之中引导那些触碰过政治本质的弟子们,留意政治生活中的具体现象。遗憾的是,现代政治哲学从某种程度上建基于此种忽略之上。若我们无法意识到霍布斯心性与思想的关系,就无法全面理解现代政治哲学,亦无法真正回归古典政治教育。①

古典的政治教育与霍布斯的不同,理想政体在亚里士多德笔下从来没有完全消失过。② 沉思理想政体的哲学生活虽与维系政治生活中的友谊存在张力,却未必不能调和。与柏拉图在言辞之中构筑理想城邦不同,亚里士多德知识的经验性(episteme)令虚无飘渺的古典政治追求有了新的着力点。③ 古典政治哲学既不能让经验性的论述彻底淹没至高存在,同时又要充分意识到人的智识性缺陷,从而理解哲学真理与属人智慧之间的距离;既如此,人究竟应该如何安顿自身生活?

由于凡人有注定必死的天然欠缺,人们在生活之中无法独自承受死亡带给人的虚无与空虚,凡人的"诗意栖居"需要的是生命本身的抱慰,而非哲思性的呢喃。再者,由于凡人的灵魂与性情存在偶在性差异,抱慰生命的意义与价值阐述,彼此冲突,莫衷一是。既如此,人生意义的表述必然含混而繁杂,亚里士多德在对人性这一伦理思考基础之上,论述各个政体的优劣,并最终让混合政体作为凡人的最佳选择。④

若混合政体成为凡人的最佳选择,那么在某一具体时刻究竟应该依凭何种原则作出最终决断就会遇到巨大的麻烦。混合政体的含混性

---

① 莱尔德(J. Laird)的《霍布斯论亚里士多德〈政治学〉》只是这类研究中的沧海一页,或许能够为学人们认清现代政治哲学的根基提供某些帮助,参 J. Laird, "Hobbes on Aristotle's 'Politics'", pp. 1−20。

② Fred D. Miller, JR., "Aristotle on the Ideal Constitution," in Georgios Anagnosto-poulos eds., *A Companion to Aristotle*, Wiley-Blackwell, 2009, pp. 540−554.

③ 关于亚里士多德伦理学知识的特质,新近的研究可参 Joseph Karbowski, *Aristotle's Method in Ethics*: *Philosophy in Practice*, Cambridge University Press, 2019。

④ Emma Cohen de Lara, "Aristotle's Politics: Ethical Politics or Political Realism?", in Emma Cohen de Lara and René Brouwer, *Aristotle's Practical Philosophy*: *on the Relationship between His Ethics and Politics*, Springer, 2017, pp. 13−35.

对治邦者的能力提出了极高的要求,不仅要求治邦者能够体察普通人的生活欲求,还要求他们在做出政治决断之时超脱个人名利得失。沉思者本身能够超越个人名利得失,拥有高贵的政治德性,却难与政治共同体价值相融。沉思生活自求辛事,桃虫之思,亦可翻飞维鸟,撼动传统生活。只是,仰望星空的爱欲与习惯,亦可置换在个体性缺陷衍生的世俗性欲望,超脱世俗世界对价值承认的贪求,最终驯服难羁的盲目政治渴慕,化解尘世的纠纷与冲突。政治生活的欠缺与不完美状态注定了沉思生活体身的价值,毕竟那些在政治共同体之中高贵的德性只是沉思生活德性的影子(《尼各马可伦理学》1140a1-2)。

霍布斯式现代政治哲学以为,把高贵德性的培育施加于沉思者身上并不公平;霍布斯在内战之中看到高贵的德性已经踪迹全无。与其把权利交给高贵的沉思者,不如把全民都培养成沉思者,以此去掉强加在沉思者身上的负担。这是霍布斯理解亚里士多德教育的关键——学园中的文本与学园外的文本不存在内外之别。

现代政治教育遇到的两难困境在于,政治秩序的维系离不开政治生活参与者对至高之善的神圣性赞颂(《形而上学》1075a11-15),而沉思者外在显露出的高贵政治德性与其内在对至高存在的否定性追求存在巨大的张力。消化与担负这样的张力者不可能是普通人,也无法奢望所有人都有这样的力量。①

亚里士多德在《政治学》中构筑的"理想政体",接近中庸状态。一方面,至高存在的神圣性不可触碰,否则政治生活势必混乱不堪。另一方面,沉思者必然要以否定的姿态接近神圣者,否则政治生活最亟需的德性无从生根。② 亚里士多德对现实知识的分析让霍布斯以为,那是亚里士多德知识体系的全部。实质上,《政治学》第4-6卷,理性地分析了现实境况,从中获取经验知识,这绝不意味着亚里士多德背离柏拉图式的哲学生活,与马基雅维里式的现实关切同谋,而是将否定性的沉思生活保留在了现实知识层面。这既维护了至高存在的神圣性,又以否定现

---

① 亚里士多德在《诗术》(旧译《诗学》)中提及的"净化"即与非凡之士的成长,紧密相关,相关论述参刘小枫,《巫阳招魂:亚里士多德〈诗术〉绎读》,北京:生活·读书·新知三联书店,2019,页426-432。

② Bodéüs, "Notes sur quelques aspects de la conscience dans la pensée aristotélicienne," *Phronesis* 20, no. 1, 1975, p. 73.

实政治形态的方式无限趋近于最佳之至善(《论天》2. 12. 292b17 -
19)。① 他没有像现代政治哲人那样,以现实可见的知识取代了不可见
的形而上知识,否定了沉思生活本身的价值,从而意图抹平沉思生活与
政治生活之间的鸿沟,不再保有对至高存在的渴望。

亚里士多德在《政治学》中研究现实的政治问题,并非因为现实问
题便是最高之物,而是据此保持研究与沉思的状态本身。具体的政治
体制问题便与具有纯粹思辨性质的数学、心理学及图形学范式结合起
来,实现了政治问题与哲学思辨的融通。② 最佳的政体当然要把两个
方面混合起来,而混合政体作为最佳政体的样式则是这种现象的直接
表述;这一表述与柏拉图在《王制》以数学性的纯粹构想出的"王制"共
契。两圣的论述均以沉思者的生活与共同体的生活之间的鸿沟为前
提,而不会以抹平政治与哲学间的鸿沟为思想基础。

古典政治教育立足于沉思者的智识性德性,其本身即是某种混合体
或综合体,具有难解的含混性(《尼各马可伦理学》1139b22 -24,31 -32,
1140b33 -34,1141a18 -20)。政治生活需要的两大类因素,一类有助于维
系政治生活的秩序,它需要对至高存在的共同礼赞,另一类因素则是政
治德性的根基,需要对至高存在的定性追慕。优秀的政治共同体需要将
两类互相矛盾的政治德性融合起来,使得可见的政治世界与超越性的真
知互为表里(《尼各马可伦理学》1140b33 -1141a8)。这种既过沉思生
活,又能融入政治生活之士,在古典思想的表述里称作"哲人王"。

三　哲人王的教育问题

似乎仍有异议者以为,柏拉图所推崇的"哲人王"被亚里士多德所
忽略。③ 这类学者未曾想到,实现城邦的整体幸福,离不开对公私利益
的全方位调和。调和行动要求从业者既要懂得私人的利益,同时又要

① Oehler, "Aristotle on Self-Knowledge," in *Proceedings of the American Philosophical Society* 188, no. 6, 1974, p. 499.

② William W. Fortenbaugh, "Aristotle on Prior and Posterior, Correct and Mistaken Constitutions," in *Transactions of the American Philological Association*, Vol. 106, 1976, pp. 125-137.

③ Fred D. Miller, JR., "Aristotle on the Ideal Constitution", pp. 540-554.

放弃自身的利益,以尽可能地照顾全体邦民的利益。公与私的问题在亚里士多德的理想政体之中至关紧要。① 一个人既要生活于政治共同体之中,又要出离于政治利益的算计,几乎不太可能;唯有具有真正哲学追求的人才有可能实现二者兼顾。共同体的幸福便仰赖于哲人与统治权利的偶然结合。

在亚里士多德的政治类论述之中,学者们试图找寻关于哲人王的论述,却始终未能实现。或许我们都没有意识到,若亚里士多德的撰述确为讲稿,那么潜在的哲人王正是那些坐在教室里聆听导师的教诲之人。即便亚里士多德没有直接论述哲人王,但其政治撰述的哲学品质却无法掩盖。观察与研究政治问题,绝非局限于政治生活,而是把观察政治问题作为实现哲学生活的手段;②它不会幻想着设计出某种科学的政治体制,就可以一劳永逸地解决政治难题。如若柏拉图笔下的潜在哲人王化作了亚里士多德讲稿所面对的听众,那么二圣文本论述的差异,就不如后世之人所料想的那么大。

现代政治哲学不了解"哲人王"的意义,实质上是遗忘了哲人及哲学本身的政治属性:政治的动物划定了理性的疆界。人的哲学追求只能限定于政治语境之中,没有人能真正拥有独具真理的品质。既要培育学生追求真理,又要训练学生避免独具真理的姿态,这才是亚里士多德在《政治学》中引导弟子们研习政治问题的重要任务。亚里士多德与现代政治哲学的分野在于,经营四方的政治行动究竟是理论分析所能掌控的对象,还是朝夕不暇的沉思对象。在古典政治哲学看来,现代政治哲学自视高妙的理论体系,实则仅是置诸旷野的空中楼阁。

亚里士多德首先从政治体制的类型来引导这些学生;相关论析出现在亚里士多德最具实践性的章节之中(第4-6卷)。据拉尔修所述,亚里士多德共研习过158种政体。③ 他把所有的政体分为"正确"形式与"败坏"形式两类。前者包括贵族制、共和制和君主制;后者则包括

① Judith A. Swanson, *The Public and the Private in Aristotle's Political Philosophy*, Cornell University Press, 1992.

② Peter L. Phillips Simpson, *A Philosophical Commentary on the Politics of Aristotle*, The University of North Carolina Press, 1998.

③ 参拉尔修,《名哲言行录》,徐开来、溥林译,桂林:广西师范大学出版社,2010,页221;新近的译本参拉尔修,《古希腊哲学的故事》,王晓丽译,北京:时事出版社,2019,页177。

寡头制、民主制和僭主制。在所有这些政治体制之中,寡头制与民主制
成为政治生活中的两极。① 极端的状态最易暴露事物的本质,而对于
政治事物而言,极端之态当属败坏之形式。

　民主制与寡头制分别由穷人与富人掌控最高治权,分属极端对立
之态。民主派以为,人生之世理应贯彻绝对平等(或称算术平等),而
寡头制则认为适当平等(或称几何平等)才能维护社会公义。② 小个子
拥有大衣服与大个子拥有小衣服,二人之间是否应该将衣服直接互换,
这一问题只是算术平等与几何平等的另一种表述。最佳政体显然必须
避免两种极端,又同时发挥两种制度的优势。所以,混合式的政治体制
往往能走向成功。③

　因为纯粹与绝对的某种极端政治在现实之中根本不可能,即便民
主制与寡头制本身同样有程度的差别。政治的教育至少会让人理解绝
对的和纯粹的制度本身不应该成为理想政体的首选,不必为坚持某一
幼稚的理想而走上街头;另一方面,政治教育也应让人注意到各种政治
诉求背后所涉及的经济问题。

　无论是民主制的拥护者,还是寡头制的主张者,均是在生活中放大
了自己的片面诉求。穷人基于自由领域方面的平等,从而认为他们应
在所有方面平等;富人以为财富方面的优越意味着他们应在所有领域
享有特权。④ 不仅如此,亚里士多德对民主政治的批评主要也在于该
政治体制之下,民众开始将自身的利益凌驾于集体利益之上。但民主
制的类型却因为民众类型本身具有的多样性而无法统一。

　亚里士多德细究了民主政治体制的本质、类型、历史及其异常状

---

① Richard Mulgan, "Aristotle's Analysis of Oligarchy and Democracy," in David Keyt
　and Fred D. Miller, JR., *A Companion to Aristotle's Politics*, Blackwell, 1991, pp.
　307-322.

② 对民主制的辩护是以对众人德性的褒扬为基础,而对法律统治的辩护则出现
　在绝对王权的语境之中,参 Clifford Angell Bates, Jr., *Aristotle's "Best Regime"*:
　Kingship, Democracy, and the Rule of Law, Louisiana State University Press, 2003,
　p. 5。

③ 民主集中制的优势,正在于混合了两种政治体制的优点;参王旭,《作为国家机
　构原则的民主集中制》,载《中国社会科学》2019 年第 8 期,页 65-87。

④ Andrew Lintott, "Aristotle and Democracy", in *The Classical Quarterly*, New Series,
　Vol. 42, No. 1, 1992, pp. 114-128.

态,并最终认定解决之道存在于某种中庸政治的构建之中。他对民主政治体制的诸多优点有了全方位的认识,却从整体上对民主政治没有什么好感。在很大程度上,纯粹民主制度之下的大众总是追求自身的利益,而煽动家则利用人们的这一追求,煽动民众情绪,扰乱视听,最终实现自己的利益诉求,没有人再挺身关注共同体的利益。在这种情形之下,政治决议往往并非共同体中德性最高的人所做出来的。

在《政治学》中,亚里士多德推崇的最佳秩序应该由至高德性者占据统治地位。因为优良的统治,既需要大多数非专业人士的日常经验,又得利用某种技术(technē)理性和统治高手安排的结构(poiēsis)。唯有至高德性者能同时兼具两者。① 至高德性的概念要求了对人的某种区分。寡头派与民主派均以偏概全地把某种个别团体的原则运用到了共同体的所有成员之上。寡头派有财富方面的优越性,他们据此认为他们应在政治共同体享有优越性。民主派则把生而平等误解为人类在各方面均应平等。至高德性者能超越所有的政治派别。

然而,"至高德性者"所拥有的德性极为稀有。至善之人的至高德性对于由"平等者"组成的政治共同体而言难以承受,就像阿尔戈船英雄(Argonauts)发现赫拉克勒斯(Hercules)太重,无法维持船体不下沉(1284a15-25)。毕竟至高德性虽然具有中庸的品质,但其德性之高,远超众人,会令身边之人相形见绌,自然会引致敌意。民主制下的陶片放逐法与僭主制下修剪高枝一样,至善之士即便拥有至高德性,亦极难融入政治共同体的生活之中。于此,我们才能理解苏格拉底与孔子均有"道不行"的慨叹,而斯威夫特则有"不遭人妒是庸才"的扼腕。

政治学的研究与政治教育至此转变为两类人的相处:至善之士与政治共同体中的大多数人。若我们留意政治体制的类型,会发现民主制正是多数人的统治,而寡头制则是少数人的统治。亚里士多德所说最佳政治是混合政治体制,便是某种多数人的统治与少数人的统治;也即是说,少数人与多数人的和谐共存才是政治问题的关键。② 少数人

① W. R. Newell, "Superlative Virtue: The Problem of Monarchy in Aristotle's 'Politics'", in *The Western Political Quarterly*, Vol. 40, No. 1, Mar., 1987, pp. 159-178.

② 参施特劳斯,《亚里士多德〈政治学〉讲稿》,娄林译,北京:华夏出版社,2018。

在西方是哲人,而在华夏文明传统之中便是中庸之士。西方政治哲学的混合状态与华夏文明之中的和谐概念就有了某种共通存在的基础。① 民主集中制的优越性正体现于这种和谐概念之中。

西方的现代政治哲学理念以为,少数优秀之人与多数人之间不存在根本性差异,所以政治教育的核心在于抹平少数人与多数人之间的差异,让多数人纯粹民主地参与政治事务。古典政治教育认为,少数优秀之士与多数人存在着重大差异,民主的权力必须集中起来方能巩固政治生活。那么,政治教育的核心问题即是如何培养心系人民、一心为公的高尚之士。亚里士多德《政治学》以音乐的教育和古典诗教作为全书结尾,正是在思考如何培养这样的高尚之士。《政治学》的价值最终落脚在哲人王的教育之上。②

苏格拉底与孔子都对人世的政治生活有深入的静观,但二人均把对青年的培育放到了最为核心的位置上。亚里士多德深谙师门教诲,自然懂得潜在哲人王(即青年)的培育,对于政治共同体的福祉至关紧要。潜在哲人王的训练,不仅需要有对至高存在的渴慕,以便形成逍遥的精神境界,还需要有对现实政治实践的敏锐观察,即便饥馑荐臻,亦能进退裕如,立我烝民。

* 本文系北京第二外国语学院课程思政项目"文化自信与文化比较"阶段性研究成果。

---

① Keping Wang, *Harmonism as an Alternative*, Palgrave macmillan, 2018.
② 参潘戈,《亚里士多德〈政治学〉中的教诲》,李小均译,北京:华夏出版社,2017。

人与动物的"同一个自然"

《雷蒙·塞邦赞》中的政治哲学

杨晓强

（山西师范大学马克思主义学院）

摘　要： 在《雷蒙·塞邦赞》中，蒙田通过对人和动物的一系列比较得出：人与动物拥有同样的自然，人其实就是动物。蒙田取消了自然和人为的差别，把人的语言、知识、理性都视为自然的产物。人只是因为骄傲自大才认为自己与众不同，实际上这只是虚妄的认识。人因不能辨别真妄而处境悲惨，只有破除妄见，才能把握真实的幸福。蒙田通过怀疑主义改变了传统政治哲学的根基，为政治享乐主义扫除了障碍。

关键词： 蒙田　自然状态　骄傲　享乐主义

对现代性的反思把我们引向早期现代的思想家们。马基雅维利、博丹、培根、笛卡尔、格劳秀斯、霍布斯，这些人从不同方向对古典道德和政治哲学发起进攻，为现代思想奠定了基础；蒙田居于其列，位置却有些尴尬。一方面，蒙田给我们的感觉显然是一个现代人，即使今天读其文章都无隔阂感就是证明。但另一方面，蒙田的思想又并未脱离古典作家的范围：廊下派、怀疑主义、伊壁鸠鲁主义，蒙田不像一个创新者。

在西方早期现代的历史中，怀疑主义和伊壁鸠鲁主义分别对现代哲学（笛卡尔、培根、休谟）和现代政治哲学（霍布斯、卢梭）产生了深远影响。如果没有这两种思想资源，现代思想的创立就几乎是不可想象的。

蒙田以怀疑主义著称，尤其是在《雷蒙·塞邦赞》①这篇文章中，怀疑主义得到了最全面、最彻底的表达。但是，这篇文章又是最具修辞色

---

① 　中译文收于蒙田，《蒙田随笔全集（中）》，潘丽珍等译，上海：上海译林出版社，1996。

彩,因而最不像"随笔"的一篇。蒙田表面上要为雷蒙·塞邦的自然神学辩护,实质上却用怀疑主义瓦解了自然神学。但在瓦解的同时,蒙田又用怀疑主义为天主教信仰(实质上是一切传统信仰)作了辩护。我们要知道,蒙田的写作背景是法国三十年宗教战争。

怀疑主义和政治哲学的关联,在蒙田的《雷蒙·塞邦赞》中获得了一种表达,而这种表达在笛卡尔那里却并不明显。霍布斯的哲学基础是机械唯物主义,这个基础与他政治哲学的关系晦暗不明。① 蒙田的怀疑主义与天主教信仰之间,同样存在巨大的裂隙,这让蒙田的立场变得难以捉摸。②

从历史上看,与其说天主教信仰通过怀疑主义为自己赢得了辩护,不如说,怀疑主义借助为信仰辩护之名,扩大了自己的影响。怀疑主义寄居在信仰下悄然孕育,在破壳而出之日,却取代了信仰。这就必须重新考察蒙田写作的动机。

蒙田的怀疑主义表达了一种我们非常熟悉的观点:真理不在人手里,人拥有的只是观念。这给现代思想家们提供了巨大的自由空间,得以排除古典哲学之"自然"和宗教之"超验"的干扰,为现代人创造一个全新的机械物理世界和政治伦理空间。本文试图分析《雷蒙·塞邦赞》中的一个主题:人与动物的相似性,由此看看蒙田借助怀疑主义之锋,在政治和道德领域提出了什么尚未被我们领会的新观点。

一 无神恩的"自然状态"假设

蒙田说自己要表达的无非是圣经的观点:在神面前人的智慧什么都不是,人自以为有所知,其实只是他的骄傲自大。圣经的教诲对人来说本已足够,但对于那些不服从圣经的人,只好用理智来说服。

---

① 施特劳斯,《霍布斯政治哲学的基础》,收于施特劳斯,《什么是政治哲学》,李世祥等译,北京:华夏出版社,2011,页 171。

② 博克,《蒙田》,孙乃修译,北京:工人出版社,1985,页 60-64。需要把蒙田的文章放到时代中考察,为什么罗马教廷审查《随笔集》后竟对这一立场毫不反对?显然,以否定理性来为信仰辩护的做法,在当时看来并不奇怪。倒是自然神学通过理性证明信仰的做法更显得异端。从 1558 或 1559 到 1564 年,塞邦的《自然神学》被教会列入禁书,序言在此后仍被禁。

　　这时让我们设想一个孤独的人,没有外援,赤手空拳,得不到圣恩和知识,因而也没有他自身的尊严、力量和基础。[1]

　　16世纪的读者会以为,蒙田是在追溯一个古老的传统:《圣经》。根据托马斯·阿奎那,与恩典状态相对的人的"自然状态"有两种样式:堕落前的"纯洁的自然状态"和堕落后"败坏的自然状态"。在前一种状态,人可以凭借自然获得本性中的力量和美德,在后一种状态,如果没有圣恩的帮助,人凭借自身则无法完善本性。

　　但蒙田更直接的源头其实是卢克莱修的《物性论》。如果我们把卢克莱修《物性论》的第五卷与蒙田的《雷蒙·塞邦赞》一文对照,就会发现论述次序惊人一致。从蒙田全文对卢克莱修的引用(75次引用),可以看出,蒙田在对照着卢克莱修写作。这和卢梭的《论人类不平等的起源》非常相似。

　　这里"自然状态"的人与纯洁和堕落都没有关系,而是一种孤独的动物,类似于在某些地方发现的野蛮人。随着欧洲的地理大发现和文艺复兴,早期现代思想家们获得了一种观察人的新视角。这一视角的含义在霍布斯、普芬多夫等人那里有了更清晰的表达。

　　在这样的"自然状态"中,我们首先会面临两个问题:一、人与世界的关系,即自然哲学;二、人与其他存在者的关系,即伦理学与政治学。

　　蒙田首先批判人是宇宙的目的和主宰的观点。这不仅是某些哲人的观点,也是塞邦和基督教的观点。天空、大海、日月星辰,都是为了人才诞生的吗? 蒙田认为这是非常荒谬的看法。但《圣经》上明确指出,上帝创世的最终目的是人,人才是世界的中心和万物的灵长。如果是要为基督教信仰辩护,似乎就不能否定这一点。但蒙田却悄悄地偏离了教义,并宣称自己在为信仰辩护。

　　"自然状态"中的人,既然没有圣恩,也就丧失了自己独一无二的身份,被降到了与动物一样的位置上。在这里,支持蒙田的是卢克莱修:世界绝非神造的,因为它有巨大的缺陷:世界上大部分地方都不适合人居住,人唯有通过艰辛的劳作才能苟且偷生,但仍然常常被天灾毁灭。很多动物也威胁着人的生存。人一出生是那么弱小,无依无靠,简直像被世界抛弃的种族。自然却为动物提供了一

---

[1]　蒙田,《蒙田随笔全集(中)》,前揭,页121。

切所需。①

这一切都说明，世界不是为人创造的，即使最优秀的贤哲也不是。蒙田对廊下派巴尔布斯（Balbus）的观点嗤之以鼻，并认为底层人比贤哲更应该受到照顾。在"自然状态"下，人仰望星空，马上就发现，人不如天体永恒、高贵，天体比人更像是宇宙的中心。人的命运由天体支配，人的美德、罪恶、理性、知识都由天体恩赐，因而人无限地低于天体。

这里的论证带有戏谑成分，古典哲学把天体的理性与整个宇宙的理性联系在一起，而人的理性正是这个整体理性的一部分。如果承认了天体拥有理性，那么，人分有宇宙的理性就是自然的。这正是巴尔布斯的观点。但蒙田在前面刚刚反驳了他的另一个观点。② 卢克莱修在《物性论》中否认天体有神性和灵魂，蒙田在这里的叙述和引文却让人误以为，卢克莱修也支持这种观点。另一些哲人如阿那克萨戈拉，把天体贬低为物质，蒙田斥之为狂妄自大。蒙田用一系列的反问句，质疑人对天体的物理解释，但天体是否真有灵魂、生命和理性呢？蒙田悬置了这个问题，并重新描述了"自然状态"的人。

"他看到自己落在蛮荒瘴疠之地，四周是污泥杂草，生生死死在宇宙的最阴暗和死气沉沉的角落里，远离苍穹。"③在这种自然状态里，没有宗教和知识，神也销声匿迹，人孤独地在旷野里生活，好像也没有群体、配偶和后代，过着朝不保夕的生活。这显然是一种过度的修辞，而非真实的描述，与《物性论》也并不相符。我们需要细致地分析，蒙田究竟篡改了什么。

所有造物中最悲惨、最脆弱的是人——这是蒙田的观点，而非卢克莱修的。在卢克莱修看来，这恰恰是常人的偏见，因为这种偏见，人才寻求宗教的安慰。世界不是神的创造，而是原子在自然运动中偶然结合后诞生的。天体也并不神圣。万物都在时间中改变着本性。有的动物因为不能维生而灭绝，有的动物则繁衍兴盛，自然并不偏袒任何一个物种④。在后面的论述中，蒙田的这一观点将逐渐弱化，最后证明只是

①　卢克莱修，《物性论》，方书春译，北京：商务出版社，1981，页273-275。
②　如果承认了天体有理性，就不可避免要接受人有理性，但这与蒙田的怀疑主义立场相悖。
③　蒙田，《蒙田随笔全集（中）》，前揭，页124。
④　卢克莱修，《物性论》，前揭，页314。

修辞。"这些埋怨是不对的,世界的结构中包含更大的平等和更统一的关系。"①人并不是最悲惨的造物,他既不高于也不低于其他造物。

二 人与动物的"同一个自然"

蒙田接下来并未遵从《物性论》第五卷的次序,去论述世界的永恒性与万物诞生的次序,而是跳到了对动物的描述。略过的部分,正是卢克莱修唯物主义哲学的基础。

语言是人区别于动物最明显的特征,蒙田首先解释,语言并非只有一种形式,肢体语言也是。所以动物之间也有交谈。人不理解动物,动物也不理解人,这是双方的缺憾;但人和动物之间仍有一定程度的交流,就像动物和动物之间,人与人之间的交流一样,只是程度不同。动物的叫声有不同的含义,人也可以用手势交流各种意思:赞赏、拒绝、邀请、承认、否认、鄙视、抚慰、训斥、屈从等等。蒙田通过把手势等同于语言,就把语言变成了一种普遍的自然能力,而不是人专有的技艺:"我们跟它们与跟鸟,跟猪,跟牛,跟马都有不同的语言,不同的叫声,按照物种不同而有不同的表达方法。"②语言不是集体约定的成果,它的产生非常自然,一个婴儿如果在野外长大,依然能具备属于自己的语言。

从政治哲学角度看,蒙田对语言的分析具有直接的政治后果。语言真正的功用不只是交流,还在表达意义和理解;人生活在语言的世界里。肢体语言是在类比的意义上叫语言,它无法表达抽象含义。亚里士多德在《政治学》中问过自己:"作为动物而论,人类为什么比蜂类或其他群居动物所结合的团体达到更高的政治组织?"③答案是语言。只有语言能让人具备正义等观念,而家庭和国家就是靠这些政治观念才形成的。这意味着,语言的真正意义是为人类生活整体提供一套理性的说明。理性和知识都建立在语言的基础上,如果动物有语言并非一种比喻,难道动物也拥有理性和知识吗?

蒙田的确是这样看的。谈完语言,蒙田继续说,在其他方面,动物的能力都和人非常接近,甚至超过人类。人的任何优点在动物身

---

① 蒙田,《蒙田随笔全集(中)》,前揭,页12。
② 同上,页131。
③ 亚里士多德,《政治学》,吴寿彭译,北京:商务印书馆,1983,页8。

上都能找到。有的动物有理智,有的有技巧,有的会分工合作,它们无不生活得轻松自如。大自然给了所有动物恰当的指引。有些动物能够推理、判断、得出结论。它们有知识,懂得医术;它们能模仿人言,能学会表演、战争、劳动,还能伺候人的起居,能数数,还懂得教育后代。有的动物还有宗教意识。它们还有各种感情,七情六欲丝毫不比人逊色。有时也和人一样,会有变态的感情和欲望,还会发动战争。动物的灵魂更高尚,它们不仅和人一样懂得忠诚、感恩、互助、荣誉、悔恨、宽仁,更不会背叛。它们也会做梦,有抽象思考,认识美,形体也比人美。人要生活得更健康,往往还要模仿动物。动物还有其他超出人理解的活动,人不仅无法模仿,甚至无法想象,在这方面,动物比人还更高明。

蒙田花费了大量的例子来证明,与人相比,动物不仅丝毫不差,甚至还更高明。但我们还是颇为犹豫,因为蒙田是把所有动物放在一起来和人做比较,得出动物比人更高明的结论。而如果挑出任何一种动物,都能发现明显的缺陷。人在动物中的优势看起来如此明显,即使把人置于动物之中,他仍会是其中最卓越的一种。而且,我们并不能像观察自身一样,真的知道动物具备理性和知识,这只是和人类对比之后的结论。可以说,是我们先理解了自己的能力,才去揣测动物也具备这些能力。

至于动物的虔诚和美德,蒙田也只是从它们的行为上做出揣测。但用蒙田自己的话说,我们判断人的虔诚和美德时,也同样是根据他们的行为,我们不可能深入内心去了解别人,很多美德只是出于利益、恐惧、名声、习惯,人很少是为了美德而践行美德。[①] 所以,动物是否真的具有美德,人其实无法知晓。

这里的很多例子都来自普林尼、希罗多德,以及普鲁塔克的戏作对话,[②]如果细心品味,不免逗人一笑,不能太当真,比如他说大象的虔诚、蚂蚁的审慎,蒙田引用的时候,就像论证天体有理性和灵魂一样,随心所欲,不问真假。蒙田戏谑地说,鸟类的振翅要能表现未来,必然要

---

① 参蒙田的"论小加图"(卷一,37)和"论我们行为的不一致"(卷二,1)。

② 普鲁塔克的文章《是陆生动物还是水生动物更聪明》和《假如野兽有理性》,参 David Lewis Schaefer, "The political philosophy of Montaigne", New York: Cornell University Press, 1990, p. 66。

有一套规则,表明它们具备"智慧、意愿和推理"。"大家的意见众说不一,时而把人捧到九霄云上,时而把人贬得无地自容。"①这提示我们,蒙田可能是在以常人的口吻叙述这些见闻。我们既无法相信这些论证的可靠,也不能认为蒙田会真的认同这些故事;我们必须结合蒙田的意图,重新思考这些论证。

蒙田在论述中曾把人懂得运用武器作为人的自然方式,犹如野兽懂得往皮肤上涂抹污泥。但这样一来无异于承认,技艺就是人的自然。"大自然把所有创造物放在一个宇宙内;没有一个创造物不充分具备为了自身生存而必需的手段。"②蒙田通过把人与动物作类比,实际上就消除了自然与人为之间的差别。

"我们赞赏和重视陌生的事更甚于日常的事。"③蒙田指出,人贬低动物是因为我们重视"陌生"甚于"日常",对自然了解得太少;人对古代和别国的习俗惊叹也是因为我们没有认识"同一个自然"。如果对"同一个自然"有足够的认识,就能避免偏见,获得正确的判断。

这个观点对当时的人来说,是绝对无法接受的。④ 我们必须理解,对于传统伦理学和政治哲学来说,蒙田的这个观点有多大的颠覆性。即使当今我们这些已经接受进化论的读者们,承认人是从动物进化而来,但还是不由自主地想把人看作动物之外的另一种生物,一种独一无二的生命。

但是,如果承认人的一切都源于自然,那么,使人不能接受自己与动物无异的,就只剩下一种东西:虚荣心。

> 妄自尊大的虚荣心使我们更愿意把我们的知识归于自己的努力,而不是上帝的慷慨;说到其他动物多亏得到了先天的好处,而自己全凭后天的才能而显得高贵荣耀;我觉得这纯然是天真幼稚的想法。⑤

---

① 蒙田,《蒙田随笔全集(中)》,前揭,页128。
② 同上,页128。
③ 同上,页140。
④ 直到一百多年后的法国,卢梭写作《论不平等的起源》后,伏尔泰仍然嘲讽他"企图将我们变成野兽"。卡斯蒂隆也说卢梭"极尽所能使人与畜生相类似"。
⑤ 蒙田,《蒙田随笔全集(中)》,前揭,页133。

那么,这种虚荣心是不是人与动物之间剩下的唯一区别呢?

三 妄想与真实的幸福

蒙田在论述了人与动物的相似和一致后说,但"动物之中唯有人有这种想象的自由",①他骄傲自大,总是设想自己是别的东西,所以他总是不安于自己的地位,就像泰坦族的巨人一样,试图上天和神搏斗。人类的欲望总是超出自己的自然需求,因而人总不能获得满足,这就是他痛苦的根源。我们记得,霍布斯的政治哲学正是在这里陷入了两难:一方面,人和动物的欲望没有区别;另一方面,人的欲望在贪得无厌上则超过一切动物。②

但是蒙田说,骄傲自大是人"天生的疾病",人唯一区别于动物的似乎就是骄傲。如果要医治这种疾病,就无异于改变人性。要么,人天生就是有病的;要么,骄傲就不是一种病,"疾病"只是一种修辞。这样一来,人与动物真的拥有"同一个自然"吗?

对人性的这种指责有明显的宗教背景。《荷马史诗》中的奥林匹斯诸神就展现了属人的这类品质。"认识你自己"的神谕更是直接对人的 hybris[肆心]的回应。在圣经传统中,hybris 则表现为著名的自由意志问题。只有人才会违背上帝,动物只能服从。人有反抗上帝的自由,这自由表明人的高贵。只有自由人的顺从,才是最可贵的信仰。上帝最喜欢的是人,而不是动物。人原罪的根源也在于此,原罪既是人的缺陷,又是人高贵的证明,人如果反抗上帝,就落入"最悲惨"的境地,但如果顺从上帝,则会得到救赎。动物既不会犯罪,也不会被救赎,动物与上帝没有特殊的关系,人才是造世的目的。这也正是塞邦书中的观点。③

但蒙田在这里恰恰试图跳出宗教的背景,从单纯的"自然状态"来批判人的骄傲自大。

> 动物比我们循规蹈矩得多,它们在自然法则的范围内安分守

---

① 蒙田,《蒙田随笔全集(中)》,前揭,页132。
② 施特劳斯,《霍布斯的政治哲学》,申彤译,南京:译林出版社,2001,页10。
③ David Lewis Schaefer, "The political philosophy of Montaigne", p. 64.

己,当然也不是说没有发生像我们这样穷奢极欲的事。①

　　蒙田不经意间又推翻了前面的结论,承认动物和人一样会越界出轨!战争似乎是只属于人的活动,"人类最隆重和最自命不凡的活动之一"。战争的原因是人的狂妄。可是,"也不是所有的动物都没有相互残杀的做法",蒙田举了蚂蚁和蜜蜂的例子。卢克莱修描述动物间的战争时,宛如在描述人类的类似荒唐之举。动物在骄傲自大上依然不逊于人,看来动物确实与人拥有"同一个自然"。最开始提出人"最悲惨"是因为骄傲自大这种独一无二本性的说法,证明只是修辞。
　　在蒙田看来,骄傲自大并非一种"原罪",只是人偶然落入的一种虚妄的境地,它既非不可更改的天性,也非命中注定的结局。只要认清了它的虚妄,就能从中摆脱出来。由于人和动物拥有"同一个自然",动物有时候也会陷入这种虚妄。只是因为人更喜欢运用想象,因而比动物更容易落入骄傲自大之中。既然人与动物的本性没有什么不同,人就应该安心待在自然的界限内,和动物一样遵守自然法则。
　　蒙田把人和动物有"同一个自然"这一观点推到极致,以致消除了任何人为,一切都成了自然的结果,从动物到人毫无间隔,古典政治哲学和伦理学被悄然推翻。根据这个观点,人类的自我认识需要重新确立,生活的意义和目的也面临更新。人不再能通过动物来确认自己的独特本性,而是必须放弃这些幻想,从人类实际的生活出发,为自己确立生活的目的和政治的规划。既然人实际上就是动物,那么人天生就不是政治动物。政治被排除在人类生活的核心领域之外。但这依然是一种政治哲学——无政府主义的政治哲学。
　　蒙田就这样颠覆了我们对人和动物的固有观点,把我们心中最后一点侥幸也彻底摧毁。既然如此,蒙田又凭什么通过动物的循规蹈矩来批评人的骄傲自大呢?通过指出人与动物本性的一致,蒙田就改变了对人目的的理解。借助对骄傲自大的批判,蒙田试图纠正人类过往的错误,而这必然涉及人类生活的方方面面。蒙田首先区分了两种欲望:

　　　欲望有自然的和必需的,如饮食;也有自然的和非必需的,如

―――――――――

① 蒙田,《蒙田随笔全集(中)》,前揭,页144。

与女人交合；还有非自然和非必需的，那几乎包含人的所有其他欲望；这些是无聊的和人为的。①

蒙田对欲望的区分来自伊壁鸠鲁，不过把快乐转换成了欲望。②但蒙田在自然和必需的欲望里只提到了饮食和做爱，而把几乎所有其他欲望都放到了非自然和非必需的一类中，言下之意，人只要满足食色就足够了。食色的欲求确是人的自然和必需，但人还欲求荣誉、财富、智慧，如果说对财富的欲望是不自然、不必要，难道对荣誉和智慧的欲求也是如此吗？即使伊壁鸠鲁也不会认为，沉思是不必要的，因为要想获得幸福必须通过沉思自然；但蒙田却以动物为幸福的典范，把人的独特欲求当作非自然和非必需的，完全排斥掉了。

蒙田最后总结，动物拥有的好处是"方便和真实的（maniables et palpable）"：和平、悠闲、安全、淳朴（innocence）和健康；③而人拥有的却是虚假的意见：理智、知识、荣誉。真正值得追求的是前者而不是后者。但蒙田的结论是值得怀疑的。可以说动物比人更淳朴，但能说动物拥有和平、悠闲、安全、健康吗？卢克莱修在《物性论》中毫不掩饰地描述了"自然状态"下动物和人的悲惨，他们会互相厮杀，日子过得朝不保夕。这里并没有和平可言，当然也毫无安全。动物时刻遭受严酷的环境摧残，并不比人更健康。至于悠闲，似乎也谈不上，大多数动物终日都在忙着觅食。恰恰相反，不是动物，而是人才有可能真正拥有它们。

蒙田想说，这才是人的幸福所在。而人的理智、知识、荣誉显然妨碍人获得它们。这些好处的特征是"方便和真实"。方便的含义接近于自然，是指无需努力就能获得，与人为相对立。但因为蒙田取消了自然和人为的区分，这个含义就显得模棱两可。真实则与虚假相对立，意思是可触摸、可感知的，这背后是一种唯物主义为基础的享乐主义。④这种享乐主义的政治内涵，在霍布斯的政治哲学中得到了更彻底、更完

---

① 蒙田，《蒙田随笔全集（中）》，前揭，页144。

② 伊壁鸠鲁，《致梅瑙凯的信》，收于伊壁鸠鲁，《自然与快乐：伊壁鸠鲁的哲学》，包利民等译，北京：中国社会科学出版社，2004，页33。

③ 蒙田，《蒙田随笔全集（中）》，前揭，页159。

④ 关于唯物主义与享乐主义的关联，参考施特劳斯：《自然权利与历史》，彭刚译，北京：生活·读书·新知三联出版社，2003，页110。

整的表达。

在《雷蒙·塞邦赞》接下来的篇幅里,蒙田用怀疑主义的手段对知识的可能性和益处做了详尽批驳。正是怀疑主义才破除了人对知识和理性的信念,把传统哲学还原成了一系列相互矛盾的观念大杂烩,让灵魂的高贵变得可疑,让理性和知识显示出了虚妄。怀疑主义为蒙田的享乐主义提供了反面的证明。①

"所有学派的哲学家都是一致的:一切的根本在于心灵与肉体的宁静。"②蒙田告诉我们,哲学不是为了追求真理(因为怀疑主义表明,人无法获得真理),而是为了人心灵与肉体的宁静。那么,任何不能实现这个目的的哲学,就是无意义的;任何导致灵魂焦虑的哲学,都是有害的。③ 蒙田在新的意义上让哲学从天上降到了人间,这种享乐主义的幸福观,是蒙田在今天仍然能被读者接受的一个重要原因。

但这种幸福究竟是"自然状态"的人能拥有,还是政治生活中的人能拥有呢? 换言之,最幸福的人是野蛮人,还是政治人? 蒙田语焉不详。野蛮人一方面身体更健壮、心灵更安宁,但另一方面,处境更危险,更易因无知而陷入各种迷信和恐惧中。对文明人来说,幸福最大的障碍是虚假的意见,这只有靠哲学才能破除,而不是靠无知。最终,似乎只有哲学家才能获得更大的幸福,而不是野蛮人。

蒙田既颂扬野蛮人的生活,又颂扬服从宗教习俗;但服从宗教和法律的政治生活,与悠闲安宁的自然生活,显然是两种不同的生活方式。哪一种更幸福? 蒙田可能是这样想的:野蛮人的无知状态虽然好,但文明人已经回不去了;文明人能够过的只能是另一种无知生活,即顺从宗教和法律的生活。文明人的天性更不安于现状,总是因一些虚妄的东西挑起事端,所以需要蒙田这样的哲人来教育。野蛮人不需要蒙田的教育,文明人却需要。但如果人的本性与动物无异,那人最幸福的状态就不是政治生活,而是自然生活。

---

① 破除虚妄后的世界,是一个彻底祛魅的物理世界,现代人摆脱了宗教和形而上学的困扰,却陷入了价值虚无的困境中,把人与动物等同是价值虚无的一个重要步骤。

② 蒙田,《蒙田随笔全集(中)》,前揭,页162。

③ 在"探究哲学就是学习死"(卷一,23)中,蒙田重新解释了苏格拉底的这句话:一切智慧的目的就是让我们学会不惧死亡。

　　接受了蒙田教育后的文明人,是否真的乐意接受宗教习俗,做安分守己的公民呢? 蒙田既给了我们一个答案,又抛出一个新的难题。[①]从蒙田颂扬的隐居生活中我们得到了一个暗示:公共生活与私人生活的区分。人在公共生活即政治空间中可以获得安全与和平,但内心的安宁只能存在于私人生活中。只有国家既保护公民的安全又不干涉其私人生活的时候,才有可能追求真正的幸福。[②]

　　在宗教战争的氛围中,蒙田还没能像霍布斯或卢梭那样,去构想一个政治蓝图。但他已经为那些蓝图准备了基础——市民阶层的人性论和幸福观。蒙田所代表的市民知识分子托庇在传统宗法制度下,以护教的名义小心翼翼地传授着自己的教诲。还需要两个世纪的准备,传统的宗教和政治力量才会削弱,市民阶层才能以更野心勃勃的姿态登上世界政治舞台,以唯物主义为基础,公开把享乐主义在政治中确立为新的正当性。

---

①　这个问题把我们强烈地引向卢梭,正是卢梭把对立更清晰地呈现出来。
②　从后现代生活来看,哲学如果真的退入私人生活中,就很可能丧失意义,沦为一种消遣。

为理性一辩

兼评《宙斯的正义》

程志敏

（海南大学社会科学研究中心）

正义作为人类社会的基本要求，古今中外都极为重视，但"正义"的内涵及其基础却大不相同。对于古希腊人来说，被称为"正义"的dike首先不是人世间的伦理规范，而是宇宙秩序，后来才演变为人世的准则，这个过程本身就已经说明了"正义"的来源：人世间的公道正义，乃是对宇宙秩序的模仿，而宇宙秩序又是神明所设定的，因此，行事正义就是对神明的崇敬，因而正义本身就是虔诚。反过来说，如果不正义，则既违背了自然天道，又是可怕的渎神之举，当然要遭天谴和神罚。

一

古希腊正义观的这两种含义或维度大概就是所谓的"天人合一"，但与我们通常庸俗的理解不同，这种"合"不是平等的相互契合，而是差序存在序列中低级对高级的"符合"。这与后世的正义观大不相同。随着宇宙变成"自然"，而本身无限丰富的"自然"坍缩固化为物质性的东西，宙斯的正义便不复存在。新的正义观在消除了神圣的维度后，只能以人的理性为准绳，而人的理性据说一模一样，因此，"正义"就成了平等的代名词，它的内涵也由此发生巨大的偏转。

这个理性化的潮流思路带走了古风时期很多美好的东西，最终似乎造成了人类（至少西方）社会的种种灾难，于是批判理性主义的人从古代开始就一直不乏其人，到了20世纪之后，这种倾向简直泛滥成灾。毕竟，据说惨烈的两次世界大战都是拜理性主义所赐，至少是因为理性主义从上到下的理论建构，让思想失去了自然的土壤，而这种无根的逻辑产物要求现实给它让路，凡是不符合理性或逻辑理想的，都要被终极解决。

理性主义的第一场灾难就是雅典的衰败,琼斯(Hugh Lloyd-Jones)认为,柏拉图在其中负有不可推卸的责任:

> 柏拉图却依赖于一种形而上学的和神学的教条主义,因而与东方宗教有更多相同之处,也与一神论以及现代世界无论是宗教上的还是世俗思想中的教条体系更为一致。很多人在讨论希腊衰亡原因时都有所贡献,他们一直在用伯里(J. B. Bury)的术语"精神的失败"。第一个重要的精神失败就是柏拉图的失败。①

但一般的思想史著作都会把希腊的衰亡算到智术师头上,毕竟,他们教导的东西,如正义是强者的利益等,败坏了雅典高贵的传统道德。但琼斯表示,普罗塔戈拉这一类智术师的观点反而更接近希腊人的传统看法,倒着实令人费解。

在琼斯看来,新兴的哲学思想虽然抛弃传统的神话学,但他们并不因此就主张无神论。思想新贵们对传统神学的理性化处理后,新产生的一神论信仰不仅不与古代信仰相抵牾,而且还能和谐共生,就像现代思想家并不与现行宗教相冲突一样。其理由就在于,古代的无神论从来就没有引发过任何社会问题。但我们会问,什么样的问题才算得上是大问题,直接导致古希腊的衰亡,还不算严重的社会问题吗?琼斯批判柏拉图,是因为柏拉图批判了智术师,柏拉图把希腊人的无神论和非道德主义以及由此而产生的种种政治军事灾难都算到智术师头上。但琼斯却认为,恰恰是那些为了保护传统思想的人最终破坏了传统,因为他们太过保守和虔敬!

琼斯采纳了多兹的看法,认为柏拉图经毕达哥拉斯学派而受到了东方宗教的影响,"把希腊理性主义传统与魔法-宗教的观念杂糅在一起",因而提出了灵肉二分的观念,似乎从此开创了西方二元论的先河。柏拉图偏离了传统的生活经验,过度诉诸理性,于是琼斯批评道:

> 理性可以帮助我们从原初的假设中作出推导,但不能指导我们如何在它们之间作出选择,而且不大容易提出这样的主张:某一

---

① Hugh Lloyd-Jones, *The Justice of Zeus*, University of California Press, 1971, p. 136.

套关于神明本性或宇宙管理方面的随意假设,就比任何其他假设更"理性"。①

就算柏拉图在自己的对话中极力弘扬"神明",打算通过重建官方崇拜来训诫和引导普通人,但这与希腊传统宗教几无共通之处。柏拉图的超越性的理性宗教或许有高明的地方,但正如琼斯所说,这种新宗教关心的主要不是"此"世的现实。

二

琼斯关注的不是思想史中的"变易",而是长期保持静态的东西,这个东西就是希腊人早在公元前 5 世纪启蒙运动的理性主义之前就已经十分成熟的世界观。虽然琼斯没有明确地说,但他的意思很明显,古希腊早期的独特性和丰富性正是被哲学(尤其是柏拉图)败坏了。而早期希腊人已达到了一种高超的理性思考水平,远远超出了东方人,而柏拉图等人从学于东方,反倒让希腊文明有所退步。

琼斯直接提出了三个理由来证明希腊本土文明的独特性:

> 第一,希腊宗教既不是一神论,也不是严格意义上的多神论,而是介于两者之间。希腊宗教有很多神明,但从我们所知最早的时期开始,就有一个大神统管着其余神明。第二,这种宗教不以人类为中心,凡人不过是低级神祇创造出来的,在宇宙中也仅仅占据较低的地位,神明也不太在乎他们。第三,这些神明不是超验的,而是内在的(immanent)。他们不从外面干涉自然规律,而是通过自然进程统管无生命的世界,并通过凡人的情感来统管有生命的存在。②

其中,第三点似乎尤为关键,琼斯后来进一步阐释道:

> 神明通过自然和人心,而不是通过外部的干预来维系。宇宙

---

① Hugh Lloyd-Jones, *The Justice of Zeus*, p. 160.
② Ibid. , p. 136.

由因果律来管理,这种宇宙观是思考宇宙论、科学和形而上学的先决条件。假如要回答这个无法回避而又困难的问题——为什么现代科学和哲学发端于古希腊人而不是其他任何民族,那么,当然就会从这个说法开始:有序宇宙这一观念为希腊人所独有,他们在这个问题上与其东方邻居截然不同。正如第四福音书明白所示,基督教的最初假设虽然来自启示,但也破例接受了这种[宇宙]观点。这种观点不来自犹太教,也不来自其他任何东方思想。①

凡此种种,当然都不无道理,不过要把希腊本土文明与东方彻底隔绝开来,只强调它的原创性,似乎就很危险了。理性宗教中的神,与原始宗教(自然宗教)的神大不相同,但也未始没有共同点。诚然,理性化的神高高在上,不食人间烟火,当然也就无法让人感到亲近,从而真正产生依附的情感。正如海德格尔所说,后来形而上学化的神已经变成了哲学上的"自因",反过来说也一样:

> 自因(Causa sui)……是哲学中表示上帝的名副其实的名称。人既不能向这个上帝祷告,也不能向这个上帝献祭。人既不能由于畏惧而跪倒在这个自因面前,也不能在这个上帝面前亦歌亦舞。②

但在传统的祭祀规程中,歌舞乃是尊荣神明的必有节目(《俄狄浦斯王》895)。但理性既然是不可逆的自然而必然的过程,我们又该如何看待它?

我们无意来评判这场灾难的责任,也不会为柏拉图辩护——他根本不需要谁来为他说什么好话,毕竟,他的著作就摆在那里,里面既有理性主义的主张,也不乏对逻辑、理性、二分法(甚至辩证法)的冷嘲热

---

① Hugh Lloyd-Jones, *The Justice of Zeus*, p. 162.

② 海德格尔,《形而上学的存在-神-逻辑学机制》,收于孙周兴选编,《海德格尔选集》(下卷),上海:上海三联书店,1996,页841。尼采亦曰:"假定 causa sui [自因]概念是某种彻底的谬论"(《善恶的彼岸 论道德的谱系》,赵千帆译,孙周兴校,北京:商务印书馆,2015,页30),"那种自以为借助于因果性就能够深入探究事物的最内在的本质的看法,只不过是一种幻想而已"(《悲剧的诞生》18节,孙周兴译,北京:商务印书馆,2012,页133)。

讽。单纯地截取某一个方面,由此发现它的问题,再予以批判,这种做法本身就不"正义"。我们在这里只想简单为"理性"以及"理性主义"分辩几句。

诚然,现代世界"越来越热衷于逻辑和对世界的逻辑化",越来越看重脱离了生活的理性,因而越来越走向颓废。[1] 与尼采一样,张志扬教授也在批判过度理性不仅没有给世界带来理性本可造就的秩序,反而导致了极度的混乱:

> 现行的世界,不是没有理性,也不是理性太少,相反,恰恰是理性太多,多到混乱的地步。每一种理性都只看到自己光亮的部分,甚至干脆认为自己就是光亮本身,因而非己之其他理性都是特殊的、未开化的,甚至野蛮的、黑暗的等待。于是,理性之争,诸神之争,争高低之序,争主奴之别,成为当今世界混乱的原因。[2]

所以,如果要摆脱现在的糟糕局面,似乎只有告别理性,毕竟理性乃是现代危机的渊薮:"惟当我们体会到,千百年来被人们颂扬不绝的理性乃是思想的最顽冥的敌人,这时候,思想才能启程。"[3]

海德格尔把现代社会很可能毁灭人性的技术化潮流归结为理性主义的结果,而理性主义又是希腊哲学的结果,所以要发现和超越理性主义的界限,似乎就必须告别理性,尤其要告别希腊哲学。希腊哲学中的理性试图把握存在和整全,这是办不到的(其实海德格尔自己的思想也是在重复着自己所批判的对象,无论他如何摆脱和撇清自己,他的"基础存在论"都是传统形而上学的余绪),因为,正如施特劳斯所概括的:

> 理性主义自身依赖于非理性、非明证的假定;理性主义虽看似权倾一时,却是空虚的;理性主义自身依赖于某种它无法主宰的东

---

[1]　尼采,《悲剧的诞生》4 节,前揭,页9;《偶像的黄昏》,李超杰译,北京:商务印书馆,2013,页21、96-97。柏拉图的《欧绪德谟》是对逻辑(和智术师)最辛辣和深刻的嘲讽。

[2]　张志扬,《偶在论谱系》,上海:复旦大学出版社,2010,页314。

[3]　海德格尔,《林中路》,孙周兴译,上海:上海译文出版社,2008,页241。

西。一种对存在(being)更恰切的理解为如下断言所暗示:存在(to be)意味着不可捉摸,意味着一种神秘。这是对存在的东方式理解。因是之故,东方并无主宰意志(will to master)。仅当我们变得能够向东方特别是向中国学习时,我们才能指望超越技术性世界社会,我们才能希冀一个真正的世界社会。可中国正屈服于西方理性主义。①

诚如琼斯所说,如果柏拉图与东方宗教关系密切,甚至谦虚地从学于东方,岂不正是海德格尔所希望的那样,那么,海德格尔为什么一生都在跟柏拉图过不去呢,甚至还把西方文明的危机这笔账直接算在柏拉图头上?

三

东西方需要交汇,双方都必须做出努力,也就是要首先清理自身的问题。对西方来说,大概就是要清理作为本己至深根源的理性主义。否则,东西方的交汇就没有可能,因为这种交汇不能在东西方最浅薄的时期发生,更不能在最吵嚷、最轻率和最浅薄的打工者之间发生。在没有充分理解对方之前,仅仅因为看到了自身的问题就喜新厌旧、自我痛恨,同时对异域风情的东西充满好感,这种做法大概就是浅薄的。

西方思想家沉潜到自身的根源处来准备这场伟大而"尚未"(noch nicht)的交汇,就会发现《圣经》传统似乎能够克服西方内部理性主义的限度。但同时不能把《圣经》绝对化,否则就会堵塞通向东方其他思想形式的道路。《圣经》虽然是东方的产物,但它经西方化了,也就是"我们西方人之内的东方",既不是东方的全部,甚至也不是真正的东方。所以,海德格尔真正的想法,大概就是超越传统的"两希冲突",径直向东方学习。真有这样的好事?或者"能够帮助我们克服希腊理性主义的不是作为圣经的圣经,而是作为东方事物的圣经",也就是把整个东方当作"圣经"?

海德格尔以及所有西方思想家,对中国并不了解(据说他对西方

---

① 施特劳斯,《海德格尔式存在主义导言》,丁耘译,见《古典政治理性主义的重生》,郭振华等译、叶然校,北京:华夏出版社,2011,页90。

也未必足够了解,至少在他没能走出存在论之类的形而上学之前,因为西方思想的至深根源未必是对"存在"的特定理解和特定体验),因而从来也没有对中国抱有多大希望,凡是以为莱布尼茨受惠于《周易》,以为海德格尔向东方叩拜,都是自欺欺人。

在尼采看来,这种理性化的始作俑者乃是苏格拉底,所以他终生都在同这个思想上的怪物作斗争:

> 如果人们需要像苏格拉底所做的那样,使理性成为暴君,那么,某种别的东西成为暴君的危险一定不小。当时,理性被猜想为救世主。……整个希腊的沉思都狂热地转向理性,这表明了一种困境:人们处于危险之中,他们只有一种选择:或者走向毁灭,或者——成为可笑的有理性的人……①

情况真是如此? 其实,古人重视理性,但不是唯理论者。他们认为,人类必须抵制(低级)爱欲或"野性的爱欲"(《斐多》81a),而只能诉诸理性(logos)和羞耻心(《斐德若》253d),只有这样才能让思想中优秀的东西获胜,引导我们走向合序的生活方式,走向哲学(哲学=合序的生活方式),走向幸福(《斐德若》256a)。当然,古人所说的理性与后世的理解大不相同,简单地说,古人信奉的理性是极为丰富的 logos,这种丰富性就包含了后世所理解的 nous,也就是说,后人把逻格斯"努斯化"了。笼统的理性批判实在不得要领,如果尼采和海德格尔对理性的批判能够成立的话,也只是针对自然化、数学化、逻辑化的僵化,也就是现代人自己不断提纯的所谓"理性"。

此外,廊下派也认为,"过于理性的人对于世界极大需求的信念总是错误的,一个人真正需要的唯一的自愿来自他的内心和他自身的美德"。② 古人从来没有把理性视为人类存在的终极根据,否则就不可能有苏格拉底"第二次起航"这样的思想史公案了。这一点,维柯对 ratio 一词的分析也可以作为佐证,他说:

---

① 尼采,《偶像的黄昏》,前揭,页 17。
② 努斯鲍姆,《诗性正义:文学想象与公共生活》,丁晓东译,北京:北京大学出版社,2010,页 98。

在拉丁语中,ratio 既指算术元素的结合[一种计算],也指人所特有的区别于并超越于动物的属性。人通常还被说成是一种 rationis participem [带有理性的]动物,但还不是完全驾驭理性的动物。①

人类分有理性,但再次强调一遍,这里的理性不是后世所理解的仅仅蜕变为认识世界的那种能力。这样看来,海德格尔对 ratio 以及 logos 的分解,尤其是对"人是理性的动物"这一传统定义的批判,似乎就因彻底而显得有些偏激:它们固然有 rechnung[计算、依置]的意思,也有 Grund[根据]的含义,②但远不止于此。

当然,理性缺乏节制,必定会产生种种毛病,"由于形而上的存在对于思考没有任何控制力,演绎的自由思考就把自己迷失在唯理主义的建构中。它只是过于频繁地为经验的、历史的内容披上出自理性的纯粹而绝对有效的演绎结论的光环"。③(现代)理性自身的问题得到越来越多的挖掘,"现在,在很多人看来,这种干巴巴的理性已经无法抵达任何形式的终极真理。所需要的是一种更微妙的语言,可用来显明更高的或者说神圣的东西"。④ 于是,舍弃理性,改宗非理性,似乎就显得很时髦很浪漫了。人类思想就这样简单地走向了另一个极端,而这一极给世界带来的灾难同样不小,丝毫不亚于理性的"霸权"带来的后果。

四

正如卢卡奇所看到的,这样两极摇摆的时代精神根本没有能力应付当今的种种问题,哲学感到惊慌失措,于是对理性的批判以及对非理性的皈依实际上变成了病急乱投医,让哲学的水平下降到不可思议的程度。他说,"贬抑知性和理性,无批判地推崇直觉,贵族式的认识论,拒绝社会历史的进步,制造神话等等,都是我们几乎在每个非理性主义

---

① 庞帕编译,《维柯著作选》,陆晓禾译、周昌忠校,北京:商务印书馆,1997,页83。
② 海德格尔,《根据律》,张柯译,北京:商务印书馆,2016,页213,225,255,274。
③ 罗门,《自然法的观念史和哲学》,姚中秋译,上海:上海三联书店,2007,页93。
④ 泰勒,《世俗时代》,张容南等译,上海:上海三联书店,2016,页554。

那里会遇到动力"。① 20世纪的诸多巨大灾难尤其两次世界大战就是
"理性的毁灭"和非理性主义的畸形发展在思想和政治上的"登峰造
极"。理性固有弊端,毁灭理性同样可怕,所以施特劳斯承认,"我相
信,面对这一指控,我们西方社会科学家中许多人必会服罪"。②

既然"服罪",那就必须重建人们对理性和形而上学的信心,毕竟,责
任不在于理性,而在于自称理性的人对理性的误用。正如胡塞尔所指出
的,即便欧洲的危机在于误入歧途的理性主义,但并不能说我们就必须
彻底抛弃理性,因为"这毕竟是一种可以理解的误入歧途"。也就是说:

> 在这种情况下,就可能表明"危机"是理性主义的表面上的失
> 败,但是合理的文化的这种失败的原因——正如我们已经说过
> 的——并不是由于理性主义的本质本身,而仅仅在于将它肤浅化,
> 在于它陷入"自然主义"和"客观主义"。③

由于现代哲学过度批判理性,我们现在面临着康德和黑格尔同样
的难题,即如何拯救哲学,拯救形而上学,拯救理性:

> 这个时代之走到对于理性的绝望,最初尚带有一些痛苦和伤
> 感的心情。但不久宗教上的轻浮任性,继之而来的知识上的庸俗
> 浅薄——这就是所谓启蒙——便坦然自得地自认其无能,并自矜
> 其根本忘记了较高兴趣。④

只不过我们在他们的教训之上还懂得了一点,我们同时还要防止
被拯救后的理性过度膨胀,走向不可收拾的地步。其实,任何东西都需
要防止"泛滥成灾"。当然,与其说是我们在拯救哲学和理性,不如说
是在祈求哲学和理性来重新拯救我们自己。

---

① 卢卡奇,《理性的毁灭》,王玖兴等译,济南:山东人民出版社,1988,页7,另参页
124。
② 施特劳斯,《古典政治理性主义的重生》,前揭,页62。
③ 胡塞尔,《欧洲科学的危机与超越论的现象学》,王炳文译,北京:商务印书馆,
2001,页393、404。
④ 黑格尔,《小逻辑》,贺麟译,北京:商务印书馆,1980,页34。

在以黑格尔为代表的现代思想家那里,理性也许不懂得敬畏,甚至还会把上帝变成概念化的僵死之物,但我们却不能不敬畏"理性"。人固然不是"理性的完全主宰"(维柯语),却不能不接受理性的制约,否则非神即兽——而人类永恒的梦想,似乎正是借助理性登上天庭,(通过杀死上帝而)成为上帝,殊不知这样的僭妄很可能让人类死无葬身之地。反过来,完全摆脱理性,则人将不人矣。不管我们如何看待黑格尔的哲学及其产生的种种后果,也不管他眼中的上帝已不过是一种逻辑预设,但他的初衷终归是要通过理性去认识上帝,这就是黑格尔所理解的哲学的最高课题。①

过分压制理性,欲望就会泛滥——现代世界越来越像一个巨大的风月场。正如洛克所说,人缺了理性和理解,就会是一个妖怪!② 理性虽然是一种形式上的能力,它或者没有实质性的内容,但洛克巧妙地把理性比作"铁",我们可以拿它来铸刀剑。而刀剑却是中性的(未必是不祥之器),人们以之可行善,亦可作恶。毕竟,理性不止一种。洛克说:

> 一个人如果尽其理性底力量,来挥舞所谓三段论式,则他一定不会在自然底内部宝藏中发现出大量隐伏的知识来。但是照经院派的做法,我们虽不能借严格的论式和图式底规则发现出知识来,可是我们底自然的、素朴的理性,却容易开一条通向人类底知识总量(一如以前所做的样子)的大道,而对之有所增加。③

我们只要超越历朝历代形形色色或隐或显的经院哲学,我们与生俱来的自然而朴素的理性依然能够庇护我们,免遭非理性、疯狂、极端和解构的侵害。

五

西塞罗继承柏拉图的衣钵,早就看到了理性的两面性:理性虽是神

---

① 黑格尔,《小逻辑》,前揭,页 109。

② 洛克,《人类理解论》,关文运译,北京:商务印书馆,1959,页 564,另参页 666 以下。

③ 洛克,《人类理解论》,前揭,页 678。

赐,固然锋利无比(acies,《论至善》5.57),然而,如果运用不当或恶意使用(perverse uterentur 或 male uti,《论神性》3.70),人类必然反受其害。世上既然有"神圣的理性",必然就有"败坏的理性"或"堕落的理性"(《论至善》2.58)。世间许许多多的元恶大憝,都是理性的产物。机关算尽(machinari)的理性实际上是一种"狡猾的理性",最终必然导致"自我毁灭(nefariam pestem)"(《论神性》3.66)。总体来说,理性无所谓善恶,关键看使用者以及使用的目的:"我们从神明那里拥有了理性,就算我们真拥有,但那究竟是好的理性还是不好的理性却取决于我们自己。"(《论神性》3.71)

理性只是一种工具,它的核心如果在于"批判",那么,它必须首先针对自己。理性最多算得上一种能力,可以帮助我们获得某种知识,却不见得完全能够辨别这些知识的美丑善恶。理性首先必须接受批判,所以:

> 理性就在于,不要盲目地把理性作为真的举止,而是要批判地对待理性。理性的行动总是一种启蒙的行动,而不是被绝对地设置的新理性主义的教导,并非在于认为自己对一切事都比别人知道得更多——理性总是被理解为经常对自身和自己的条件进行自我解释。[1]

理性的自我批判在康德那里只能找寻到自身的限度,更多地是在形式上有所发明,并不能在实质上有以教我——舍勒写了厚厚一本书来阐明这个道理。

与洛克的"铁"喻接近,张志扬先生以"刀"来比附。他在西方绘画作品中找到灵感,提出"把割伤手的刀包扎起来",毕竟,大凡给人以生的东西往往也会带来死的危险。所以,不是不要刀了,是把它包扎起来,而不是放弃,"有些危险的东西是不能放弃的,麻烦就在这里"。[2]这些看似危险的东西之所以不能放弃,就在于它们或者是我们的本质所在,或者是我们的生存之所需。但如果使用不当,必然会带来危险。

---

[1] 伽达默尔,《赞美理论》,夏镇平译,上海:上海三联书店,1988,页62。
[2] 张志扬,《幽僻处可有人行:维罗纳晚祷的钟声》,上海:上海人民出版社,2015,页237。

当然,包扎不是放弃,但过度包扎会让它的"功用"无法实现,从而导致它本身作废,与此相连,需要它的人类可能也会受到严重影响。即便简单包扎之后束之高阁,它也不能为我所用。生活中没有"刀",或许还死不了人(有了刀反而容易出大事),但如果没有"理性",生活本身都会成为问题。的确,这是一件麻烦事情。

但无论如何,单纯反驳理性或形而上学,非但不能成就什么,反而还会坏事。在舍勒看来,理性或形而上学不是人类能够选择的可有可无的东西,人始终都必定会有形而上学的观念,也会对理性充满感激之情,借助它们追求超越性的境界——"早在思维意识到之前,人就拥有这片绝对存在的领域。这是属于人的本质,它同自我意识、世界意识、语言和良知一起形成了统一的稳定结构"。① 既然理性的确是人的本质(且不谈何种理性),那么,干掉理性,就是在灭绝人类。

所以,必须恢复理性。当然,需要恢复的不是营养不良的狭隘旧理性,而是如胡塞尔所说的"高贵的和真正意义上的理性,是原本希腊意义上的理性"。胡塞尔明确指出,过去的理性主义乃是荒谬的自然主义,没有能力把握我们的精神,而他所理解的 ratio,则能够让我们的实存在其中找到自己的位置。② 这种希腊意义上的理性,就是 logos,就是灵魂净化后达到宁静的状态,由此开始的理性思考才能够给生命筑起扎实的根基,"并总是在理性思考中生存,观看真实的东西、神样的东西、非意见的东西,用这些东西来养育自己"(《斐多》84a−b,刘小枫译文)。这种希腊意义上的理性就是别尔嘉耶夫所说的"大理性",他说:

> 弃绝这个世界的理性——上帝的非理性,就是自由的而不是奴役和黑暗势力的最勇敢行为;弃绝小理性,克服逻辑的局限性而获得大理性,逻各斯就开始当令了。小理性是 ratio,它是唯理论的,大理性是 Logos,它是神秘的。小理性起切断部分的作用,大理性起完整精神生活的作用。③

帕斯卡尔的一句话特别能够刺激学者们的神经,在他看来,仿佛每

---

① 刘小枫编,《舍勒选集》,上海:上海三联书店,1999,页 1057−1058。
② 胡塞尔,《欧洲科学的危机与超越论的现象学》,前揭,页 402−403。
③ 别尔嘉耶夫,《自由的哲学》,董友译,上海:学林出版社,1999,页 25。

个人都确凿地知道理性和正义似的,这的确让人目瞪口呆:

> 最使我惊讶的,就是看到每个人都不惊讶自己的脆弱。人们
> 在认真地行动着,每个人都追随自己的情况;并非因为追随它事实
> 上有什么好处(既然它只不过是时尚),而是仿佛每个人都确凿地
> 知道理性和正义在哪里。他们发现自己没有一次不受骗;可是由
> 于一种可笑的谦逊,他们却相信那是他们自己的过错,而不是他们
> 永远自诩有办法的过错。然而最妙的就是世上这种人竟有那么
> 多,他们为了怀疑主义的光荣而不做怀疑主义者,以便显示人是很
> 可能具有最奇特的见解的;因为他居然能够相信自己并不处于那
> 种天赋的、不可避免的脆弱之中,反倒相信自己是处于天赋的智慧
> 之中。①

对于理性、正义和智慧,我们不能强不知以为知,但更不能因为自
身的脆弱性就贸然否认人作为思想的芦苇其实也有坚韧的品质。我们
固然不能自以为拥有智慧,但向往智慧却是我们走向神圣的必由之路。
理性固有弊端,却是走出物性和兽性的必要条件,从而也是神性得以可
能的基础。

*本文系国家社科基金项目"培根著作集翻译与研究"
(18BZX093)、教育部后期资助重大项目"苏格拉底的申辩章句疏释"
(17JHQ0012)、"海南大学科研启动基金资助项目"(kyqd[sk]18001)
阶段性成果。

---

① 帕斯卡尔,《思想录》,何兆武译,北京:商务印书馆,1985,页167。

立法、德性与哲学

评林志猛《柏拉图〈法义〉研究、翻译和笺注》

张 霄

（浙江大学 哲学系）

林志猛，《柏拉图〈法义〉研究、翻译和笺注》（三卷本），上海：华东师范大学出版社，2019。

《法义》是柏拉图最长且最晚的作品，主要探讨政制和礼法。从本世纪起，西方学界格外关注《法义》，各种研究接连不断，但国内的《法义》研究仍较为薄弱。事实上，《法义》在西方法哲学与政治哲学史上影响深远。亚里士多德、西塞罗、迈蒙尼德都不同程度地回应了这部作品，现代哲人霍布斯、卢梭等人的著作也皆与柏拉图的思想存在千丝万缕的联系。《法义》对法律、德性、哲学、教育、宗教、诗歌的思考对当今时代仍有很大的启发。通过细致深入地阅读《法义》，我们可获得反观现代处境更宏阔的思想视野。林志猛教授新近出版的三卷本《柏拉图〈法义〉研究、翻译和笺注》（2019），是汉语学界首次对古希腊经典进行英德法文多语集注和深入研究的力著，不仅依希腊原文翻译了《法义》，而且广泛吸收英、德、法文的详细笺注，展现了希腊经典研究的新范式，非常有助于国内学界深化《法义》的研究。

一

随着施特劳斯及其他学人研究的推进，国外对《法义》的关注不断增长。施特劳斯在《柏拉图〈法义〉中论辩与情节》一书中，将《法义》视作柏拉图"最具政治性"甚至是"唯一的政治著作"，同时也是柏拉图"最虔敬的著作"，[①]并

[①] 施特劳斯，《柏拉图〈法义〉中的论辩与情节》，程志敏等译，北京：华夏出版社，2011，页 1-2。

且是其"最伟大的艺术之作"(页2)。① 由此可知《法义》在柏拉图对话中的独特地位。西方对《法义》的研究颇为丰厚,国内的研究此前仍处于起步阶段,原因首先在于缺乏准确可靠的中译本。之前,《法义》的中译本主要来自英译本转译,存在诸多缺陷。另外,学界也缺乏对《法义》的详细注疏,这为整体性的诠释造成了困难。国内的《法义》研究成果只有为数不多的论文和专著,以及少数西文研究文献的翻译。但随着我国学界对西学研究的逐步深入,对柏拉图经典著作的阅读便不再只停留在理解其表层义,还需进一步借助古典语文学的方式深入理解其义理,最终形成对作品的整体把握。因此,对于西学经典的研究,翻译、注疏与深度阐释缺一不可。

　　林志猛教授的三卷本《柏拉图〈法义〉研究、翻译和笺注》便是在翻译原典和详细笺注的基础上,进行深入研究的标志性成果。林志猛教授多年沉心于《法义》研究,此前已出版多部相关成果。② 此三卷本是其经年研究的结晶,难度相当巨大,体现了作者十分深厚的古典语文学功夫和经典研究能力。第一卷《立法的哲学基础:〈法义〉研究》,深入探讨《法义》论及的根本性法哲学议题,包括法是什么,立法的目的,立法与哲学、德性、政制等之间的关联,力图以整全的视野把握柏拉图的法哲学与政治哲学思想。此书的研究具有跨学科视野,结合了政治哲学、法哲学、神学、诗学等多个学科视角,细致探索西方法哲学的思想源头,以反观现代法律和政制的核心问题及困境。同时,此书的研究基于对《法义》全文的译注,采取原典翻译、多语注疏与深度研究相结合的方式,代表了当今西学研究的新范式。

　　第二卷是对《法义》的翻译。此译本依据 Burnet 和 Budé 的希腊原文校勘本翻译,并广泛参阅了 T. Pangle、K. Schöpsdau、Diès 等英德法译本。译文流畅,信实贴切,用词考究,追求对原文风格的还原。同时

---

①　以下凡引《柏拉图〈法义〉研究、翻译和笺注》第一卷《立法的哲学基础:〈法义〉研究》,页码将随文标出。

②　林志猛,《立法哲人的虔敬:柏拉图〈法义〉卷十义疏》,北京:中国社会科学出版社,2015;林志猛编,《立法者的神学:柏拉图〈法义〉卷十绎读》,北京:华夏出版社,2013;林志猛编,《立法与德性:柏拉图〈法义〉发微》,北京:华夏出版社,2019。

译文对所涉术语的表述前后连贯,并标出重要词汇的希腊原文以供参阅,使文本兼具可读性与专业性。

第三卷是《法义》笺注。此卷广泛采纳 K. Schöpsdau 的德语笺注,L. Brisson 的法语笺注,以及 E. England、T. Pangle 等英语笺注,编译了当前西方学界最好的《法义》注释。此卷笺注翔实,不仅着重从历史文化背景和文本论述逻辑的层面解读义理,而且注重与相关经典文本的对勘。同时,此卷借助古典语文学的分析方法,将考据、章句与义理有机地结合起来。

二

在第一卷《立法的哲学基础:〈法义〉研究》中,作者首先试图揭示柏拉图《法义》中的立法原则所蕴含的哲学思索。《法义》是一位匿名的雅典哲人(雅典异乡人)与两位年老立法者的对话,本卷题名指明了立法所包含的哲学目的,展现了法律与哲学这个看似不相关的领域在《法义》中的关联,并提出好的立法如何指引城邦朝向德政。"法与哲学"议题贯穿了此书的前三章。作者围绕"法是什么"、"立法的目的"、"立法的哲学基础",阐释了包括立法哲人的身份、法与习俗及哲学的关系、立法与德性、自然与礼法等问题。

作者非常关注法与哲学之间的张力。初见之下,《法义》更多是探讨法律与政制问题,但其中潜藏着对哲学的理解。作者注意到,《法义》整部对话只有两次提及与"哲学"相关的字眼,却又处处隐含着哲学问题(页 2)。事实上,在被视作《法义》序曲的《米诺斯》中,苏格拉底便将"法"定义为"意图成为对实在的发现",①以此揭示法律与哲学的深刻关联。作者点明,在《法义》中,柏拉图沿袭《米诺斯》中对法的理解,从应然的角度将法视作高贵之物,并认为法应超越意见迈向知识(页 33)。在《法义》开篇,雅典异乡人就提及立法的起因,从而将哲学隐藏在看似非哲学的对话之下。由此观之,《法义》可以视作由显明的政治性与隐蔽的哲学性的构成,对话呈现出显与隐、政治与哲学、法律与哲学之间的张力。

作者力图阐释在何种意义上,哲学能够成为"法"的基础。克里特

---

① 柏拉图,《米诺斯》,见林志猛译/疏,《米诺斯》,北京:华夏出版社,2010,页 19。

与斯巴达的法律着眼于战争的胜利和帝国扩张,而雅典异乡人对克里特、斯巴达法律的批评,否定了将战争本身作为立法的目的,进而驳斥克里特立法者将战争状态视作自然状态。同时,雅典异乡人亦暗中批评了母邦的法律。雅典法律着眼于民主与自由,但法律赋予民众的过度自由使其无所畏惧、不知羞耻,从而释放了多数人的欲望,形成近似僭主制的极端民主制。由此,作者富有洞识地得出,立法的真正目的应是立德,而非战争、财富、自由和民主(页58–59)。柏拉图从对战争的探讨转向对完整德性的谈论,表明立法的最高目的是最大的德性,好的律法应着眼于完整德性。

但试图理解完整的德性,以及如何为诸种德性正确排序,则需要借助哲学的视角。因此,第三章探讨哲学如何可能成为立法的基础,并由此探索柏拉图的自然观。作者首先揭露,理解人的自然本性是正确立法的前提(页63)。通过将克里特立法者的观点与霍布斯对比,作者阐释了"一切人对一切人都是敌人"这一观点的危险性:霍布斯过于强调暴死的恐惧和敌对性,并将自我保存作为自然法的首要原则。柏拉图则从人与人的关系深入到人的自身内部,将灵魂学引入立法的探讨,使得依据灵魂的善而非敌对原则来立法成为可能。

作者指出,柏拉图构建了独具一格的自然思想,既有别于自然哲人和智术师分离自然与礼法,①亦不同于后世哲人的自然状态论。柏拉图从灵魂的视角重新定义自然,认为人的自然目的在于灵魂的完善和德性的健全。立法着眼于使人变得更好、更高贵,立法若旨在战争的胜利,那是基于勇敢这种单一且最低的德性,好的立法应实现完整的德性,基于诸德性的自然秩序。据此,作者细致分析了柏拉图笔下的属人的善与属神的善,并指明诸德性依自然具有高低之别。其中,理智居于诸德性之首,立法应以完整德性特别是理智为根基,便是建立在哲学的基础上(页85)。② 作者特别提醒,拥有理智/智慧的立法者在现实政治中可遇不可求,因此理智难以成为现实直接的立法目标,正义与节制乃是可欲的目标(页91)。柏拉图对政治限度的认识,昭示着应然与实然的距离,以及哲学与政治的永恒张力。

① 林志猛,《自然与礼法的融合》,载《自然辩证法研究》2015年第12期,页58。
② 亦参林志猛,《柏拉图论立法的目的及其哲学基础》,载《世界哲学》2019年第1期,页78。

三

前三章已阐明法与哲学的关系。随后的问题就是,如果立法的目的是完整的德性,那么,应如何确保立德这一目的有可能得以实现? 围绕此问题,作者从政制、教育与宗教三个层面阐释了柏拉图的构想。

由于每种政制都会设立相应的法律,共同体的良法首先依靠良好的政制。第四章着重解读政制与法律的关系,尤其是君主制与民主制这两种元政制与混合政制的关联。君主制与民主制分别以智慧与强力为特点,代表了政制的两极。但两种制度各有缺陷:君主制走向极端会导致过度奴役,譬如波斯;民主制走向极端则造成过度的自由,将全面释放人的欲望,使城邦败坏,譬如雅典。作者让我们注意到,柏拉图《法义》把混合政制作为现实可行的最佳政制,有别于《理想国》中哲人王这一言辞中的最佳政制。混合政制将君主制、贵族制与民主制三者合一,结合了德性、高贵的出身与多数人的强力三种特征。作者特别指出,混合政制的核心是贤人政制,这种政制将智慧之人的直接统治转化为优秀贤人依据善法的统治,将德性融入制度中,从而最大限度地维护共同利益(页110-111)。这种调和智慧与意见的政制乃是节制的政制,作者多次表明,政制必须有所节制,以免走向过度追求征伐、财富和自由,最终给城邦带来毁灭的命运。

保证德政的实行不仅需要混合政制,而且需要制定恰当的法律。在《法义》中,柏拉图构想了一种并非仅以强力为内涵,而是一种将教育公民作为目的的法律。作者显明,《理想国》涉及诗与哲学之争,《法义》则广泛触及诗人与立法者之争:何者更有资格成为公民灵魂的教育者(页114)。柏拉图认为,诗人无法认识到真正的善,而立法哲人所制作的法律则是对最好生活方式的模仿,其作品才是最美、最好而又最真的肃剧(页118)。在此意义上,柏拉图的作品作为对立法者本身的教育,也是一种与众不同的肃剧。① 作者还分析了立法者如何实现对公民及少数爱智者的德性教育。柏拉图将培养人恰切的苦乐感作为立法者塑造人的习惯的起点,通过引导人的苦乐感与理性保持一致,以培

---

① 林志猛,《如何正确作诗:柏拉图的诗人与立法者之争》,载《思想战线》2013 年第 1 期,页 68。

育公民与城邦的德性。①

要让公民特别是年轻人自愿过上守法的有德生活,并让法律具有牢固的基础,宗教的保障必不可少。此书关注的最后一个重要议题就是宗教、灵魂学与德性的关系。借助运动论,柏拉图将(宇宙)灵魂视为自我运动,乃是一切运动和变化的原因,由此确立了灵魂之于物体的优先性。② 最终,柏拉图一改自然哲人及传统诗人对"神"的错误认识,将具有完整德性的诸灵魂等同于诸神。作者非常敏锐地看到,柏拉图将神转化为灵魂,而使哲学披上神学的外衣,乃是借助宗教确保德性生活的努力(页164)。柏拉图的新神学将诸神理解为拥有完整德性的理智灵魂,从而保证城邦会受到理智这一最高德性的引领。在这一层面上,神法实际上变成了哲人之法。作者尤为深刻地指出,柏拉图的灵魂学为法律确立了形而上基础,使法律同时得到了哲学与神学的双重保障;这一独特的灵魂学着眼于灵魂的完善,将培育人的德性作为根本目的(页171)。

林志猛教授对《法义》的详细译注和深度阐释是经典研究一个典范,为国内柏拉图研究和法哲学研究打下了坚实的基础。该三卷本不仅具有流畅准确的译文以及详实的笺注,而且最终形成了对《法义》的整体性解释,为我们深入理解柏拉图作品提供了整全的哲学思考。这样的研究难度相当巨大,作者的论述绵密,整体架构合理,环环相扣,体现了极为严谨的治学态度。这种原典翻译、多语译注结合研究的方式,为汉语学界展现了一种崭新且扎实的研究范式。对于柏拉图哲学研究,以及西方法哲学和政治哲学研究,这部十分厚重的学术成果皆具有重要的理论价值和意义。

作者紧紧围绕立法与德性这条主线精心构思,为我们进入《法义》这部长篇巨制提供了不可或缺的拐杖。作者关于立法与哲学之关系的细致阐述,也非常有益于我们看清立法的根基何在,对现代立法工作有

---

① 亦参林志猛,《诗人的"神学"——柏拉图〈法义〉的诗学批评》,载《海南大学学报人文社会科学版》2012年第5期,页5;《柏拉图的神话诗》,载《浙江学刊》2015年第3期,页79-81。

② 作者对灵魂学的具体论述,亦参林志猛,《立法哲人的虔敬:柏拉图〈法义〉卷十义疏》,前揭,第四章;林志猛,《柏拉图〈法义〉中的灵魂学与神学》,载《哲学与文化》2013年第11期,页21;《柏拉图的运动论与灵魂学》,载《自然辩证法通讯》2014年第2期,页14-18。

实践上深刻启发。作者有关立法与剧场政制、文艺及娱乐的阐述,对于欲望、快乐、思想、政制之节制的探讨,亦与我们现时代面临的问题丝丝入扣,可为过度娱乐化导致的政治和人性扭曲提供矫正的思路。

Abstracts

Death, Life and Teaching:
An Analysis on Hermeneutical History of the Chapter about Life and Death in the *Analects*

Zhang Qingjiang

(Department of Philosophy, Sun Yat-sen University)

Abstract: By analyzing how Confucian scholars in different times understood and applied Confucius' teaching that "if we do not yet know about life, how can we know about death", it can be found that Confucian scholars in Han and Tang dynasties focused on the political order, and believed that Confucius' statement expressed the rejection and avoidance of death, because it obstructed the fulfillment of ethical obligations and was not benefit to moral education. They considered Confucianism as "moral teaching in this world", in order to criticize Buddhism for paying too much attention to the nether world. However, to the Neo-Confucianism in Song dynasty, life, death, ghosts and spirits had become the basic components of the universe. They incorporated these topics into their own thought system, as a consequence, Confucius' statement became an important word enlightening about life and death, which contained deep wisdom. The different connections between death, life and teaching highlight the challenges faced by Confucian tradition in its historical development, as well as the responses made by Confucian scholars in different times.

Key words: *Analects*; life and death; teaching

A New Interpretation of Guan Zhong's *Qi* in the *Analects*

Jin Fangting

(Institute of Literature, Shanghai Academy of Social Science)

Abstract: Numerous annotations are made for the chapter of "How small Guan Zhong's *Qi* is" in *the Analects*. Some believe that the word *Qi* should be interpreted as "*Qi liang* (tolerance)", while other scholars use this statement to criticize Guan Zhong's ignorance of "the Sage's Way". Mostly, the chapter is understood in the context of "the discrimination between kingly rule and tyranny" in Early China. However, the statement appears in a dialogue, which means that the whole chapter would become unintelligible if following the traditional interpretations. This paper intends to put forward a new understanding for the chapter, that is, to paraphrase the word *Qi* in its original meaning as "vessels", especially the bronze ritual vessels. Thus the chapter records Confucius' reaction when the Guan Zhong's vessels were observed by the master. Considering that the naming, quantity and measurement of vessels are essential standards for Chinese ritual system, Confucian's comment on *Qi* reflects his judgement on whether Guan Zhong is obedient to the *Li*.

Key words: *Analects*; Guan Zhong; bronze ritual vessels; Early Chinese Ritual system

Views of Friends and their Circulation
in the *Analects* and their Circulation

Liu Wei

(Department of Philosophy, Sun Yat-sen University)

Abstract: According to traditional Confucianism, as one of the "Five ethical relations", friends are similar people in virtues; "Be strict with each other", that is, frank criticism is the basic principle of friendship; more importantly, there is no common life between friends which means that friends are not the foundational ethics of social order. Accordingly, integrity, as the way to get along with friends, is not a particularly important quality. In the traditional society, the Ranger group is the most extreme manifestation of the realization of friend ethics, but it threatens the social order because of its mobility. However, the way of friends also changes with the increase of social mobility. In the middle and late Ming Dynasty, Wang Yangming put forward a new view of friends, which is more suitable for ordinary people.

Key words: Friends; Integrity; Social mobility; Common life

An Initial Study of the Chinese and English Translation of "Thread in Oneness" in the *Analects*

Cai Xinle

(School of Foreign Languages, Shenzhen University)

Abstract: The exegesis of "threading in oneness", forsaking the "heart" in its power of linking *Tian* and man, makes it impossible to "thread things in oneness". But the rendition of the expression in modern Chinese translation, sticking to such an orientation, interprets *Dao* (道) into "doctrine", "thought" or "outlook on life", and *Yi* (一) into "basic notion", "central idea" or "fundamental concept" or "general principle", directing all of them to Reason. It becomes even more serious when *Dao* is preserved for what is put into relief is the epistemological force of thought rather than the thinking of the "heart". In the same way the English translations of the expression completely ignore the significance of the "heart", thus rendering *Dao* into "doctrine", "principle" and "teachings", and keeping the "tread" metaphor as in the original. The same direction the two languages go in makes it likely that they are translating each other but not the *Analects*. Which can only mean that the thread of the heart in the *Dao* of *Tian* (天) and that of Man has gone from the world of the human mind. Thus, to clean off the mysteries in the "thread" has made the modern Chinese and English both run for the insight of Rationality. Then it is required that the self-return of the "humane heart" be kept and enhanced so as to represent how the *Dao* can come back to itself through the linking of "heart" with all the things and itself.

Key words: heart; Confucius; *Analects*; translation; thread in oneness

Daimōn in the *Odyssey*

Pan Yiting
(Institute for Advanced Studies in Humanities and
Social Science, Chongqing University)

Abstract: The Ancient Greek word *daimōn* may refer to a god, the fate, a guardian spirit or the soul in different circumstances and especially under Christian influences, it becomes the evil demon. This word has been problematic since the Homeric epics because of the its ambiguity and versatility. The differences concerning the use of the word *daimōn* in these two epics have not yet been given enough weight in previous studies; as the *daimōn* shows an accentuated dynamism in both epics, grouping the examples of the word *daimōn* according to the associated verbs would be a method that deserves attention. Such analyses show that the *daimōn* in the *Odyssey* is indeed an heir to the *Iliad*'s *daimōn*, but it has also evolved: not only does it become an even more indefinite term, it also tends to be more negative, and most of all, *daimōn* in the *Odyssey* reveals its psychic activities and influences. If the ambiguity of the word denotes different traditions of its uses, then its traditional use as "god" traces back to the *Iliad* but the *Odyssey* already offers the possibility to develop its real demonic sense. *Daimōn* as the personal fate appears in the *Iliad* while its real connection with the mind and the spirit begins with the *Odyssey*.

Key words: *daimōn*; the *Odyssey*; Homeric epics; god

Quarrel between Philosophy and Rhetoric:
A Dramatic Interpretation of the Prologue of Plato's *Gorgias*

Liu Mengsheng

(School of Marxism, Zhejiang Sci-Tech University)

Abstract: *Gorgias* shows the complexity of rhetoric, and a two-way thinking of Plato, who denies but also affirms rhetoric. Given that logical a-nalysis is not enough and textual authentication is even less effective to grasp this two-way thinking, the literary perspective, which implicates the historical context of writing, can show the strong political meaning of *Gorgias*, and then reveals the fight between politics and philosophy pointed by the two-way thinking. The analysis of the prologue, and especially the dramatic interpretation of title, time, characters, places, etc., present that the rhetoric with full of struggle, which focuses on pleasure, leads to personal suffering and collective political decline. And it indicates that the philosophical conversion of rhetoric is not only due to the strength of rhetoric, but also the lack of knowledge of rhetoric.

Key words: Plato; *Gorgias*; Rhetoric; Fight

The Death and Lies in the Teaching of Sophists:
Reading of Plato's *Euthydemus* 282d4 −286b6

Wan Hao

(Institute of Philosophy and Religion, Guangdong
Academy of Social Sciences)

Abstract: Socrates's ambiguous attitude toward the sophists in Plato's *Euthydemus* caused difficulties in understanding the relationship between phi-losopher and sophist. Although two sophists in the dialogue did not appear to be as clever as typical sophists, Socrates always gave them a positive evalua-tion, and persuaded his friend Crito to follow them with him. In the middle of *Euthydemus*, 282d4 −286b6 happens to arrange a serious dialogue with the sophists, and the topic once involved philosophy, death and lies. The sophist suggests that philosophy means death, shocking the audience, and the process leading to philosophy may also be interrupted. The dialogue only shows the beginning and end of this kind of philosophy, and there is no opportunity to fill this process. The close reading of the text shows that the distance between sophists and philosophy is not necessarily far, and they even have awareness of their own limits. Socrates will cooperate or even protect the sophists in the dialogue, because he thinks that such sophists are not the enemies of both philosophy and philosophers.

Key words: Socrates; Sophists; Philosophy; Death

Aristotle's Politics and the Distinction between Ancient and Modern Political Education

Cui Wei

(Chinese Culture Research Institute, School of Culture and Communication, Beijing international studies university)

Abstract: Under the influence of modern political education, the modern people have not moved towards real political maturity, but have immersed in blind political emotions. This problem compels us to reflect on modern political education, to examine the differences between classical political education and modern political education, and to seek new solutions from the classical wisdom. However, the programs of classical political education are divided, and the views of Plato and Aristotle are seem to be not inconsistent, it makes the later scholars puzzle. By paying close attention to the differences between Plato and Aristotle's texts, and carefully studying the external ideological differences, we finally find the internal consistency of the classical political education, and recognize the misinterpretation of the classical thoughts by the modern political education. This shows that the education of "philosopher-king" in the classical political education is not only the foothold of the internal consistency of Plato's thought and Aristotle's, but also the key point of the difference between the modern political education thought and the classical's.

Key words: Aristotle; *Politics*; *Classical Political Education*; *Philosopher-King*

"The Same Nature" in Men and Animals:
Political Philosophy in *Apology for Raimond Sebond*

Yang Xiaoqiang

(School of Marxism Studies, Shanxi Normal University)

Abstract: In *Apology for Raimond Sebond*, through a series of comparisons between humans and animals, Montaigne concluded that men and animals had the same nature, ie. man is animal. Thus the differences between nature and art disappeared. Human language, knowledge, and reason were regarded as the products of nature. Man believed that they were unique only because of their hubris which was fabricated. Man cann't gain happiness unless they reduce false ideas. Montaigne's scepticism changes the foundation of traditional political philosophy and removes obstacles for politicod hedonism.

Key words: Montaigne; natural state; hubris; Hedonism

The System of the Patterns of World and the Sequence of Ancient History in *I Ching*:
on the Basis of Chinese Civilization

Zhang Wenjiang

(School of Humanities, Tongji University)

Abstract: In classics handed down for generations, the commanding height of Chinese civilization is summarized in chapter 2 of *Xi ci* which traditionally ascribed to Confucius, might have been finished during the Warring States period. The chapter demonstrating the system of the observed patterns of the world and the sequence of the ancient history builds the structure of Chinese academic and summarizes the basis of Chinese civilization. After

Han dynasty, *I Ching* has become the most important among the Six Classics, so the cognition about Chinese scholarship could correspond to the chapter 2 of *Xi ci* in different ways. The paper tries to analyze the thoughts of the chapter, which will be helpful to recognize the shape of things to come, to enhance the consciousness of civilization, to retrospect the evolution of the origins and development of civilizations in the world and to comprehend the evolution of the origin and the development of Chinese civilization at the same time.

Key words: *I Ching*; *Xi ci*; system of the observed patterns of world; sequence of ancient history; Chinese civilization

征稿启事暨匿名审稿说明

　　《古典学研究》辑刊由比较文学学会古典学专业委员会主办,专致于研究、解读古典文明传世经典,旨在建立汉语学界的古典学学术园地,促进汉语学界对中西方经典和其他传统经典的再认识。

　　本刊立足于中国文明的现代处境,从跨文化、跨学科的视角出发,力求贯通文学、哲学、史学和古典语文学,从具体文本入手,研究、疏解、诠释西方、希伯来和阿拉伯等古典文明传世经典。

　　本刊全年公开征稿,欢迎学界同仁(含博士研究生)投稿,来稿须为未经发表之独立研究成果(已见于网络者亦不算首次发表)。来稿注意事项如下:

　　一、本刊仅刊发论文和书评两类。论文以八千至一万二千字为宜,书评以三千至五千字为宜(编辑部保留学术性修改和删改文稿之权利)。

　　二、本刊同时接受中文稿件和外文稿件,中文稿件请使用简体字。

　　三、投稿请以电子文件电邮至本刊邮箱,谢绝纸质稿件。

　　四、来稿须注明作者真实中英文姓名、电邮联系方式,作者可决定发表时的署名。

　　五、本刊已许可中国知网等以数字化方式复制、汇编、发行、信息网络传播本刊全文,著作权使用费与审稿费相抵。所有署名作者向本刊提交文章发表之行为视为同意上述声明。如有异议,请在投稿时说明,本刊将按作者说明处理。

　　六、作者文责自负,一切言论,不代表本刊观点。

　　七、本刊在三个月内对来稿给出评审结果,逾期未获通知者,可自行处理。

　　八、来稿通过编辑部初审后,将匿去作者姓名,根据所涉论题送交二位本刊编委复审;主编将依据匿名评审书处理稿件。

　　九、文稿一经刊登,作者将获赠当期刊物一本,不另致稿酬。

　　十、投稿撰写格式及顺序:

　　1. 中英文题名和作者联系方式(中英文姓名、现职及通讯地址、电话、电邮等)。

　　2. 中英文摘要(中英文均以三百字为限)、中英文关键词(各以五项为限)。

　　3. 正文及注释格式,按"《古典学研究》体例"(见"古典文明研究中心"网:http://wenxueyuan. ruc. edu. cn/cfcc/article/? id = 148)。

　　投稿电子邮箱:researchinclassics@ foxmail. com

《古典学研究》辑刊

刘小枫　主编

图书在版编目(CIP)数据

《论语》中的死生与教化/刘小枫,林志猛主编. --上海:
华东师范大学出版社,2021
(古典学研究)
ISBN 978-7-5760-1540-9

Ⅰ.①论… Ⅱ.①刘…②林… Ⅲ.①儒家②《论语》—
研究 Ⅳ.①B222.25

中国版本图书馆 CIP 数据核字(2021)第 059780 号

华东师范大学出版社六点分社

企划人 倪为国

本书著作权、版式和装帧设计受世界版权公约和中华人民共和国著作权法保护

第七辑
古典学研究:《论语》中的死生与教化

编　　者　刘小枫　林志猛
责任编辑　王　旭
责任校对　徐海晴
封面设计　卢晓红

出版发行　华东师范大学出版社
社　　址　上海市中山北路 3663 号　邮编　200062
网　　址　www.ecnupress.com.cn
电　　话　021－60821666　行政传真　021－62572105
客服电话　021－62865537　门市(邮购)电话　021－62869887
地　　址　上海市中山北路 3663 号华东师范大学校内先锋路口
网　　店　http://hdsdcbs.tmall.com

印 刷 者　上海盛隆印务有限公司
开　　本　700×1000　1/16
插　　页　1
印　　张　14
字　　数　160 千字
版　　次　2021 年 3 月第 1 版
印　　次　2021 年 3 月第 1 次
书　　号　ISBN 978-7-5760-1540-9
定　　价　48.00 元

出 版 人　王　焰